Bricole-moi un mouton

Horizons anthropologiques
Collection dirigée par Abdu GNABA

La collection **horizons anthropologiques** publie des travaux d'anthropologie appliquée qui explorent, au sein des institutions, des entreprises ou des groupes de consommateurs, la question du sens dans la relation des individus aux objets. Fils symboliques et liens apparents, comme se profile et court sur la rétine de l'homme la ligne imaginaire de l'horizon...

Déjà parus

Bruno SCARAMUZZINO, *Parole donnée dopée sacrée profane civilisatrice*, 2012.
Abdu GNABA, *Anthropologie des mangeurs de pain,* 2011.

Abdu G<small>NABA</small>

Bricole-moi un mouton

*Le voyage d'un anthropologue
au pays des bricoleurs*

Autres ouvrages d'Abdu GNABA

L'explorateur et le stratège, 2013
Anthropologie des mangeurs de pain, 2011
La mémoire réinventée, 2008

Le logo de la collection a été créé et réalisé par
Arnaud DE BOTTINI et Jean-Baptiste RONCHI

Crédit photo quatrième de couverture :
Netcast Productions

© L'Harmattan, 2016
5-7, rue de l'École-Polytechnique ; 75005 Paris

http://www.editions-harmattan.fr/

ISBN : 978-2-343-10622-9
EAN : 9782343106229

SOMMAIRE

PROLOGUE 13

I BRICOLER, C'EST DU BILLARD ! 19
    Où l'on voyage avec une catapulte, un chien, un cheval, un bouffon et un billard, pour apprendre ce que bricoler veut dire.

II LE TERRITOIRE 23
    Où l'on s'égare en compagnie du Président, d'un journaliste, d'un dentiste et d'un tatoué, avant de passer la frontière et d'entrer en pays de bricolage.

III LE TEMPS 33
    Où l'on mesure les différents tempos du bricoleur, et son art d'abolir le temps.

IV POUR QUE CA NE MEURE PAS 41
    Où l'on assiste aux combats du bricoleur pour maintenir le monde en vie.

V LA SAINTE TRINITÉ DU BRICOLEUR 47
    Où l'on célèbre les noces de la main et du bon sens, sous la haute autorité d'un esprit toujours inventif.

VI DU BON SENS 53
    Où l'on parle de jugeote et d'imagination, en compagnie de Descartes et de Don Quichotte.

VII PENSER AVEC SES MAINS 61
    Où l'on découvre que le bricolage est le pays de ceux qui pensent avec leurs mains.

VIII L'ESTHÉTIQUE 69
    Où l'on comprend que réparer est le grand frère d'embellir.

IX LE BRICOLEUR ET SA FEMME 79
    Où l'on se divertit à voir monsieur et madame jouer la comédie attendrissante du bricolage.

X LE BRICOLEUR ET SON BEAU-FRÈRE 89
    Où l'on apprend comment régler un problème de fuite à l'aide d'un club de golf.

XI LE BRICOLEUR ET SON VOISIN 91
    Où l'on voit le bricoleur s'entrainer avec Usain Bolt.

XII L'APPRENTISSAGE 93
    Où l'on s'intéresse aux modes de transmission du bricolage.

XIII L'ÉMANCIPATION 107
    Où l'on se rend compte que le bricoleur est un pèlerin de la liberté.

XIV SOLITUDE, ENTRAIDE ET PARTAGE 113
    Où l'on sait enfin pourquoi le bricoleur est un animal social qui tient tant à être seul.

XV LES AUTONOMISTES ET LES INDÉPENDANTISTES......127
    Où l'on suit trois parcours de vie caractéristiques de l'engagement politique du bricoleur.

XVI LES MAGASINS 149
    Où l'on visite tour à tour un repaire de pirates, la caverne d'Ali Baba et la cuisine de Panoramix.

XVII CHEZ LES BRICOLEUSES 159
    Où l'on fait une halte vivifiante, loin des machos et des féministes.

XVIII QUAND LES JEUNES BRICOLENT 167
    Où l'on résout le conflit entre un concert et un robinet.

XIX JE BRICOLE DONC JE SUIS 175
    Où l'on prend conscience, en croisant Alice de l'autre côté du miroir, que le bricolage est une activité identitaire.

XX AMATEUR ! 183
    Où l'on trouve un don derrière un reproche.

XXI LE JOUEUR..191
    Où l'on observe le bricoleur jouer au football avec des cow-boys et des Indiens.

XXII LE CRÉATEUR..199
    Où l'on considère le bricoleur comme un ambassadeur de la modernité.

XXIII L'OUTIL 209
    Où l'on s'aperçoit qu'une caisse à outils est une boîte à rêves.

XXIV LES RITUELS..219
    Où l'on constate que le bricolage est une cérémonie.

XXV SYMBOLE(S) DU BRICOLAGE 227
    Où l'on pense à Isis et Osiris en regardant le bricoleur rassembler ce qui est en morceaux et donner une seconde vie à la matière.

XXVI UN ART DE VIVRE...233
    Où l'on rencontre un jazzman, une cuisinière, Ulysse, Œdipe et le Petit Prince dans une aventure où le bricoleur improvise, s'adapte et prend des risques pour vivre à sa façon.

XXVII SIX PROFILS DE BRICOLEURS 241
    Où l'on fait connaissance avec un Secouriste, un Horloger, un Artiste, un Militant, un Méditatif et un 3.0.

ÉPILOGUE 251

POSTFACE..253

BIBLIOGRAPHIE SÉLECTIVE 257

Les 750 personnes observées et interrogées sur le bricolage témoignent que les rapports qu'elles entretiennent avec lui sont variés. Elles le pratiquent diversement et n'en partagent pas les mêmes représentations sociales. Pour des raisons de confort de lecture, j'ai opté pour l'emploi du terme générique « *bricoleur* ». Il m'a paru en effet plus clair de m'en tenir aux tendances majeures dans le corps du livre, et de réserver le chapitre final à la présentation des différents profils de bricoleur.

Je précise par ailleurs que le « je » utilisé dans la narration des entretiens est un « je » collectif qui inclut les enquêteurs de terrain de sociolab : Yann BENOIST, Marine HENRY, Laurence COYARD, Lola BILLAUD et Delphine DUPONT.

Je remercie le sémiologue Jean-Baptiste RONCHI de sa contribution à l'élaboration de cet ouvrage.

Je remercie également Raki GNABA pour sa relecture, Beatrice CASCIANO pour son soutien philosophique, et mon Maître, le professeur Richard POTTIER, pour sa postface.

Ce livre doit son existence à Unibal, l'Union Nationale des Industriels du Bricolage, du jardinage et de l'Aménagement du Logement, à son Président Jean-Éric RICHE, son Président d'Honneur Gilles CAILLE, et sa Déléguée Générale éclairée Valérie DEQUEN.

Je remercie enfin ces 750 personnes qui, en nous ouvrant leur porte, nous ont accordé un peu de leur temps et beaucoup d'elles-mêmes.

Je dédie ce livre à Laurine, Emilie et Livia.

PROLOGUE

C'était il y a six ans. Après une assez longue période de travail intensif qui m'avait fait sillonner l'Europe à la rencontre d'une multitude de gens que j'interrogeai sur des sujets aussi divers que la notion d'exil, l'entreprise familiale, le sens du secret ou le rapport au pain, j'ai ressenti un fort besoin de repos. D'isolement. De silences...

J'étais en morceaux. Il me fallait me reconstruire. Je n'avais pas encore choisi la destination où j'irai me remettre en état de marche. Mon jardin ? Le désert ? Une haute montagne ? En attendant de me décider, une dernière tâche m'attendait : ranger tous les dossiers accumulés au cours de mes enquêtes. Certains encombraient mon bureau, d'autres étaient disséminés dans plusieurs pièces de ma maison où, pour circuler, je devais parfois enjamber des cartons, voire faire un détour. J'eus l'idée de les regrouper tous dans ma cave, mais je voulais faire les choses bien. Hors de question de me contenter de déplacer le chaos. Pour passer vraiment à autre chose et commencer une nouvelle étape de ma vie, je devais mettre en ordre le passé. J'aménageai donc un espace, avec des étagères, et construisis des boîtes en bois pour classer mes documents. Pourquoi ai-je préféré les faire moi-même ? Sans doute parce que mon métier d'anthropologue m'avait depuis trop longtemps séparé de mes mains. J'éprouvais le désir de reprendre physiquement contact avec la matière. D'autre part, la perspective d'avoir à me creuser la tête pour réorganiser ma cave m'amusait.

Comme un enfant qui invente un monde avec ses jouets, je passais alors des heures au milieu des clous, des vis, des planches et de quelques outils. Un matin, j'étais en train de scier des angles quand je reçus la visite de mes trois petites nièces, Laurine, Emilie et Livia. A la fois ravies par les copeaux de bois qui recouvraient mon visage et surprises de voir pour la première fois leur oncle transpirer ailleurs que sur un terrain de football, elles me sautèrent au cou puis se précipitèrent sur les premières boîtes achevées. Tout en jouant, elles me demandèrent, intriguées, ce que je faisais. *Tonton bricole*, répondis-je. L'aînée me raconta alors qu'elle venait de commencer la lecture d'un livre dans lequel un monsieur dessinait un animal dans une boîte semblable à celle qu'elle tenait dans ses mains. Le monsieur dessinait pour un petit prince qui habitait une étoile. Et avec la fulgurance naturelle aux enfants, elle posa la boîte sur le sol, leva ses yeux vers moi et dit : « *Tonton, bricole-moi un mouton.* »

* * *

En début d'année 2015, il fut proposé à Sociolab, le laboratoire d'anthropologie appliquée que j'ai fondé, de mener une étude sur les Français et le bricolage. Devant l'ampleur prise par cette activité, il semblait en effet important de comprendre les leviers cachés qui, chaque année davantage, poussaient les gens à bricoler.

Pourquoi un bricoleur préfère-t-il réparer plutôt que d'acheter neuf ? Pourquoi décide-t-il de faire les choses lui-même plutôt que de s'en remettre à un professionnel ? Les hypothèses d'explication par la paupérisation de la société ou le profil grippe-sou de certains ne me parurent pas suffisantes. Bricoler permet forcément de réduire les coûts des travaux mais, s'il constituait simplement une économie d'argent, le bricolage serait un secteur stable qui ne concernerait qu'une frange de la population. Or, son essor est constant, sa croissance régulière, au point que l'on se demande s'il reste encore, aujourd'hui, des personnes qui ne bricolent pas du tout. Il devait donc y avoir des raisons plus profondes à ce succès contagieux.

Bien entendu, je ne pouvais percer ce mystère à la seule force du raisonnement. L'anthropologue sait qu'il ne sait rien avant de réaliser une enquête de terrain qui lui permettra de connaître l'Autre, pour ainsi dire, de l'intérieur. Si l'on espère comprendre l'individu, il faut toujours commencer par l'observer, vivre avec lui, partager ses usages et ses pratiques, lui donner la parole et l'écouter avec la plus grande attention. Pour mieux mesurer en amont l'intérêt et la valeur de l'enquête sur le bricolage, recherche qui impliquait entre autres de récolter les témoignages de 750 Français, je décidais avec mon équipe de prendre une première mesure de l'étendue du sujet auprès d'un échantillon plus restreint, afin de me faire une idée du chemin sur lequel nous nous engagerions si l'étude se réalisait. Nous avons alors observé puis récolté autour de nous des témoignages. Et voici ce que nous avons entendu :

> Moi j'ai pris les outils comme d'autres prennent le maquis. Un jour j'en ai eu marre de subir les pannes, les fuites, les galères. J'ai décidé d'apprendre à me battre contre les objets.
>
> *Augustin, 62 ans*

Bricoler, c'est prendre la responsabilité d'agir à son petit niveau pour que le monde qui nous entoure soit plus joli.

Hugo, 24 ans

Je suis un bricoleur non pratiquant.

Jean-Baptiste, 44 ans

J'aime les chantiers, la poussière, les odeurs, les couleurs et les bruits. C'est comme sentir le monde au bout de ses doigts.

Yvonne, 51 ans

Le bricoleur, il ne peut pas s'empêcher de bricoler. C'est comme un sportif de haut niveau qui est sous endorphine. Il ne peut pas s'empêcher de bricoler, même chez des amis ! En 30 secondes, il a revissé un petit truc. C'est plus fort que lui. C'est comme ça. Le bricoleur, il est toujours actif !

Gilbert, 56 ans

Au début, c'était parce que je n'avais pas le choix. Maintenant, je bricole parce que j'ai des idées.

Line, 32 ans

Quand on est bricoleur, on cherche des solutions, on prend des risques. On est fier, on est un héros ! On vit des aventures, comme dans un jeu vidéo ou un roman. On part dans son refuge (*ndlr : l'atelier du bricoleur*), comme un chasseur ou un pêcheur et on aura des tas d'histoires à raconter, dont la moitié peut-être seront complètement inventées.

Paul, 47 ans

On ne bricole jamais que pour soi ! Je suis bricoleur parce que je veux apporter ma pierre à l'édifice.

Andrei, 36 ans

Quand je branche une prise électrique avec une autre, que je fais le nœud, je pense à mon père. C'est le geste qui me ramène à lui.

Jean-Michel, 47 ans

Je bricole pour moi, pour ma princesse à qui je construis un château, pour notre couple. Notre maison, c'est notre enfant. Je n'arrête pas de bricoler parce qu'on n'arrête jamais de s'occuper de son enfant.

Sébastien, 40 ans

Il ne nous en fallut pas davantage pour comprendre que le territoire du bricolage regorgeait de trésors insoupçonnés.

Et l'anthropologue pèlerin entreprit son voyage au pays des bricoleurs…

I

BRICOLER, C'EST DU BILLARD !

Droit devant soi on ne peut pas aller bien loin.
Le Petit Prince

En me penchant pour boire à la source du langage, j'ai assez vite compris que je n'étais pas au bout de mes surprises. Avant de me promener dans le monde du bricolage, d'observer, de pratiquer et d'analyser ce que 750 bricoleurs allaient me confier, je me suis demandé d'où venait cet étrange mot, *bricole,* qui qualifie au singulier une babiole, une besogne insignifiante, un objet sans importance à la technicité non garantie (*c'est rien, juste une bricole ; je ne travaille pas, je bricole*), mais qui se transforme, au pluriel, en un menaçant bataillon de problèmes, un nid à ennuis dont il faut prendre garde (*il va t'arriver des bricoles*).

La lecture des dictionnaires et la recherche sur l'origine des mots et l'évolution de leur usage dans le temps, m'apprennent que la racine de *bricole* est longobarde (*les Longobards, qui donneront les Lombards, sont un peuple germanique d'origine scandinave arrivé en Italie pendant la chute de l'Empire romain*). Son sens est militaire. Apparu au haut Moyen Âge pour désigner une catapulte défensive (*briccola*), il est donc associé à l'idée de démolition et d'expulsion.

En parcourant *Le Monde,* je lis un article de la linguiste Claire FONDET qui évoque un autre emploi du terme *bricole* au siècle dernier, dans le nord de la France. Il y définit une exploitation dont le propriétaire (le *bricolier*) s'associe à une autre personne pour réaliser les travaux des champs. De prime abord, ces deux éléments semblent bien éloignés de ce que nous entendons aujourd'hui par *bricole.* Mais si l'on prend du recul, on observe avec intérêt qu'ils représentent, dans un moment de crise, une réponse commune : catapulte en période de guerre, association agricole en cas d'intempéries ou de disette. J'en déduis à ce moment-là que bricoler c'est résister ensemble aux agressions de l'environnement.

Mais comment résister, et sous quelle forme se défendre ? Ces questions méritent une réponse claire. En chasseur de sens, je poursuis mon enquête et continue de pister les dictionnaires à la recherche d'indices probants... Je découvre alors le sens initial du verbe *bricoler* sous la plume d'un bouffon du roi, TRIBOULET, à la cour de René d'Anjou !

Bricoler signifie ricocher, zigzaguer, biaiser. Suivre une trajectoire sinueuse. L'emploi du terme est attesté dès 1456, dans la sottie des *Vigiles* TRIBOULET. Bricoler signifie alors « *aller par-ci par-là* ». Et comme remède à cette errance, ce même TRIBOULET invente un an plus tard, dans *La Farce de Maître Pathelin*, cette formule restée célèbre : « *Revenons à nos moutons* » ! Ce rapprochement me fait sourire. Bricolait-il déjà, lui aussi, un mouton ?

J'apprends ensuite que cette idée de chemin détourné s'étend, trois siècles plus tard, au domaine de la chasse. *L'école de la chasse aux chiens courants* (1763), de Jean-Baptiste-Jacques LE VERRIER DE LA CONTERIE, m'enseigne en effet que le chien qui a perdu la trace de l'animal et qui pour la retrouver suit une piste aléatoire est appelé le *bricoleur*. On le nomme encore ainsi en chasse à courre. Le bestiaire ne s'arrête pas là pour autant. Je découvre en effet que le verbe *bricoler* s'emploie également pour un cheval qui sait passer adroitement entre les buissons et les arbres. Le mouvement en zigzag et la route déviée se doublent donc d'une notion d'habileté certaine... Autant de débuts de preuves fascinantes qui tendraient à laisser penser que le bricoleur, en as du détournement, incarne l'Homme habile...

D'autres ouvrages me révèlent que plus tard, au début du XVIIe siècle, les notions d'adresse et de ligne brisée se combinent pour donner naissance à un sens nouveau. On commence en effet à employer le verbe *bricoler* au jeu de paume ou au billard pour qualifier une trajectoire indirecte de la balle (ou de la bille), adroitement anticipée. *Bricoler*, au billard, ce n'est pas jouer droit, bille contre bille, mais passer par la bande. Ce geste, appelé

« *coup de bricole* », implique un calcul préalable des angles et de la direction que prendra la bille après le choc. Le profil du bricoleur se précise : s'il est un homme habile qui explore en tâtonnant, il lui faut aussi anticiper...

A la même époque, par effet de dominos, le terme *bricoler* va progressivement passer de l'idée d'anticipation et de calcul à celle de mensonge et de ruse sournoise. Chez Pierre CORNEILLE, dans *La suite du menteur* (1645), *bricoler* décrit l'action de manœuvrer par des moyens détournés. « *Ne sait-il pas encore les plus rusés détours / Dont votre esprit adroit bricola vos amours ?* » (Acte II, scène 4). Je comprends ce glissement de sens sans difficulté : ce qui est droit étant perçu comme franc, je ne m'étonne guère de la suspicion liée aux chemins de traverse où naissent tous les coups tordus !

C'est au XIXe siècle que *bricoler* prend le sens moderne d'exécuter de menues besognes. Je lis dans *Les Croix de bois* (1919) de Roland DORGELES, que *bricoler* signifie changer son environnement pour le faire correspondre à ses besoins. L'arranger ingénieusement, tant bien que mal. « *Sous leurs abris, les camarades bricolaient. Le petit Belin mettait le sien à sa mesure, taillant un trou pour sa bougie, un deuxième pour son quart, et un autre plus grand, pour y glisser ses pieds.* » (Chapitre III). Bricoler s'ancre désormais dans la matière. On *bricole* quand on procède à des modifications techniques sur des objets en vue de les améliorer, voire de les fabriquer. Le *bricolage* regroupe ainsi un ensemble d'activités, exercées en général chez soi, qui réclament ingéniosité et habileté manuelle, pour un résultat plus ou moins réussi.

Et aujourd'hui, ça veut dire quoi, *bricoler* ?

Le philosophe que j'étais aurait eu tendance à répondre que *bricoler,* c'est utiliser des données empiriques et théoriques en imaginant des possibles, et en les réalisant chemin faisant. Mais quand j'ai dit cela, je n'ai rien dit. Comment une simple habileté a-t-elle pu devenir une activité en soi, une action qui a sa propre finalité, convoquant des valeurs de maîtrise et d'expertise ? Comment une trajectoire du détour conduit-elle à redonner du sens au travail manuel ?

L'anthropologue que je suis a plutôt hâte de fermer tous les dictionnaires et d'aller à la rencontre de ce peuple particulier, les bricoleurs.

Ainsi commence le voyage...

II

LE TERRITOIRE

Le pays des bricoleurs est un territoire difficile à localiser. Vous ne me croyez pas ? Ecoutez donc un peu…

Avant-hier soir, au moment de préparer le diner, je me suis soudain rappelé que j'avais oublié de faire des courses alors que je l'avais promis à ma compagne. Tandis que je m'en excusai platement, elle me répondit : « *Ce n'est pas grave, Abdu, on va se bricoler un truc à manger* ».

Hier matin, allongé sur le fauteuil de mon dentiste, j'entendis : « *Il serait dommage de vous retirer cette dent douloureuse car elle est encore saine. Mais ne vous inquiétez pas, je vais vous bricoler quelque chose…* ».

Aux informations de midi, un journaliste expliquait : « *La qualité première, dans notre métier, c'est d'être un bon bricoleur, car il y a toujours un machin qui ne marche pas* ».

Quelques heures plus tard, le président de la République en personne évoque sa « *boîte à outils* » pour surmonter la crise…

Alors, le pays du bricolage, c'est où ? Chez les cuisiniers ? Chez les dentistes ? Dans la presse ? En politique ? Si tout le monde bricole, des musiciens aux jardiniers, jusqu'aux voleurs qui vivent de petits larcins, si le bricolage est partout, alors cela veut dire qu'il est nulle part et donc que je ne le trouverai jamais…

J'ai même rencontré aujourd'hui une personne tatouée, arborant de multiples symboles, qui m'a dit qu'elle bricolait son corps. Agir sur sa propre matière première, la transformer pour l'embellir et se la réapproprier par l'expression de signes d'appartenance choisis, c'est peut-être une manifestation du bricolage, ai-je alors pensé. Un membre de mon équipe s'est aussitôt emporté, avant d'ajouter non sans humour : « *Attends, on va où, là ? Sans rire ! Et puis d'abord, le seul qui bricole réellement son corps, c'est John Rambo, quand il se recoud le bras en pleine jungle !* ».

Pour m'orienter dans ma recherche et trouver enfin la route qui mène au pays des bricoleurs, je décide de prendre conseil auprès de l'agence de voyages la plus proche de chez moi. C'est bien comme cela qu'on fait, n'est-ce pas, quand on veut partir quelque part... En arrivant chez Leroy Merlin, je lis ces trois mots écrits en grandes lettres au-dessus de l'entrée : Bricolage-Décoration-Jardinage. Je conclus de cette distinction que la décoration et le jardinage ne font pas partie du territoire des bricoleurs. C'est déjà un grand pas. Puis j'entre dans le magasin. J'observe longuement. J'interroge... Je répète ensuite cette opération dans d'autres agences de voyages : Brico Dépôts, Bricorama, Castorama... J'y apprends que le pays des bricoleurs est un territoire symbolique sexué. Majoritairement peuplé d'hommes, il accueille cependant un nombre de plus en plus élevé de femmes, très probablement parce que les frontières du pays se dessinent autour de la maison et de la famille, soit un espace où les femmes occupent, ou ont la volonté d'occuper, une position spécifique. Ce pays est soumis à la loi du travail manuel, mais toutes les activités reposent sur la notion de choix de l'individu. Elles relèvent d'un savoir-faire acquis par l'expérience, et possèdent, selon l'INSEE, un statut de « *semi-loisir* » (*L'évolution des temps sociaux au travers des enquêtes emploi du temps*, 2002).

> Bricoler, c'est à la croisée des chemins, entre travail et plaisir, réparation et création.
> *Eliane, 60 ans*

> Le fait que les femmes bricolent toujours plus montre que le secteur a évolué vers plus de simplicité, de choix et de pédagogie.
> *Un directeur de grande surface de bricolage*

> On bricole d'abord par nécessité. Mais en bricolant, on devient bricoleur, parce qu'il n'y a pas beaucoup d'activité qui te donne autant de satisfaction une fois le travail accompli.
> *Salim, 37 ans*

> Pour moi c'est un loisir parce que je le fais chez moi. Mais c'est utile en même temps, alors je ne sais pas trop. En fait, c'est comme si je faisais du sport mais que l'énergie que je dépense produisait l'électricité de la maison.
>
> *Grégoire, 30 ans*

Géographiquement, le pays du bricolage est composé de trois régions. La plus étendue s'appelle « *le chantier* ». Il concerne la maison du bricoleur (*ou celle d'un parent, d'un ami*), une zone de la maison (*une pièce, un meuble*) ou un secteur *(la plomberie, le chauffage, l'électricité)*. Certains bricoleurs limitent ce chantier aux petits et moyens travaux. « *Pour moi, le bricolage c'est tout sauf les gros travaux de maçonnerie, faire une dalle en béton ou des choses comme ça* », dit Fabien, 41 ans. D'autres en excluent certaines activités jugées trop techniques. « *Le bricolage, c'est tout sauf l'électricité et la plomberie. Surtout l'électricité. Les autres trucs, ça va* », affirme Gérard, 52 ans. « *35% des gens qui vont dans les grandes surfaces de bricolage ne visitent jamais ces rayons*, déclare Jean-Éric RICHE, P.D.G. de Debflex et Président d'Unibal, l'Union Nationale des Industriels du Bricolage, du jardinage et de l'Aménagement du Logement. *La plomberie et l'électricité font peur : si tu ne fais pas bien, tu as des fuites d'eau ou tu mets le feu !* »

La mise en chantier de cet espace domestique coïncide avec la prise de pouvoir temporaire du bricoleur. Il y est le roi. En termes d'occupation des lieux, il investit pleinement l'espace. Il fait du bruit, de la poussière, étale ses matériaux et ses outils. Il n'est guère facile de partager l'endroit avec lui.

Le chantier désigne l'endroit où les gros travaux s'effectuent. Dans l'esprit des gens, il évoque un certain chaos. « *Le chantier, c'est un grand bordel qui commence sans qu'on sache jamais quand il finira* », déclare Jacques, 48 ans. C'est un champ des possibles pour celui qui le dirige et pour tous ceux qui y participent activement. En revanche, aux yeux de ceux qui le subissent, membres de la famille ou amis, il cristallise à lui seul quelques angoisses de notre société : inconfort, incertitude permanente, risque de déception...

Le chantier est un lieu où les choses se transforment. Outils et matériaux de construction y sont entassés pêle-mêle. On y travaille la matière. On y modifie les éléments. C'est le lieu de passage du désordre à l'harmonie.

> Ça s'appelle chantier jusqu'à ce que ce soit terminé. Pendant que je travaille, c'est le bazar. Un bazar organisé, sauf que personne à part moi ne peut en comprendre la logique. Mais après, c'est un chef-d'œuvre ! *(rires)*
> Wahib, 68 ans

Le bricolage occupe aussi un territoire plus restreint, dédié aux travaux de moindre envergure : l'atelier. A la différence du chantier, l'atelier est un lieu permanent. Il est la capitale du pays du bricolage. Autre différence notable avec le chantier, dont l'apparence de confusion totale est sensiblement toujours identique, il existe différents types d'ateliers. Chaque bricoleur l'aménage à son goût, au gré de ses envies, et au rythme des besoins. Il rajoute un casier ici, là un meuble de rangement. « *En général*, dit Albert, 53 ans, *tu fais en fonction de ce que tu as. C'est plutôt comme ça que ça se passe. Tu mets des rallonges et voilà, quoi.* »

La décoration y est habituellement minimale. Néanmoins, l'atelier étant un lieu personnalisé et libre, on y trouve souvent de petites figurines, quelques souvenirs, des autocollants, etc. « *C'est ton petit coin, ton petit coin perso* », confie Daniel, 32 ans.

L'aménagement de l'atelier vise, avant tout, à le rendre plus fonctionnel. Le bricoleur place ou retire une porte, suspend un néon, crée des étagères ou des tiroirs. Toute modification tend ainsi à conforter l'atelier dans son rôle premier qui est de présenter un plan de travail solide, lumineux et stable, avec des prises électriques à proximité, et de nombreux rangements pour stocker les pièces détachées.

Qu'il bénéficie d'une organisation préétablie ou qu'il s'improvise au fil du temps, qu'il soit arrangé ou en désordre, décoré ou brut, l'atelier est un lieu significatif car à l'image de son occupant. Il en dit long sur le bricoleur et sur sa conception du bricolage.

> Dans l'atelier de mon père, rien ne dépassait. C'est comme s'il effaçait les traces de son travail à chaque fois. Une vraie salle d'opération.
>
> *Corinne, 46 ans*

> Ma femme dit à ses amis que j'ai un atelier d'artiste ! Je crois que c'est une façon polie de dire que c'est toujours le bordel !
>
> *Léon, 50 ans*

Le bricoleur qui construit sa maison y prévoit toujours un atelier. Celui qui loue ou achète une demeure sans atelier essaie de s'en créer un malgré tout, en détournant la fonction initiale d'une pièce (par exemple, la buanderie, le bureau ou le garage). « *C'était les outils ou la voiture,* explique Salomon, 61 ans. *Comme je passe plus de temps à bricoler qu'à conduire, j'ai préféré me faire un atelier.* » Pour Alice et Bernard, 56 et 60 ans, « *le bricolage, c'est comme les Greemlins. Tu commences et après, la nuit, les idées se multiplient et les outils aussi. Et un beau jour tu dois t'étendre pour que toutes ces idées prennent vie* ».

Lorsqu'il est particulièrement actif et passionné de bricolage, le bricoleur va même jusqu'à faire de l'aménagement de son atelier un véritable projet en soi. Dans ce cas, il se nourrit d'exemples trouvés chez les autres, dans des livres ou sur internet, et rivalise d'ingéniosité pour concevoir un espace idéal où les rangements sont nombreux, utiles et originaux. Il réalise ensuite tout lui-même, de la forme des meubles à la glissière des tiroirs. Son atelier devient un objet de fierté.

Pour les plus extrémistes d'entre eux, l'atelier s'apparente à un lieu de vie. On y trouve alors un canapé, un petit réfrigérateur... C'est un îlot dans la maison, un domaine privé, un petit bout de monde à soi...

L'atelier a valeur de jardin secret. Personne, en général, n'y est admis, à l'exception des amis en visite qui savent où trouver le passionné. Pour tout autre cas, la consigne est claire : ne pas déranger !

> Je me sens bien dans mon atelier, il y a mes petites affaires...
>
> *Louis, 28 ans*

> Dans les tiroirs de mon atelier, c'est là où je mets mes trésors.
>
> *Etienne, 59 ans*

Ce lieu interdit, rempli d'outils et mystérieux, exerce un pouvoir de fascination sur les enfants. C'est une pièce cachée, un territoire de rêve, un lieu d'imagination où l'on invente, manipule, transforme, crée. C'est un lieu d'expériences.

> J'aime bien y être. C'est plein de jouets. Papa s'amuse avec ses outils. Il tape. Il casse. Il construit des choses. J'en aurai un aussi.
>
> *Octave, 7 ans*

> Comment vous dire ? Il y avait dans cette pièce une ambiance particulière. Une atmosphère de recueillement. Tout était à sa place. Juste. C'était une pièce de transformation. Pour passer d'un monde à l'autre.
>
> *Marianne, 40 ans*

Certains bricoleurs considèrent le fait d'avoir un atelier comme la marque du passage à l'âge adulte. « *L'atelier, c'est quand même le truc que tu as quand tu t'installes* », affirme Nicolas, 30 ans. Celui qui possède un atelier montre ainsi qu'il est disposé à intervenir sur son habitation, qu'il souhaite s'y investir et qu'il se comporte en individu responsable de son entretien/confort. Toutefois, la visite d'un atelier rappelle parfois davantage la chambre d'adolescent... Pas tant pour le désordre qui peut y régner, mais plutôt pour sa valeur de lieu de refuge.

Car le bricoleur se retire souvent dans son atelier pour y être tranquille plus que pour bricoler. C'est en effet un lieu propice à la rêverie, et probablement le meilleur endroit pour se calmer après une dispute conjugale, notamment... Et puis, avoir l'air d'être occupé est un excellent moyen pour qu'on vous fiche la paix...

> C'est ma pièce à moi. Ici, tout est comme je veux, moi. Les autres n'ont rien à y faire.
>
> *Jean, 67 ans*

> Si je suis en colère, je vais bricoler dans mon atelier. Ça me vide la tête et j'oublie tout. Le temps ne compte plus.
>
> *Paul, 40 ans*

Il arrive aussi qu'on s'y rende sans réelle tâche à accomplir, puis on retombe sur un vieux projet abandonné en cours de réalisation, auquel, alors, on se remet.

> Un atelier, c'est vivant. Ça garde les traces de tes succès. Rien que d'y être, t'as envie de faire des choses. Si on l'écoute, si on le regarde, il te dit ce que tu dois faire.
>
> *Lionel, 44 ans*

En l'absence d'atelier, le bricoleur doit se contenter de sa caisse à outils, qui finit toujours par déborder au fond d'un débarras. « *Ce n'est vraiment pas pratique, sans atelier je ne peux rien faire* », déplore Jean-Bernard, 53 ans. Pour échapper à cette frustration, l'atelier partagé offre une solution alternative.

Les ateliers ouverts au public proposent en général des formules à l'heure, à la journée ou au mois, avec des tarifs dégressifs suivant le temps d'occupation. Ces tarifs comprennent l'accès aux locaux, l'usage des outils et machines, l'assurance et la formation nécessaire au fonctionnement en sécurité.

Il existe également des ateliers privés collectifs. Plusieurs personnes s'y rassemblent pour acheter/louer un espace de travail et en partager les charges et le matériel. Ce type d'atelier reste assez peu prisé par les bricoleurs amateurs qui privilégient leur atelier personnel ou bien l'atelier ouvert au public sans engagement à long terme ni tracas de gestion.

> L'intérêt d'un atelier, c'est d'avoir ton lieu à toi. Je ne vois pas comment ça peut marcher si tu le partages avec d'autres.
>
> *Louis, 27 ans*

Partager un atelier, c'est renoncer à son espace intime et, de surcroît, accepter de se soumettre à des règles de fonctionnement. Mais cela permet en retour de bénéficier d'un matériel performant et de conseils avisés.

Tendanciellement, le bricoleur appréhende de deux façons cette proximité sociale : soit il la subit comme une contrainte qui l'oblige à supporter les approches de condisciples désireux de tisser des liens ; soit il la vit comme une formidable occasion d'échanger des savoir-faire en se plaçant tour à tour dans la position de l'élève qui apprend, ou dans celle du professeur prodiguant conseils et astuces.

> Le bricolage, ça s'apprend pas. Ça se vole ! Tu veux progresser ? Regarde comment font les autres !
>
> *Bastien, 37 ans*

> J'aime bien rencontrer les autres bricoleurs. C'est plus vivant que les forums internet. Quand t'as passé beaucoup de temps sur une technique, c'est sympa de la partager avec les autres. Ton expérience peut toujours servir. C'est vrai, quoi. Ça serait dommage de garder les résultats de son expérience pour soi-même.
>
> *Yvonnic, 38 ans*

A l'image de toute relation humaine, *a fortiori* entre pairs, ces rapports ne sont pas exempts de tensions et d'incompréhensions. Etant de formation autodidacte, un bricoleur voit parfois d'un mauvais œil les avis divergents émis sur un ton professoral par un partenaire se posant en détenteur du savoir.

> Le bricoleur expert, c'est un relou. Le vrai daron qui va t'expliquer comment il faut faire. Mais justement non. Si je bricole, c'est pour faire à ma façon. Et tant pis si j'me trompe. C'est mon problème !
>
> *Killian, 22 ans*

L'atelier partagé présente cependant un grand intérêt pour un anthropologue. Il lui permet d'observer que le bricolage abolit entre les individus toute frontière de classes sociales, et toute barrière générationnelle. L'âge des bricoleurs n'entre en ligne de compte qu'en tant qu'il suppose davantage d'expérience. Le principal critère de jugement d'une personne y est sa seule compétence.

> Ici, on ne se regarde pas les rides, ni les vêtements. De toute façon, on est tous en salopette. *(rires)* Ce qui compte, c'est ce que tu veux faire, et ce que tu sais faire.
>
> *Manuel, 50 ans*

Terminons en signalant que l'atelier possède parfois un double dans la demeure, une sorte de petite cousine nommée *scraproom* ou *craftroom*, occupé par les personnes du foyer pratiquant divers loisirs créatifs tels le scrapbooking (*réalisation d'albums photo décorés à l'aide de gallons, tampons, autocollants*), le modelage ou la fabrication de bijoux. Ce lieu diffère de l'atelier en cela qu'il n'est pas isolé de l'espace domestique, qu'il est nettoyé quotidiennement, et qu'il possède les mêmes finitions qu'une pièce de la maison (*murs peints, frises, rideaux aux fenêtres, revêtement de sol…*).

> On y fait aussi des trucs avec nos mains, mais c'est propre.
> *Aurélie, 29 ans*

> C'est pas un lieu où tu dois casser pour reconstruire. Ici, c'est plus de l'assemblage, pas du bricolage.
> *Nicolas, 36 ans*

Dès lors qu'il occupe un lieu de la maison, l'atelier du bricoleur n'aura de cesse de se remplir. De matériaux. De produits divers. D'outils. Le moindre espace est exploité : on organise des suspensions au plafond, on empile les caisses… Quand on interroge un bricoleur sur son atelier, il commence généralement par dire qu'il est trop petit. En effet, à force d'accumulation, certains ateliers sont à ce point encombrés qu'ils n'offrent plus au bricoleur ni la possibilité de s'y mouvoir ni même la place pour bricoler. C'est alors que celui-ci est amené à occuper la troisième région du pays du bricolage, son territoire le plus exigu, l'établi.

Si les grandes surfaces de bricolage sont des agences de voyages pour embarquer vers le pays des bricoleurs, si le chantier en est le plus grand territoire et l'atelier sa capitale, alors on peut considérer que l'établi représente le centre ancien de la ville, son poumon originel.

Composé, dans sa forme la plus simple, d'une planche posée sur deux tréteaux, assorti d'une caisse de récupération où sont jetés pêle-mêle les outils, il s'enrichit parfois d'étaux dont les mâchoires tiennent les pièces assemblées et le rendent plus stables. Le plus sophistiqué est fait sur mesure, est très robuste, et comprend de nombreux rangements, un étau fixe, des prises électriques, un éclairage directionnel…

> On peut penser à un projet, on peut avoir un atelier au top, mais finalement, l'établi c'est là où tout commence.
> *Edouard, 40 ans*

« *Où est-ce que je bricole ? Mais partout,* répond Rodolphe, 45 ans. *Dans ma tête d'abord, et ensuite partout où je suis, puisque j'y pense toujours un peu. Quand tu commences quelque chose, tu ne peux plus ne pas y penser, jusqu'à ce que tu la termines.* »

C'est probablement parce que bricoler commence dans la tête que son territoire est si complexe à localiser. Si le bricolage est une affaire mentale et un état d'esprit, alors chacun, dans son domaine, a le sentiment qu'il bricole quelque chose…

Mais le vrai pays des bricoleurs est autre, et particulier. Il rassemble des objets, des matériaux, des pièces, des maisons, des territoires... Mais aussi des vêtements, des outils, une langue et des dialectes… Le bricolage est une culture, avec ses habitants scindés en différentes tribus, avec leurs propres mythes. Elles vivent dans un espace sacré, ritualisé, où chaque membre de la communauté a son rôle, et dans lequel circule une énergie singulière.

Au-delà des différents espaces statiques concernés par un projet (*magasin, chantier, atelier personnel ou partagé, établi*), le véritable territoire du bricolage ne s'inscrit pas au sol, enfermé dans un certain nombre de mètres carrés. Il est un mouvement. Celui qui va de la conception à la transformation des matériaux, pour s'amarrer dans un port placé sous l'égide de l'autosatisfaction, de la fierté et de l'accomplissement. Le territoire du bricolage est un chemin, avec ses étapes, ses rencontres, ses dangers, ses joies et ses peines. C'est une tension désirante, une énergie qui nous ancre les pieds sur le sol, les mains au cœur de la matière, et la tête dans les étoiles.

III

LE TEMPS

*C'est le temps que tu as perdu pour ta rose
qui fait ta rose si importante.*
Le Petit Prince

Arrivé au pays des bricoleurs, la première chose qui me frappe l'esprit est que le temps y possède une qualité remarquable : il est libre. Toutes les personnes rencontrées l'affirment sans ambages : ils bricolent pendant leur temps... *libre* !

> Personne ne me dit quand je dois arrêter, quand je dois commencer. Je gère mon temps comme je veux. C'est pas comme au boulot. Le bricolage, ça ne se mesure pas au temps.
> *Frédéric, 33 ans*

> Les week-ends sont réservés au bricolage. Le samedi, on va acheter ce qu'il nous faut, et le dimanche on bosse. Ça nous coupe de notre semaine de boulot.
> *Gaël et Lucie, 42 et 38 ans*

> C'est mon passe-temps. Dès que j'ai un moment de libre, je fais des trucs pour moi. La bricole, y a pas mieux pour s'occuper.
> *Alain, 50 ans*

> Quand je bricole, le temps ne passe plus ! C'est pas du temps libre, c'est du temps libéré de l'horloge !
> *Marion, 28 ans*

Le temps, bien entendu, est une notion relative. Il est soumis à la perception que chacun en a. Un quart d'heure d'ennui paraît plus long qu'une heure enthousiasmante. Il en va de même, voire de manière plus nette encore, pour le temps libre. Ainsi, certains individus qui travaillent 35 heures par semaine et consacrent une grande partie des week-ends aux activités de leur famille déclarent avoir du temps pour bricoler, tandis que d'autres, sans emploi ni enfants, répondent ne pas en avoir assez.

> Le bricolage, c'est une nouvelle semaine qui commence. Y a le boulot, et la maison qu'on refait.
>
> Yves, 48 ans

> Le problème, quand tu te lances sur un chantier, tu ne maîtrises pas le temps que ça va te prendre. Tu peux t'y perdre. Et c'est tellement pénible que t'as l'impression de ne plus faire que ça. Je ne m'y mets que si j'ai trouvé personne pour faire à ma place.
>
> Daniel, 28 ans

Pour un bricoleur, la liberté constitue donc la première valeur du temps. En l'absence de temps libre, point de bricolage. Une seule exception brise cette règle d'or : le cas d'urgence. Une fuite, une panne ou toute autre forme de menace et/ou d'arrêt de marche contraignent le bricoleur à intervenir le plus tôt possible. L'urgence fournit alors sa deuxième valeur au temps du bricoleur.

> … ce jour-là, j'ai dû lâcher mon boulot pour rentrer à la maison dès que ma femme m'a appelé. La machine fuyait et, si j'étais pas arrivé vite, je pense qu'on aurait bousillé notre appart et celui des voisins du dessous.
>
> Jérôme, 27 ans

> Si tu as un court-circuit chez toi, le temps s'accélère. Sois t'as des fusibles à portée de mains et tu répares de suite. Soit t'as intérêt à en trouver hyper vite, si tu ne veux pas jeter tout ce que t'as au congélateur.
>
> Elodie, 32 ans

Trois autres valeurs-temps entrent en jeu dans le processus du bricolage. La première concerne la préparation du projet. C'est le temps élastique. Il se décompose en plusieurs phases. Tout d'abord s'étirent ces moments où le bricoleur décide de ce qu'il va faire, puis comment il va s'y prendre. Il mesure ensuite le degré de difficulté de la tâche qui l'attend, son affinité avec la technique requise. Enfin, il met en regard son gain de temps, d'énergie et d'argent avec ses aspirations et ses goûts. Va-t-il acheter ce garde-corps dont le prix équivaut à un certain nombre d'heures de son salaire, ou bien le fabriquer lui-même sachant que cette opération lui prendra du temps, qu'il devra se procurer un poste à souder, des baguettes, un masque et autres accessoires ? Dans ce calcul, le coût final est peu déterminant. Une franche majorité des bricoleurs interrogés reconnaît posséder chez elle un objet bricolé pour lequel elle a, en définitive, déboursé une somme d'argent supérieure au prix affiché dans le magasin. Cela tient au fait que l'intérêt du bricolage dépasse de loin les considérations d'ordre financier. Les éléments qui pèsent dans la balance au moment du choix, et qui font que l'unité-temps semble plus ou moins pertinente, sont la fierté d'avoir fabriqué l'objet de ses propres mains, l'intérêt d'avoir acquis de nouvelles compétences, le plaisir donné par les dimensions ludique et artistique de l'activité créative, et l'affirmation de sa personnalité. Mais nous n'en sommes pas encore là… La phase préparatoire du projet est bien loin d'être terminée !

Une grande partie des bricoleurs passe ensuite des jours à se nourrir d'idées, à recueillir des renseignements et à prendre des conseils. Livres, revues, magazines, sites ou blogs internet, conversations avec l'entourage, tout lui sert. Et tout lui prend du temps ! Parfois il modifie son projet à la lumière de ces informations, quand il ne le change pas carrément, de bout en bout…

> Tu connais ce proverbe ? Le meilleur moment quand on fait l'amour, c'est quand on monte l'escalier. Bah le bricolage c'est pareil. La préparation, c'est le plus excitant. Tu regardes chez les uns, chez les autres, pour voir comment ils ont fait. Puis tu vas au magasin, prendre des renseignements. Moi je les fais tous. Ils sont tous bons pour un rayon précis. Et après, tu as le Net. Là, je peux y passer des semaines.
>
> *Sylvana, 36 ans*

Et l'on ne compte plus ses nombreux allers-retours dans les magasins…

> De toute façon, tu apprends en avançant. Et à moins d'avoir un stock de matériel chez toi, tu es toujours obligé

de retourner au magasin pour chercher ce qu'il te manque.

Tom, 26 ans

Il m'est arrivé de voir un client venir neuf fois dans la même journée. A chaque fois, il était sûr de ce qu'il lui fallait.

Un vendeur

Il arrive aussi que le bricoleur choisisse de n'utiliser que des matériaux de récupération (*par choix économique ou éthique*). Dans cette hypothèse, la récolte et/ou le traitement de la matière allongera encore les délais. S'il a, par exemple, décidé de réaliser un objet en bois de palette, il lui faut trouver ces palettes, les transporter, les démonter, avec un taux de pertes assez important en raison de la fente des planches... Sans conteste, la phase préparatoire du projet prouve (et éprouve) l'élasticité du temps...

Voilà ! Ça y est ! Le bricoleur est enfin prêt à commencer son travail. C'est alors qu'apparaît quelquefois une autre valeur-temps : l'ajournement, autrement appelé le report ou la remise à demain... Certains bricoleurs sont affligés de procrastination. C'est le temps infini du « *faudrait quand même que je m'y mette* »...

Dans ma tête, c'est parfait. Je veux dire, c'est fini. Alors j'hésite à m'y mettre. Ça sera toujours moins bien, en tout cas au début.

David, 29 ans

Commencer, c'est entrer dans un tunnel dont tu ne vois pas le bout. C'est un peu angoissant.

Christian, 53 ans

Faut que je me sente bien avant de bricoler. Que je sois sûr que je n'ai rien d'autre à faire. (*rires*). C'est pénible, alors j'espère que le problème va se régler de lui-même. Ou que ma femme finira par s'habituer et qu'elle ne le verra plus.

Illan, 34 ans

Dans l'esprit du bricoleur, les heures ou les jours qu'il a passés à réfléchir au projet, à le concevoir puis à le préparer, ne rentrent pas en ligne de compte quand il fait le total du temps que lui a demandé un travail. Eventuellement, il signalera la durée précédant son passage à l'acte. « *J'ai mis six mois à changer les freins de mon vélo qui avaient lâchés* », avoue Mathieu, 26 ans. « *J'avais tout*, reconnaît Philippe, 35 ans. *Les idées, les plans, le matos, tout. J'ai mis presque un an à me décider. Ça m'a pris une petite semaine pour le faire.* »

Tant qu'il n'a pas commencé à travailler la matière, le bricoleur estime ne pas avoir consacré beaucoup de temps à son projet, au point qu'il n'en gardera pas souvenir une fois le chantier fini. Car le seul temps réel, pour un bricoleur, est le temps de l'action. Celui de la réalisation effective. Le temps passé à bricoler. Cette dernière valeur-temps demeure fascinante, dans la mesure où elle correspond à un temps qui n'existe pas. Pour s'en convaincre, observons un bricoleur en pleine activité...

Quand un bricoleur commence à bricoler, c'est un peu comme lorsqu'on gravit une montagne. Les premiers mètres du dénivelé font mal aux muscles, c'est pénible, on ressent toute la masse de son corps, et le poids encore plus lourd du temps. On regarde sa montre, et on se dit que ça va être long. Ainsi le bricoleur est-il lui-même inscrit dans une série de petites opérations complexes qui peuvent l'agacer, le frustrer...

Mais plus on grimpe, plus on se concentre sur son souffle, plus on fait un avec sa marche, et plus on se sent léger. Et plus le temps se fige.

Il en va de même pour le bricoleur. Tout à sa volonté de terminer son projet, comme le marcheur qui s'efforce d'atteindre le sommet de la montagne, il est progressivement happé par la tâche qu'il effectue, les aiguilles de sa montre ralentissent, et il sort peu à peu du temps... pour entrer dans l'ici et maintenant de son geste.

> Je ne pourrai pas te dire ce que je fais au moment où je le fais. Je suis dedans. Comme quand tu es dans un bon film. Tu ne te regardes pas en train de le regarder. Là, c'est pareil.
>
> *Vito, 45 ans*

> Une fois commencé, le projet doit arriver au but. Plus rien ne compte. D'ailleurs, je ne compte plus. *(rires)*
> *Alexandre, 39 ans*

> Oh, lui, tu peux l'appeler cent fois pour venir dîner, quand il est dans son atelier, il n'est plus dans le même monde que nous.
> *Renée, 67 ans*

En bricolant, l'individu s'échappe d'un quotidien borné par les objectifs à atteindre que lui fixent son employeur, sa famille, les autres. Il quitte ainsi le temps-pression, celui qui le réduit à n'être qu'efficace ou pas. A être rentable. Mais au pays du bricolage, le temps ce n'est pas de l'argent, mais plutôt un manque d'argent.

> Je suis le seul à prendre les décisions, à savoir si ça avance bien. Personne ne peut me dire que je passe trop de temps et que ce n'est pas rentable. A la fin, quand on fait soi-même, on y gagne toujours.
> *Frank, 48 ans*

> Il y a une chose que tu possèdes, c'est ton temps. Soit tu le loues à un patron, soit tu le gardes pour toi et tu construis ta maison avec.
> *Marek, 52 ans*

Certains experts en gestion budgétaire conseillent de toujours se demander, avant tout achat, à combien de temps travaillé le prix de l'objet correspond. En substance, si l'on n'est pas prêt à travailler vingt-cinq minutes en échange d'une glace, on ne devrait pas l'acheter. Ils réduisent ainsi le rapport au temps à un seul rapport monétaire.

Le bricoleur inverse cette proposition. En considérant le temps comme une ressource permettant de pallier l'insuffisance de moyens financiers, il prend conscience que son emploi consiste à utiliser des unités-temps pour acquérir de l'argent en vue d'acheter un objet. Il lui semble alors préférable de supprimer tout intermédiaire et d'employer directement son temps à arriver au résultat. Les circuits courts n'avantagent-ils pas les deux bouts de la chaîne ?

Voir le temps comme une ressource conduit certains bricoleurs à refuser de sacrifier leur temps en échange d'une rémunération pécuniaire. Pour eux, l'argent n'est pas toujours indispensable puisque l'on peut s'en passer en bricolant. Nous les retrouverons dans les chapitres consacrés à l'autonomie et à l'indépendance.

Mais revenons au temps.

Les progrès de la technologie, particulièrement au cours de ces dix dernières années, permettent aux magasins de proposer aujourd'hui des outils très performants qui garantissent de travailler plus vite. Cependant, on rencontre des bricoleurs qui, bien que possédant un matériel électroportatif, choisissent de se servir encore d'outils à main, considérablement plus lents. On comprend sans difficulté le besoin qu'ils éprouvent à être en contact avec la matière. Mais cela justifie-t-il pour autant de commettre l'irréparable : perdre du temps !

A l'image de celles et ceux qui revendiquent le *slow living*, le *slow dating* ou le *slow food* [1] en réaction au rythme effréné du tout-toujours-plus-vite, ces bricoleurs ne s'accommodent pas toujours de l'accélération et de la prétendue facilitation des choses. Pour eux, prendre son temps n'est pas le perdre. D'un point de vue strictement logique, il n'est pas aisé de leur donner tort…

Le retour des loisirs créatifs minutieux comme le crochet, le dessin Zentangle ou le tissage s'inscrit dans la même démarche. Et si bricoler c'est choisir, le choix ne concerne pas seulement un projet, une méthode, des outils et des techniques. Il se porte aussi sur la quantité de temps dont le bricoleur veut disposer.

Il y a, à Strasbourg, un jeune homme de 25 ans qui confectionne des cuillères en bois. Avec les outils perfectionnés qu'il possède, il pourrait en produire une trentaine par jour. Il n'en fait pourtant qu'une seule. Il découpe un morceau de bois puis travaille tout à la main, à l'aide d'un crayon à papier, d'une râpe et de papier de verre. Pourquoi fait-il cela alors qu'avec ses outils électriques il obtiendrait une cuillère aussi belle en quinze minutes ? Parce que le bricolage ne se fonde pas sur le principe

---

[1] Vivre lentement, prendre le temps de se rencontrer, et manger lentement.

de rentabilité. Parce que bricoler, c'est sentir la matière. Probablement aussi parce que c'est le temps consacré à la fabrication ou la réparation ou la restauration d'un objet qui lui confère sa valeur, comme dit le Petit Prince à propos de sa rose… Un tapis fait main, ce n'est pas tout à fait la même chose qu'un tapis fabriqué à la machine, même d'excellente qualité. Et la cuillère en bois de Valentin, qui sera pour un autre un volet, une table, un mur ou une poterie, acquiert avec le temps et les mains qui le touchent un supplément d'âme.

Restons lucides. Tous ne sont pas comme Valentin. Certains pestent contre tel ou tel outil qui leur manque et les oblige à passer trois heures de plus, quand d'autres courent déjà au magasin de bricolage le plus proche acheter l'outil adéquat. Beaucoup néanmoins prennent du plaisir à se mesurer à cette difficulté supplémentaire, comme un randonneur devant un éboulement qui bloque l'accès au sommet…

Chaque bricoleur a donc un rapport au temps qui lui est propre. Celui-ci achètera un outil onéreux pour économiser du temps, celui-là choisira de ne travailler qu'à la main pour retrouver dans l'objet terminé la valeur du temps qu'il y a passé.

Au pays du bricolage, le temps est précieux. Hors cas de force majeure et au-delà des délais préparatoires plus ou moins longs, il donne aux bricoleurs la liberté d'habiter un éternel présent.

Ainsi, l'une des plus hautes vertus du bricolage réside sans doute dans sa faculté à fixer la course des aiguilles au cadran de l'horloge. Peu importe, au bricoleur en action, de faire une pause, de travailler une nuit entière, ou de patiemment poncer à la main le plateau d'un meuble plutôt que d'utiliser un outil électrique plus rapide. Perdre ou gagner quelques heures n'a plus de sens pour lui, puisqu'il a désormais franchi la porte du temps.

IV

POUR QUE CA NE MEURE PAS

Bricoler, c'est maintenir vivant. C'est avoir conscience que les lieux et les objets sont doués d'une existence propre (*le parquet grince, les murs ont bougé…*), et qu'il est de toute première importance de faire en sorte que leur vie perdure. Bricoler, c'est donc lutter contre la mort des choses.

Le bricolage constitue pour la majorité de ses adeptes un moyen de guérir les blessures que le temps inflige à leur espace de vie. Car si le temps n'a pas de prise sur le bricoleur qui accomplit sa tâche, il possède en revanche un fort pouvoir de dégradation sur son environnement. Tout se passe comme si ses outrages attisaient chez les bricoleurs la volonté farouche d'aller à l'encontre du processus de détérioration.

Rénover signifie littéralement « *rendre neuf* ». En rénovant, on redonne vie. On la prolonge, en somme. Il suffit d'écouter le vocabulaire employé par la plupart de ceux qui bricolent.

> Un bon coup de peinture, ça te *rajeunit* une pièce.
> *Pierre, 60 ans*

> Réparer, c'est magique. Ça donne *une seconde vie* à ton appareil qui était *mort*.
> *Christophe, 43 ans*

> Depuis que papa est mort, mes trois frères et moi, à tour de rôle, on va régulièrement faire quelques bricoles chez maman. Il ne faut surtout pas que cette maison s'arrête de vivre. On y a vécu tant de bons moments, et ça doit continuer. La famille s'est agrandie. On a des enfants, et des petits-enfants. Ça fait du monde pendant les vacances d'été. La maison doit aussi s'adapter à cette réalité. Mais bon, il y a surtout le fait que nous y sommes tous très attachés. Ne plus s'en occuper, c'est la laisser mourir.
> *Francis, 55 ans*

Le seul intérêt économique ne peut justifier la bataille menée par les bricoleurs pour maîtriser les effets dévastateurs du temps sur les choses qui leur sont chères. Bien souvent, en effet, remplacer ce qui est défectueux ou cassé se révèle moins coûteux que le réparer. Un tel combat relève plutôt de la charge affective qui électrise le rapport des êtres à certains objets et qui explique ainsi pourquoi il est si difficile d'accepter le fait qu'ils ne fonctionnent plus, qu'ils n'existent plus. Car les objets portent en eux le passé de ceux qui les utilisent. Aussi les bricoleurs ne se résignent-ils pas à les voir disparaître. Ils en prennent grand soin, les entretiennent ou les adaptent en permanence, au gré des nécessités du moment ou bien par anticipation sur leur usure à venir, leur trouvant parfois une nouvelle fonction en les détournant de leur usage habituel. Parce que, pour beaucoup d'entre eux, s'en débarrasser équivaudrait à enterrer leurs souvenirs. « *J'ai vraiment galéré pour réparer mon lecteur CD*, raconte Jacques, 32 ans, *et ça m'a couté de l'argent, mais c'était pas pensable pour moi de le mettre à la poubelle. C'est comme si je jetais toutes les nuits de mon adolescence avec.* »

Cette projection de soi-même sur l'objet, en l'associant à un moment de sa propre vie, permet de comprendre pourquoi tous les bricoleurs de plus de trente ans que je rencontre sont animés d'un même sentiment de colère envers ce qu'ils désignent comme « *l'ennemi absolu* » : l'obsolescence programmée.

L'obsolescence programmée consiste à planifier la durée d'utilisation ou d'attractivité d'un objet au moment même de sa conception. L'instant où l'appareil cessera de fonctionner, ou sera passé de mode, est prédéfini. « *Dès sa fabrication, ton objet connaît déjà la date de sa mort !* », s'agace Alexis, 39 ans. Léon, 54 ans, ajoute : « *Sa durée de vie est calculée de manière à ce qu'il soit remplacé le plus tôt possible, sans nuire à l'image de la marque qui doit paraître fiable.* »

Ce n'est pas le fait qu'un objet se démode vite qui heurte la sensibilité des bricoleurs. Chacun est libre de suivre ou non l'air du temps. Ce qui les révolte, c'est qu'un objet puisse être conçu pour cesser de fonctionner, et surtout pour être remplacé, sans possibilité aucune de le réparer. « *Tu vois, c'est comme si on te disait : ton gosse va mourir à 8 ans, tu ne pourras pas le soigner mais ce n'est pas grave car tu auras le plaisir d'un faire un autre !* », s'indigne Marc, 43 ans.

Au-delà des griefs qu'ils disent avoir contre une société de consommation qui, en contraignant les individus à acheter plusieurs fois le même produit, fait d'eux des « *vaches à lait* », au-delà même de tout engagement écologique en faveur de la gestion des ressources et du développement durable, les bricoleurs expriment principalement leur rejet d'une stratégie de la mort. Recycler devient alors pour eux un acte de résistance.

La récupération d'objets abandonnés, brisés, hors d'usage, qu'un non-bricoleur qualifie de cadavre, d'épave ou de déchet, s'inscrit dans cette démarche du « *pour que ça ne meure pas* ».

Dans son essai anthropologique intitulé *Le désordre domestique* (2003), Jean-Paul FILIOD observe que la façon dont on aborde de nos jours le bricolage a été fortement influencée par les œuvres des artistes du XXe siècle intégrant des objets ou morceaux d'objets du quotidien, ainsi que divers matériaux aussi peu nobles qu'un urinoir, des lambeaux de paquets de cigarettes, de la toile cirée, du papier journal... Et François DAGONET de préciser, dans *Des détritus, des déchets, de l'abject. Une philosophie écologique* (1997), que « *pour les artistes contemporains, le déchet signifie moins le résultat d'une décomposition (le nauséabond, le corrompu, le pourri), qui met fin à l'existence d'un objet, que le surgissement des unités dont l'univers est formé. Nous serions en présence d'un spectacle non de mort mais de libération* ».

A l'image de l'artiste, le bricoleur est un individu capable de voir en tout objet une potentielle forme inspirante. A ses yeux, une déchèterie ou un trottoir envahi de vieilles machines cassées n'est ni un cimetière mécanique ni un monceau d'immondices, mais un vaste champ de possibles.

> Je m'arrête souvent quand je vois des encombrants sur la chaussée. Tu n'imagines pas ce que les gens jettent. Avec un peu d'astuce et beaucoup de patience, la majorité des machines laissées sur le trottoir sont réparables.
>
> *Gabriel, 46 ans*

> Dès que je vois des planches et des meubles dans la rue, je me demande comment je vais les utiliser. Pas si je vais

les prendre ou pas. Il y a toujours quelque chose à faire avec les vieux meubles.

Léa, 27 ans

L'art et le bricolage sont des agencements d'éléments hétéroclites que l'individu s'approprie, réinterprète, et par l'assemblage desquels il fait jaillir un sens nouveau qui avait jusque-là échappé au regard des hommes. Cette mise en ordre est un moyen de vaincre l'entropie, c'est-à-dire ce qui caractérise le degré de désorganisation d'un système. Le combat auquel se livrent les bricoleurs pour que les objets continuent à vivre mérite que l'on s'arrête un instant sur cette notion.

Les biologistes expliquent que maintenir un organisme en vie demande une perpétuelle organisation du système, ce qui nécessite une dépense en énergie. Ne pas fournir cette énergie conduit au désordre du système, nommé entropie, qui provoque à terme la mort cellulaire.

En consacrant leur temps et leur énergie à réorganiser leur environnement, les bricoleurs participent donc au maintien de leur monde en vie.

Le bricolage est l'affirmation d'une volonté sur un espace soumis au temps. Il est un lieu qui se transforme sous l'action de forces contraires : le temps tire les objets vers la mort, le bricoleur les ramène sans cesse à la vie. Il n'est guère étonnant que cette transformation intervienne en général lors de changements qui ont cours dans l'existence de l'individu. Cela constitue le fondement même de toute transformation. En effet, à l'inverse de la *déformation* qui renvoie à une perte de forme, la *transformation* salue toujours l'avènement d'une nouvelle figure. Nombreux sont en effet les bricoleurs qui associent la réalisation d'un ouvrage à une apparition particulière : naissance d'un enfant, achat d'une maison... Grégoire, 58 ans, se souvient ainsi de l'époque où il s'est formé seul à la menuiserie pour confectionner le landau de sa fille, puis sa cabane dans un arbre du jardin, quelques années plus tard...

Dès lors, le but ultime recherché par le bricoleur dans sa lutte contre le temps qui pulvérise les choses ne se limite plus à donner un *coup de jeune* aux objets qui l'entourent. Ce n'est pas comme cela que l'on gagne contre le temps. D'ailleurs, le succès du *vintage*, le goût pour le stuc, les moulures, les colonnades et autres formes d'autrefois, de l'Antiquité jusqu'à la Belle Epoque, attestent que les bricoleurs ne sont pas tous attachés à vivre à l'heure moderne. Outre le plaisir exotique que procure l'installation dans un passé plus ou moins récent, cet ancrage offre un précieux présent à l'individu hanté par la disparition des choses : un cadre de vie éternel. Là où ne tombent en poussière ni les maisons, ni les souvenirs, ni les landaus.

V

LA SAINTE TRINITÉ DU BRICOLEUR

La Bible des bricoleurs s'ouvre sur ces mots : Au commencement étaient les problèmes.

Cependant, la plupart de celles et ceux que je rencontre contestent la validité de cette première phrase, qu'ils tiennent pour apocryphe, assurant qu'elle a été considérablement édulcorée par rapport au texte original qui ne faisait pas mention du mot « *problème* ».

> Au commencement, il y a les emmerdes !
> *Pierre, 42 ans ; Sliman, 29 ans ;*
> *Marie, 33 ans ; et tant d'autres encore…*

Disons-le tout net : les bricoleurs sont de curieux personnages. Bien qu'ils déplorent d'une voix unanime le fait que le bricolage naisse toujours de *quelque chose qui ne va pas*, on observe toutefois chez eux une forme de dédain pour les choses qui vont d'elles-mêmes. Parlez-leur de planter un clou ou de visser un étai, ils s'exclament : « *ah, mais ça, ce n'est pas bricoler !* ».

Leur mépris ne vient pas tant du fait que visser et clouer ne nécessitent ni compétence particulière ni outillage complexe. S'ils déconsidèrent à ce point ces deux gestes c'est parce que, précisément, ils ne sont pas un problème.

Au demeurant, si le bricolage se limitait à n'être qu'une activité manuelle, on se réjouirait de l'extrême simplicité des tâches à accomplir. Or, le premier organe sensoriel stimulé par le bricolage n'est pas la main mais le cerveau. Point de plaisir pour celui qui bricole s'il n'y a pas, à la source, un problème à résoudre. Car l'intérêt du bricolage repose bien moins sur des critères techniques que sur la capacité à traduire ses idées dans le travail de la matière. « *Le bricolage*, selon Juliette, 40 ans, *c'est passer du dessin au dessin.* »

Il est essentiel d'avoir à l'esprit que le bricolage est une action qui se décompose en trois temps. La réalisation technique, que l'on croit être la nature même du bricolage, ne représente en réalité que sa dernière étape, sa partie visible. Avant cela, tout bricoleur a dû arpenter le champ des solutions possibles, à la recherche de la formule la mieux adaptée au problème posé. Avant cela encore, il lui a donc fallu passer par une phase d'identification du problème. Ainsi, chronologiquement, le bricoleur détermine un problème (*un objet cassé, inadapté ou manquant*), puis conçoit et oppose une hypothèse de résolution à ce problème, et la met enfin à exécution. Un coin vide dans une pièce le conduira à imaginer, par exemple, d'y créer des étagères. Il se mettra alors à réfléchir à leur mise en place. Mais s'il se rend compte que cette solution n'est pas adéquate (*soit parce qu'il n'a pas réellement besoin d'étagères, soit parce que la niche est trop profonde*), il repartira en quête d'une autre hypothèse... Et pourquoi pas un bureau ? Il testera aussitôt sa nouvelle proposition, et recommencera le processus jusqu'à trouver la réponse appropriée.

> J'adore les feuilletons policiers. Quand je refais une pièce de la maison, je mène l'enquête. Faut comprendre par où passent les fils. Comment l'électricien a conçu son installation. Après, faut imaginer les solutions. Faire des hypothèses. Voir si ça marche. Revenir en arrière. Tester un autre chemin. Jusqu'à trouver.
>
> *Adam, 32 ans*

Une fois son choix arrêté, le bricoleur convoque à la fois ses compétences et l'arsenal des matériaux et outils dont il a besoin. Au temps du *quoi faire ?* succède ainsi celui du *comment faire ?* Une nouvelle quête commence, au cours de laquelle il va déconstruire tout ce qu'il sait, analyser ses connaissances afin d'établir comment il pourrait s'en servir au mieux, puis reconstruire une méthodologie propre à ce projet précis. Le cas échéant, il prendra des notes, esquissera des croquis, tracera des plans... Il nourrira aussi son inspiration d'idées vues chez les autres, amis, famille, voisins, ou dans les magasins, sur les réseaux sociaux, ou encore des suggestions lues dans des livres, des articles, ou sur des blogs déco…

> Y a les outils physiques, et puis y a les outils de l'expérience, ceux que tu as dans la tête et qui te permettent de réaliser ton projet.
>
> *Alban, 41 ans*

Ces deux premières phases de recherche théorique et technique supposent une certaine agilité mentale. Elles impliquent des facultés de problématisation et de réflexion. Il faut constamment repenser son savoir, combiner ses connaissances, les tordre, modifier sa façon de voir. Il n'existe pas de prêt-à-penser en bricolage. Pas plus que n'existent les solutions toutes faites qui fonctionnent à tous coups. Chaque problème est une serrure à clef unique. Et ce verrou, pour s'ouvrir, réclame un effort particulier de gymnastique mentale. Sans quoi il restera fermé, et il le restera tant que le bricoleur ne parvient pas à faire concorder ce qu'il sait, ce qu'il a et ce qu'il peut. Tout résultat fonctionnel ne s'obtient qu'à cette seule condition. Car la résolution de son problème est toujours, comme l'écrivent Françoise ODIN et Christian THUDEROZ dans *Des mondes bricolés ?* (2010), « *une composition de mouvements libres (ses choix actifs) et de mouvements forcés (les contraintes qu'impose le système (…) et les règles déjà admises).* »

A l'image des déplacements du chien de chasse, ou du *coup de bricole* du joueur de billard, la réflexion du bricoleur n'est pas linéaire. Elle avance par allers-retours entre les chemins balisés du savoir et les sentiers inconnus de l'intuition. Elle tente, se heurte aux limites de sa propre connaissance ou à celle des matériaux dont le bricoleur dispose, elle s'adapte, et retente encore… Cette technique de la traque à l'idée par tâtonnement, et par la prise en compte de tous les paramètres qui bornent et brouillent la piste qui mène à la solution idoine, est à ce point efficace qu'ODIN et THUDEROZ préconisent de l'enseigner aux ingénieurs.

> Un bon bricoleur ne fait pas de plan. Il s'organise au fur et à mesure, c'est pour ça qu'il s'adapte à n'importe quelle situation, et qu'il sait trouver les solutions.
>
> *Christophe, 38 ans, vendeur et bricoleur*

Quand le bricoleur a enfin clairement défini ce qu'il va faire et comment il va le faire, vient pour lui le moment de la mise en pratique. Là encore, ce n'est pas un long fleuve tranquille qui l'attend. Le parcours sera semé d'embûches, avec des écarts parfois considérables entre ce que son imaginaire a raisonnablement conçu et ce que la réalité lui oppose. Et puis il y aura surtout l'arrivée des plus fidèles compagnons du bricoleur : les imprévus…

> Il n'existe aucun chantier, aussi petit soit-il, sans imprévus.
>
> *Maxime, 27 ans*

> C'est bien simple, quand tu commences tu t'attends aux emmerdes. Celui qui perd, c'est celui qui ne les accepte pas. Faut garder la tête froide et te débrouiller pour que ça marche. Parce qu'il y a toujours un moyen.
>
> *Léna, 27 ans*

Parce que ces imprévus, à mesure qu'ils apparaissent, demandent au bricoleur à être réglés dans l'instant, ils ouvrent le règne de l'efficacité immédiate. On fait avec les moyens du bord, on se débrouille, on improvise… Pour se sortir d'une situation embarrassante, il faudra agencer autrement des matériaux, détourner certains outils de leur fonction, adapter, modifier, remplacer, en un mot encore et toujours adapter le réel, et s'adapter soi-même…

Création de l'esprit ou action de la main, les mêmes processus de réactivité et d'adaptation permanente sont à l'œuvre. Bricoler, dans le fond, c'est composer avec ce qui est, et recomposer ce que l'on a. C'est remanier sans cesse, la pensée toujours en éveil, hors de tout schéma normé, répétitif, standardisé. Bricoler n'est pas un réflexe conditionné que l'on reproduit invariablement. C'est une respiration qui épouse les soubresauts de la matière et les aléas de l'instant.

> J'adore parce que tu vis le moment présent. Tu danses avec ton projet. Toi t'avances. Lui il résiste, recule. Tu essaies de reprendre la main. Il s'échappe. Jusqu'à ce que tu aies posé tes lustres et fixé tes prises, tu dois imposer ta volonté mais en restant à l'écoute. Oui. Je dirai que c'est une danse.
>
> *Béatrice, 47 ans*

Problématiser, solutionner, réaliser. Telle est la sainte trinité du bricoleur. Son activité est donc tout à la fois manuelle et intellectuelle. Il serait en effet absurde d'imaginer un bricoleur agitant ses mains dans le vide à partir de rien, comme serait insensée l'image d'un bricoleur conceptuel qui laisserait ses trouvailles à l'état d'idée, sans jamais les inscrire dans la matière. Bricoler, c'est célébrer les noces de la main et du bon sens, sous la haute autorité d'un esprit toujours inventif. Un esprit qui n'applique pas des recettes apprises par cœur. Un esprit qui ne bégaie pas, mais qui dialogue avec les variations incessantes de la réalité. Un esprit qui sait que chaque fois que l'on pense différemment, on trace un nouveau chemin d'appréhension du monde.

VI

DU BON SENS

Hulk n'est pas le bienvenu au pays du bricolage. Le système D, véritable code de survie du bricoleur, n'est pas le système Démolition, encore moins le système Défonce. Certes, pour celui qui bricole, il est bien question d'un combat permanent avec la matière. Mais l'usage de la force ne saurait faire de lui le vainqueur...

Monsieur Je-Sais-Tout est un allié tout autant inutile dans cette lutte où la Débrouille fait loi. Son savoir académique sert aussi peu que le muscle.

Ulysse, l'homme aux mille tours, serait en revanche une représentation assez fidèle du bricoleur. Car en bricolage, on ne triomphe que par le bon sens et la ruse.

> Tu vois, pour moi le bricolage c'est quand tu t'apprends des choses à toi-même. En fait, faut du courage. Tu es face à un problème. T'as peur. Tu te dis : *"mince, comment je vais régler ça, moi ?"* Et puis comme t'es bien obligé de faire quelque chose, tu te poses des questions, tu essaies, tu réessaies, et tu mets en route ton bon sens !
>
> *Augustin, 80 ans*

Le grand âge d'Augustin ne se lit pas sur son visage, ni sur ses mains qui, pendant que nous parlons, rabotent un meuble ancien. « *...parce que si tu veux, tu apprends des choses à l'école, mais dans le bricolage c'est pas pareil. Tu dois te faire confiance, t'écouter. Faut que tu te poses à toi-même les questions et que tu y répondes simplement,* précise-t-il avant de conclure, d'un air malicieux, sur cette sentence implacable : *Parce que si c'est pas simple, c'est pas juste !* »

Le bon sens consiste en premier lieu à ne pas compliquer les choses qui le sont déjà assez. C'est ensuite se servir de son expérience pour patiemment dénouer les fils de la difficulté qu'on affronte. Et c'est enfin avoir la confiance nécessaire pour ne pas ajouter à l'obstacle qui se dresse devant soi le doute quant à sa capacité à le franchir. Pour se tirer d'affaire, le bricoleur connaît bien évidemment certaines techniques, mais il recherche avant tout l'efficacité dans la simplicité. Si les plus grandes choses semblent souvent simples, c'est parce qu'elles le sont dans leur essence même. Regardons MESSI, écoutons MOZART… La réussite se mesure toujours à l'aune de l'évidence.

« *Quand je travaille à refaire ma maison,* déclare Paul, jeune trentenaire professeur d'histoire, *je ne cherche pas à paraître intelligent* ». Son épouse et collègue Isabelle renchérit : « *Faut de la jugeote*, dit-elle en riant, *et ne pas avoir peur de se gourer. On recommence et recommence encore avant que ça soit fait à notre goût, mais au moins on se bouge les neurones autant que les muscles* ».

Par l'entremise du bon sens, le travail manuel domestique sert de contrepoids à l'esprit de science. Il rééquilibre la balance dans un monde où le concept a pris le pas sur l'action, où le discours théorique prévaut sur la pratique. Opposé aux analyses purement abstraites, le bon sens ne dispense en aucun cas d'avoir de solides connaissances techniques. Mais il les complète en faisant appel à l'expérience. Pour toute situation bloquée, quand le bricoleur perdu se rend compte qu'il lui faut inventer une nouvelle route pour avancer, le bon sens se charge de remettre en jeu l'adaptation et le tâtonnement.

Nombre de cols blancs que j'ai rencontrés mentionnent l'usage du bon sens comme principal facteur de réussite d'un projet manuel. Leur discours laisse également percer une certaine envie de compenser un manque, un besoin de revenir à un monde plus tangible. Un monde concret.

> Changer une ampoule ou repeindre une chambre, ça t'aère. C'est pas du tableau Excel !
>
> *Géraldine, 57 ans*

> Bien sûr qu'il faut réfléchir, mais en même temps que tu touches les trucs. A vrai dire, c'est pas réfléchir. C'est trop distant ça. Non, c'est plutôt ressentir. Tu comprends autant avec ta tête qu'avec ton corps.
>
> *Gilles, 52 ans*

Point de jonction entre la pratique et la théorie, le bricolage résout la contradiction entre une réalité éthérée et un réel incarné. Dans la forêt d'objets qui nous entourent, le bon sens donne naissance à l'arbre qui relie le ciel de la pensée aux racines de la matière modelée par nos mains.

> Un bricoleur, c'est comme un paysan. Y a des trucs qu'il sait, parce que c'est comme ça que tourne le monde. A force d'être à l'écoute du monde, on développe une sorte de sixième sens.
>
> *Albert, 63 ans*

> Un bon bricoleur, c'est un mec malin. Un gars de la débrouille. Le type qui sait t'analyser une situation sans se prendre la tête, et tâtonner jusqu'à ce qu'il trouve le bon chemin.
>
> *Donato, 40 ans*

Les bricoleurs cherchent consciemment et expressément à s'éloigner du monde abstrait pour se ré-ancrer dans la matière. Un peu comme les enfants aiment le contact avec la terre, avec le sable, avec la boue, et tirent de ce mélange avec les éléments un sentiment de libération et de puissance créatrice. De manière infaillible, toute connaissance ne s'acquiert pleinement qu'une fois passée au filtre de l'expérience physique. Connaître, c'est co-naître, c'est-à-dire naître avec, naître ensemble. On ne connaît réellement une chose qu'à partir du moment où l'esprit et le corps s'unissent en elle. Sans le *je sens*, il n'y a pas de *je sais*.

> J'ai besoin de sentir mon corps bouger, d'utiliser mes doigts, de me râper les genoux même, tout en cherchant les bonnes astuces pour atteindre mes objectifs.
>
> *Christian, 47 ans*

Quand je travaille dans la maison, je me teste. Je cherche à voir si je suis encore bon pour comprendre des choses que je n'ai pas l'habitude de voir. Dans mon boulot, je maîtrise. Là, c'est pas pareil. C'est pas la même façon de penser. Tu vois ce que je veux dire ?

Henri, 42 ans

Bien sûr que je le vois, Henri ! Oui, faire preuve de bon sens, c'est réfléchir plutôt que réagir. A la différence de la sphère professionnelle qui nous pousse à automatiser nos actions en réagissant à un environnement normatif, le bricolage ne nous contraint pas à faire ce que le supérieur, l'entreprise, les partenaires ou les clients attendent. Le monde du travail, c'est le monde du réflexe. Et il n'existe pas de réflexe de bon sens.

En réhabilitant le bon sens, le bricolage réactive une forme originelle d'intelligence, celle du temps où l'homme devait inventer chaque jour, s'adapter chaque instant et trouver des réponses adéquates à des défis sans cesse renouvelés. Dès lors, bricoler offre une alternative salvatrice aux fonctions codifiées du travail. Philippe DEHEDIN, P.D.G. d'Alibert Sanitaire, affirme que « *le bricolage, ça fait réfléchir, ça te permet de faire toi-même. De mettre en route ta machine à penser par toi-même. Ça te chahute les neurones. Tu as besoin d'essayer, de t'énerver, de t'ennuyer, d'être frustré, de rater, d'y arriver. Nous, dans la vie de tous les jours, on est toujours en réaction. On répond constamment à des stimulations extérieures. Quand tu bricoles, tu dois trouver ta façon de faire. C'est ça le bon sens* ».

Le bricolage a ce merveilleux pouvoir de déplier au cœur de chacun des cartes de navigation personnelles. Embarqué contre vents, courants et marées, il faut inventer son voyage. A ce titre, il est instructif de noter que le site wikiHow (plateforme collaborative de partage de savoir-faire principalement lue par les jeunes) insiste sur ce caractère insoumis du bon sens : « *Le bon sens peut aussi servir à vous soustraire des règles, théories, idées et consignes qui vous emprisonnent et qui entraveraient ou gêneraient la prise de la meilleure décision dans une situation spécifique. En d'autres termes, simplement parce que quelque chose le dit ou simplement parce que ça a toujours été comme ça, n'est pas une raison d'abandonner le bon sens vis-à-vis des besoins présents et sous des circonstances nouvelles.* » On ne peut jamais aller là où les autres vont. Chaque parcours est différent. Toute expérience, comme dit l'adage, est une lanterne qui n'éclaire que celui qui la porte.

> Le bon sens, c'est ce que tu fais quand t'as pris les avis de tout le monde, que t'as rien compris, et que tu fais quand même !
>
> *Alice, 19 ans*

> Le bon sens, c'est la négociation. Avec la matière et avec le monde des objets. Mais également avec les autres. Ta femme qui veut plus de ceci ou de cela, les avis de tous. Il y a quelque chose à prendre chez chacun. Tu mixes tout ça et tu sais comment faire.
>
> *Jean-Antoine, 72 ans*

On apprend à bricoler en bricolant. Et le bon sens est d'une aide précieuse parce qu'il permet de rester à l'écoute des choses. Et les choses, parfois, ne disent pas les mêmes mots. Impossible de s'en sortir si l'on n'y prête pas attention. Raoul m'explique, par exemple, que visser ou dévisser se fait dans un certain sens. « *De manière générale, on visse dans le sens des aiguilles d'une montre. De droite à gauche. Et pour dévisser, c'est le contraire, de gauche à droite. Mais des fois ça ne se passe pas comme ça* ». C'est peu dire que Raoul a le don de déboussoler l'anthropologue. Pourtant, la flèche de son raisonnement indique toujours le même pôle : « *Tu ne t'en sors que si tu as du bon sens. Tu vois, certains pas de vis marchent à l'envers, comme sur une tondeuse ou sur un pédalier de vélo. Parce qu'ils doivent résister à l'effet de frottement, sinon ça se desserrerait en permanence quand ça tourne* ». Voilà un sens qui a du sens ! Un sens qui nous échapperait si nous nous entêtions à ne pas écouter les choses…

On ne peut bricoler sans bon sens, dans la mesure où le bricolage réclame constamment à l'esprit un effort d'adaptation et de réadaptation. Voyager avec une pensée rigide est la meilleure façon de faire naufrage. « *Quand on se lance dans des travaux, faut être souple, dans son corps et dans sa tête,* explique Marc, 48 ans. *Faut être prêt à s'adapter chaque seconde. Je n'ai jamais fait de bateau mais j'imagine que c'est la même chose. Si tu pars en mer et que t'es tendu, à mon avis, tu ne reviens pas au port en même temps que ton navire.* »

Avoir du bon sens ne serait pas une vertu indispensable au bricoleur si bricoler consistait à appliquer des procédures fixes, immuables. Au demeurant, les chances sont très minces pour que le bricolage ait un quelconque intérêt s'il était un *je fais ci, je fais ça, et c'est fini*. Cela dit, nous sommes ici à tel point plongés dans le changement permanent que cette variation continue s'applique aussi au bon sens. Le vrai bon sens, c'est quelquefois de ne pas en avoir.

> … des fois tu dois un peu te casser la tête, et des fois tu dois laisser aller. Je ne sais pas. C'est dur à expliquer. Si tu veux, c'est comme trouver en toi les bons outils quand tu en as besoin.
>
> Gilles, 27 ans

Synonyme de discernement, d'ajustement et de pondération, le bon sens accompagne le bricoleur dans la transposition de son imaginaire en réalité. Un bricoleur répare, il restaure, il fabrique, mais avant tout il imagine. Autrement dit, il se projette dans la réalité qu'il veut créer. Il fait ressurgir son goût, son expérience, ses souvenirs, ses désirs, pour les mettre au monde. Pensons un instant à Don Quichotte. Nourri de lectures peuplées de chevaliers combattant des géants, il part en guerre avec pour ambition de rencontrer lui aussi un géant. Telle est sa quête. Il ne croisera sur sa route que des moulins à vent. Peu importe, ils seront ses géants ! Et que la lutte commence… Cette inversion du sens commun révèle qu'il est toujours possible, et même souhaitable, de modeler les choses en fonction de nos idées. On a coutume de dire que l'on croit ce que l'on voit. Eh bien, le bon sens, en bout de processus, consiste à voir ce en quoi l'on croit ! Comme pour Don Quichotte, la réalité finit par se plier devant l'imagination du bricoleur.

> Moi j'imagine comment je voudrais voir ma maison. Et après tout devient clair. Je ne m'arrête pas pour savoir comment je vais y arriver exactement, mais je commence. Et après je m'adapte. Je me débrouille, quitte à retourner cinq fois de suite à Castorama.
>
> Jean-Paul, 31 ans

Depuis cinquante ans, le bricolage ne cesse de prendre de l'ampleur en France, avec un taux de croissance positif en dépit des différentes crises économiques traversées. Certes, un tel succès s'explique en partie parce que bricoler offre à ceux dont le budget est serré la possibilité de faire à moindre coût. Mais c'est aussi parce que cette activité permet à chacun de stimuler ses capacités physiques et cérébrales, de rêver le monde et de le façonner selon ses désirs, et de mettre en œuvre son bon sens. « *Le bon sens,* écrit DESCARTES dans la première partie de son *Discours de la Méthode* (1637), *est la chose du monde la mieux partagée ; car chacun pense en être si bien pourvu que ceux même qui sont les plus difficiles à contenter en toute autre chose n'ont point coutume d'en désirer plus qu'ils en ont. En quoi il n'est pas vraisemblable que tous se trompent : mais plutôt cela témoigne que la puissance de bien juger et distinguer le vrai d'avec le faux, qui est proprement ce qu'on nomme le bon sens ou la raison, est naturellement égale en tous les hommes ; et ainsi que la diversité de nos opinions ne vient pas de ce que les uns sont plus raisonnables que les autres, mais seulement de ce que nous conduisons nos pensées par diverses voies, et ne considérons pas les mêmes choses.* » Cette pensée célèbre rappelle que nous sommes tous égaux devant le bon sens. Mais cette égalité ne suffit pas. Encore faut-il en faire bon usage. A l'image de tout bricoleur…

On peut ainsi voir dans l'essor du bricolage un grand pas effectué par notre société vers l'égalité et le progrès. Un pas dans le bon sens…

VII

PENSER AVEC SES MAINS

Le bricolage est un pays peuplé de gens rusés qui pensent avec leurs mains. Cette particularité fait remonter de ma mémoire des souvenirs anciens...

Les mains de mon père m'ont toujours paru puissantes. Fermes. Robustes. Décidées. Enfant, je me demandais comment on pouvait avoir tant de force au bout des bras. Mais je me rappelle aussi qu'elles étaient rêches, calleuses, râpées, coupées, et que souvent elles saignaient. Mon père n'était pas un bricoleur. Il était artisan. Un professionnel qui maniait chaque jour ses outils pour faire entrer la lumière dans les maisons. Il aimait son métier, mais il en connaissait si bien les difficultés qu'il a toujours tenu ses enfants éloignés des travaux manuels, ingrats et dangereux. Ses mains, pourtant, nous nourrissaient. Autant que son esprit ingénieux qui lui permettait d'inventer sans cesse des solutions, et de développer son entreprise. Pour lui, une chose était sûre : ses enfants n'auraient pas mal aux mains plus tard. Il se l'était promis. Mais un jour, sur un chantier, son poignet s'est brisé et notre vie a irrémédiablement changé. Ce jour-là, ma mère, ma sœur, mon frère et moi avons compris que les mains de mon père étaient en or.

Mon voyage chez les bricoleurs me donne l'occasion de voir à nouveau ces membres en tant qu'instruments de création. A chaque rencontre, je porte un intérêt particulier aux mains de mes interlocuteurs, qui leur rendent tant de services et qui les emplissent de fierté. Car de tous les outils dont le bricoleur dispose, ses mains sont assurément les premiers. Et ce n'est pas le moindre mérite du bricolage que de rappeler à l'homme qu'il a des mains. L'action de bricoler agit en effet comme une sorte de révélateur anatomique.

> J'ai découvert que j'avais des mains quand j'ai acheté mon appartement et qu'il a fallu que je le repeigne. Les premiers temps, j'ai cru m'en sortir avec le pinceau. C'était sans compter avec tous les trous qu'il fallait reboucher, et les bouts de tapisserie qu'il fallait arracher. J'y ai laissé mes ongles.
> *Sabine, 27 ans*
>
> Au début, je mettais des gants. Je faisais très attention. Je prenais les outils du bout des doigts. Et puis à un moment, j'y suis allé carrément. Les mains dans le cambouis.
> *Frédéric, 22 ans*
>
> …des crampes incroyables. Je ne pouvais même plus faire la vaisselle ni lacer mes chaussures. C'est là que tu te rends compte que ce n'est pas en tapant sur l'ordi toute la journée que tu utilises tes mains.
> *Alain, 31 ans*

Découvrir que l'on a des mains, c'est aussi prendre conscience que les autres les voient. A l'image d'Adam et d'Eve au Paradis, qui se rendirent compte qu'ils étaient nus après avoir goûté au fruit de l'arbre de la connaissance, les bricoleurs sont amenés à comprendre que les mains sont un marqueur social majeur. Ainsi, des mains sales et mal entretenues témoignent d'une nature négligée, d'un manque de soin vis-à-vis de soi-même, voire d'une certaine forme d'irrespect envers les autres. En bricolant, on assume le fait de se salir les mains, de les maltraiter, de les abîmer. On accepte aussi d'être perçu comme un individu affecté aux travaux ménagers, aux basses besognes, celles que les castes supérieures délèguent volontiers.

> Je regarde toujours les mains des gens. Ça m'aide à dire s'ils sont attentionnés ou pas.
> *Isabelle, 29 ans*
>
> Les ongles sales, ça fait négligé. En tout cas, ça ne laisse pas une bonne impression.
> *Christophe, 18 ans*
>
> Au début, je détestais bricoler parce que ça me pourrissait les mains. Maintenant je m'en fiche. Je suis même plutôt

fière de dire que je n'ai plus d'ongles parce que j'ai arraché moi-même la tapisserie du salon.

Véronique, 30 ans

L'ère du bricolage marque pour ainsi dire le temps de l'émancipation des mains. Libérées, changeant de statut, elles connaissent un nouveau critère d'évaluation : leur fonctionnalité. Si leur aspect conserve certes encore de l'importance, désormais il s'agit avant tout de savoir faire quelque chose de ses mains. Aux vertus de l'esthétique succède ainsi une autre valeur première qui est celle de transformer, de construire, d'émerveiller. Ce pouvoir-là se voit tout autant qu'il se raconte. Une belle main, dans le fond, ne reste qu'un spectacle. Une main qui crée, en revanche, c'est de la beauté en acte. Il y a là toute la différence entre mirer et admirer.

> Au bureau, les collègues me demandent pourquoi j'ai des sparadraps partout sur les mains. Du coup, je leur raconte ce que je retape chez moi et ça force l'admiration.
>
> *Noémie, 26 ans*

> Quand les gens viennent voir ma salle de bains, je leur montre mes mains et je leur dis : *"Tout ce que vous voyez vient de là"*.
>
> *Elisabeth, 56 ans*

> Je suis super fier d'avoir refait toute ma maison. Je m'étais persuadé que je ne savais rien faire de mes dix doigts. Je ne suis certainement pas un pro, mais au moins j'ai pu réaliser ce que je voulais.
>
> *Gérard, 58 ans*

Premier outil de l'homme, les mains nous rapprochent des autres grands singes et sont le premier signe de notre évolution (*on la date de l'apparition du pouce préhenseur, cinquième doigt à deux phalanges, qui permet de faire la pince avec les quatre autres et favorise ainsi la prise et la tenue*). Chaque fois que nous nous en servons pour réparer, construire ou modifier notre environnement, nous retournons donc à un usage primitif, à un geste original considéré par beaucoup comme essentiel, vital.

> Travailler avec ses mains s'est se reconnecter à soi-même, revenir à notre nature première.
>
> *Jacques, 58 ans*

> ... je trouve qu'on revient à des trucs vrais quand on fait quelque chose avec ses mains. On peut sentir les matériaux, comprendre son environnement différemment.
>
> *Annie, 36 ans*

> Je vais peut-être un peu loin mais je trouve que les mains c'est essentiel pour voir ce que l'on fait. Comme pour les aveugles. Eux le font parce qu'ils n'ont pas d'autre choix. Nous, on oublie que c'est en touchant qu'on se rend compte de ce qui nous entoure. Alors changer sa maison avec ses mains, c'est la connaître vraiment.
>
> *Nikky, 44 ans*

Il faut cependant admettre que les hommes ne sont pas tous égaux devant la main. Quelques-uns sont dotés de membres aux qualités développées, d'autres moins, voire pas du tout. Pour les jardiniers, on parle d'avoir la main verte. Pour les bricoleurs, c'est un peu plus complexe. Divers degrés de dextérité existent et donnent lieu à des catégories amusantes. Certains ont la main sûre, d'autres l'ont molle, ou gauche. Certains auraient même deux mains gauches... Et puis il y a ceux qui ont la main d'or.

> Avec l'expérience, je suis devenu plus précis. Pour percer, il vaut mieux avoir la main sûre. Sinon tu rates. Ça s'apprend avec le temps. Mais y en a qui n'y arriveront jamais.
>
> *James, 41 ans*

> J'ai deux mains gauches. Mais ça ne m'empêche pas de bricoler, hein. Je connais mes limites, c'est tout.
>
> *Yann, 29 ans*

> Mon beau-père, il peut te réparer ce que tu veux. Ce type-là a atteint le dernier degré sur l'échelle des bricoleurs. Il a la main d'or !
>
> *Simon, 33 ans*

Le docteur LEVAME, spécialiste des mains, les répertorie en cinq types. Ceux-ci pourraient correspondre aux différents stades qui séparent le non-bricoleur du bricoleur doué.

- *La main à deux doigts, ou main primaire* : c'est une simple pince qui, par l'opposition du pouce et du second doigt, différencie l'homme et les grands singes des autres animaux. Métaphoriquement, cette main renvoie aux individus qui ont des capacités manuelles et intellectuelles limitées.
- *La main à trois doigts* : ici, la prise s'affine et marque le début de la dissociation des doigts. C'est la main de l'écriture.
- *La main à quatre doigts :* elle donne à l'homme la possibilité d'effectuer les tâches habituelles du quotidien en utilisant ses doigts de manière indépendante.
- *La main à cinq doigts* : elle permet tous les travaux de fonction, elle ressent toutes les sensations, et applique dans le réel les pensées du raisonnement. Autrement dit, voilà la main du bricoleur.
- *La main à six doigts* : ce n'est pas la main de celui qui habite à proximité d'un champ d'uranium enrichi, mais celle du virtuose, pianiste, joueur de tennis ou chirurgien… C'est la main d'or du bricoleur.

> En apprenant à bricoler, je me suis rendu compte de l'étendue de mes possibilités. Il a fallu que j'apprenne à me servir de mes doigts. Avant, c'est comme si j'en avais que deux. Le pouce, et les autres.
>
> *Jean, 46 ans*

> Sans me vanter, je suis si agile que je peux démonter un moteur de voiture en un tour de main.
>
> *Pablo, 37 ans*

Tour de main ! Le mot est lâché. Car, oui, quelles que soient les aptitudes de leurs mains, quels que soient la tâche qu'ils accomplissent, leur niveau d'expérience ou la qualité des outils dont ils se servent, tous les bricoleurs partagent la même quête : ils sont à la recherche d'un Graal nommé le tour de main. Le tour de main est le chaînon ultime qui fait le lien entre la pensée, la main, l'outil et la matière. C'est une opération presque magique qui permet le passage d'une intention à une réalité. C'est l'abracadabra qui transforme une idée en objet.

> A force de peindre, j'ai fini par attraper le tour de main. Maintenant ça va tout seul.
>
> *Geoffrey, 32 ans*

> Pour tout ce qui est bois, je laisse faire mon père. Il a le tour de main. Ça a l'air facile pour lui.
>
> *Ali, 29 ans*

Instrument des instruments selon le philosophe grec ARISTOTE, la main est bien davantage qu'un simple outil de préhension. Elle est principalement un outil d'appréhension de la pensée. Capable tout à la fois de prendre ou de donner, de bâtir et de détruire, la main dessine, sculpte, cisèle. Elle est action et création. Elle est l'outil qui fait l'homme. En elle se concentre toute la puissance de l'humanité. « *Faire est le propre de la main,* affirme, dans le *Discours aux chirurgiens (1938),* Paul VALERY qui s'*étonne parfois qu'il n'existât pas un* Traité de la main, *une étude approfondie des virtualités innombrables de cette machine prodigieuse qui assemble la sensibilité la plus menacée aux forces les plus déliées. Mais ce serait une étude sans bornes. La main attache à nos instincts, procure à nos besoins, offre à nos idées, une collection d'instruments et de moyens innombrables.* »

Car il faut bien comprendre que les mains ne se cantonnent pas au rôle d'ouvrières. Elles interviennent également dans la conception. La structure des doigts humains, leur finesse d'exécution (*l'homme est le seul animal qui sait faire un nœud*) et l'extrême sensibilité de leur dernière phalange rendent l'homme apte à réaliser tout type de manipulations. Elles lui permettent ainsi d'étendre son champ des possibles. Et si le développement de sa raison a pu se faire, c'est justement à la faveur de cette disposition physique. En somme, plus on emploie ses mains, plus notre pensée grandit. Autrement dit, plus on bricole, plus on évolue. La main laborieuse se fait créatrice, et ce qu'elle crée n'est pas uniquement un objet ou une œuvre d'art, mais l'homme tout entier. Nos bricoleurs en ont conscience tant ils comprennent à quel point leurs mains modifient leur environnement tout en les transformant eux-mêmes. « *L'agilité des mains*, dit Béatrice, 46 ans, *c'est l'agilité de la pensée, et l'inverse est vrai aussi.* »

A mesure qu'ils avancent dans leurs travaux et que leur univers prend forme, les bricoleurs finissent par se découvrir eux-mêmes. Et cela à la grâce de leurs mains. « *Il ne suffit pas de prendre ce qui est, il faut qu'elle travaille à ce qui n'est pas et qu'elle ajoute aux règnes de la nature un règne nouveau,* écrit Henri FOCILLON à propos de la main, dans *Vie des Formes* (1943), avant de conclure que *l'esprit fait la main, la main fait l'esprit.* »

Le doute n'est plus permis. Bricoler, c'est penser avec ses mains.

Dès lors, le bricolage invite à appréhender l'homme par le biais de ses deux attributs spécifiques : son cerveau, organe de son intelligence, et sa main, instrument physique aux ordres de sa raison. Le philosophe Emmanuel KANT, l'un des pères de l'anthropologie, considère qu'en dotant l'homme de raison et non d'un instinct, la nature a voulu qu'il invente non seulement les moyens de son existence, mais aussi qu'il se donne des fins relatives à sa condition d'être libre. A la différence des autres animaux, l'être humain semble peu favorablement équipé pour s'adapter aux rigueurs de son environnement. Il n'a pas de fourrure, pas de griffe, pas de dents puissantes, pas d'ailes, etc. Mais il ne s'agit là que de l'envers de son éminente dignité, car l'homme a l'honneur d'être à lui-même sa propre œuvre. L'homme est certes un être de besoins, et il cherche sans cesse à les satisfaire. Mais cela n'épuise pas pour lui le sens de la vie. Sa vocation est ailleurs. Elle réside dans le fait de se donner à lui-même ses propres fins éthiques. Sa vocation, pour le dire plus simplement, est moins d'être heureux que de se rendre digne de l'être.

« *Quand saurai-je donc faire, du spectacle vivant de ma triste misère, le travail de mes mains et l'amour de mes yeux ?* » se demandait le poète BAUDELAIRE dans *Les fleurs du mal*. Tout bricoleur, sans forcément le savoir, donne un début de réponse à cette question.

VIII

L'ESTHÉTIQUE

> *C'est véritablement utile puisque c'est joli.*
> Le Petit Prince

Le bon sens et la main guident le bricoleur dans sa quête du *ça marche*. Qu'il s'agisse, pour lui, de réparer l'objet cassé ou de créer la chose manquante, l'objectif visé tient en un mot : fonctionnalité. Cependant, à en croire une grande majorité de celles et ceux que j'interroge, atteindre ce but ne marque pas encore le couronnement du projet. Car une ombre peut venir entacher la satisfaction d'avoir donné ou redonné vie à la matière. Cette menace qui plane au-dessus de l'efficacité, ce détail considérable capable de mettre à bas en un instant tous les efforts consentis pour arriver au succès, c'est la laideur. *Ça marche... mais c'est affreux !* Ceci revient à dire que l'entreprise n'a pas vraiment abouti, voire qu'elle a échoué. D'une certaine manière, elle équivaut au constat préalable qui a poussé à bricoler : *c'est peut-être beau, mais ça ne marche pas*. Il existe ainsi, chez la plupart des bricoleurs, un réel besoin de dépasser le stade de la seule utilité. Si tous ne vont pas jusqu'à faire de leur activité une quête esthétique, beaucoup considèrent la beauté du résultat final comme un indispensable critère de réussite.

> Mon mari ne s'embêtait pas avec l'esthétique. Lui, tout ce qu'il voulait, c'est que ça marche. Alors on a passé un accord. Je choisissais les équipements, les couleurs, les matériaux, et lui faisait les travaux.
> *Claudine, 76 ans*

> Réparer, d'accord. Mais avec tout le choix qu'il y a dans les magasins de nos jours, faut le faire exprès pour faire du moche.
> *Christian, 52 ans*

> Moi, mon but c'est de vivre dans un endroit qui me plaise et qui me ressemble. J'ai envie de faire à ma façon. Que je puisse regarder partout autour de moi et me dire : *" ouais, c'est beau ! "*
>
> *Liliane, 35 ans*

Le premier de tous les signes relatifs au besoin de beauté s'observe dans la volonté de rendre ou de garder sa maison propre. Avant même de souhaiter que son lieu de vie soit harmonieux, on désire qu'il soit clair, rangé, homogène. En amont de toute recherche esthétique approfondie, ce marqueur originel est le Big Bang de la beauté.

> Bricoler c'est faire propre, boucher les trous, combler les fissures, rendre la maison nickel.
>
> *Frédéric, 37 ans*

> Tu as beau faire le ménage tant que tu veux, ta maison sera jamais belle si y a des trucs déglingués dedans.
>
> *Fabienne, 46 ans*

Bricoler modifie le regard que l'habitant pose sur sa maison. Là où il ne voyait auparavant que des choses abstraites n'existant que par leur seule fonctionnalité, il découvre soudain de la matière vivante. Chaque objet ne lui apparaît plus comme cassé ou en état de marche, mais doté d'une autre valeur. Une valeur esthétique. Dès lors, toute imperfection devient visible et demande à être corrigée. La prise en compte du facteur beauté recèle de ce fait une vertu majeure, en ce sens qu'elle incite le bricoleur à agir sur le monde avant que celui-ci cesse de fonctionner.

> Depuis que j'ai dû repeindre la chambre de ma fille, je me suis vraiment mis au bricolage. Du coup, je ne vois plus mon appartement pareil. Une simple fissure me saute aux yeux, et je me surprends à me dire que je pourrais faire ça et ça pour la réparer. En fait, je m'approprie mon chez-moi et je le rends beau de façon plus profonde. Avant, j'achetais des meubles, des plantes, des objets, je mettais en avant mes livres et toutes les choses qui avaient du sens pour ma famille et moi.

Maintenant, je fais attention et je soigne toute la structure, des équipements jusqu'aux murs.

Raki, 45 ans

Ainsi, le bricolage ne constitue plus seulement une intervention en réaction à un dysfonctionnement des éléments qui nous entourent. On ne bricole pas toujours par besoin, parce que c'est cassé. A l'exception des actes de stricte réparation effectués dans l'urgence, comme l'exemple typique de la fuite d'eau, le bricolage consiste à faire de petites choses qui rendront la vie plus belle. Bricoler, c'est semer ci et là des graines d'harmonie pour vivre dans un monde plus beau.

Je repeins régulièrement l'appartement pour vivre dans un endroit que je trouve beau.

Laurence, 46 ans

… par petites touches, comme un impressionniste. Je refais mon petit deux-pièces comme je l'entends, en changeant des petites choses par-ci par-là. A la fin, ça me donne une œuvre complète. Et puis je recommence.

Samia, 27 ans

A l'origine de cet intérêt prononcé pour l'esthétique, on constate une franche différence entre les hommes et les femmes. Si, pour la plupart, ceux-là répondent à la question *« qu'est-ce que le bricolage pour vous ? »* en articulant leurs arguments autour de la notion de confort, les femmes, quant à elles, évoquent spontanément dans leur réponse le principe de beauté. Pour Emma, 44 ans, « *bricoler, c'est fabriquer ou embellir un truc avec ses mains* ». Mathilde, 47 ans, y voit « *des petits travaux qui rendent la vie plus belle. J'avais construit une bibliothèque avec des caissons de graineterie que j'avais traités et nettoyés. J'ai repeint le contour des fenêtres en blanc. J'ai customisé des lampes, des abat-jour. J'ai rhabillé le bureau avec du tissu rétro pour le rendre plus funky, plus girly. Je bricole dans la déco* ». Rose, 29 ans, déclare que « *bricoler, ce n'est pas juste faire les choses pour qu'elles soient faites, c'est les faire avec une certaine forme d'art, d'esthétisme* ». Et Marcelle, 82 ans, entérine la distinction : « *Jacques, mon mari, travaille avec des outils, des marteaux, des clous, tout ça. Moi je m'occupe de rendre les choses plus jolies dans la maison ».*

Cette distinction entre une vision masculine plus utilitaire et un regard féminin porté sur l'esthétique ne se retrouve quasiment plus dans la jeune génération. Avec le temps, la part nécessaire de beauté a gagné tous les esprits. Certes, les étudiants, les primoaccédants et les peu fortunés considèrent en premier lieu le bricolage comme un moyen de faire des économies, mais ils se distinguent de leurs aînés dans le fait d'y voir aussi, garçons et filles confondus, l'affirmation d'une esthétique, d'un goût, et d'une personnalité. L'esthétique ne s'envisage plus seulement sous l'angle de la réparation, du confort et de la propreté, mais aussi et surtout comme un rapport de soi au monde.

> Tant qu'à bricoler, autant que ça ait du style ! Je préfère avoir une table basse faite avec des palettes de chantier retravaillées plutôt qu'une table Ikea.
> *Siham, 22 ans*

> Ce que j'adore, c'est récupérer des meubles dans la rue et les détourner. J'ai transformé un vieil évier en bac à fleurs et c'est trop beau. Tous ceux qui viennent chez moi en sont jaloux.
> *Julien, 21 ans*

> Plutôt que de laisser le vieux carrelage, j'ai posé un faux parquet qui donne un côté chaleureux. Avec l'ensemble, ça fait plus moderne et ça me ressemble plus. C'est important de vivre dans un endroit qui vous ressemble.
> *Ludovic, 26 ans*

La dimension esthétique revêt également une dimension sociale primordiale pour plusieurs bricoleurs que je rencontre. Un tiers des hommes célibataires âgés de 25 à 35 ans admettent bricoler chez eux dans le but de créer une atmosphère propice à la séduction. A leurs yeux, acheter de jolis meubles et de beaux objets de décoration ne suffit pas à enflammer le cœur des filles. Pour y parvenir, estiment-ils, il leur faut œuvrer eux-mêmes à l'amélioration de leur habitat. Car s'impliquer personnellement est gage d'inventivité, de faculté d'adaptation, de force et d'affirmation de soi. Bricoler, c'est donc prouver sa capacité de conception et d'action, ce qui rassure l'autre et augmente d'autant les chances de le charmer.

> Quand une fille vient chez moi, elle voit que j'ai fait un effort pour rendre l'appart joli. C'est pas du Ikea et c'est ça qui fait la différence. J'ai choisi et posé les lustres moi-même et j'ai peint les murs de ma chambre avec une couleur qu'elle ne verra pas ailleurs.
>
> *Sébastien, 25 ans*

> Tu vois, il faut que la fille quand elle vient chez toi, elle se dise : *"Ah yes, ça pète ! Tout est clean, y a un effort pour organiser les choses, ce mec, c'est pas une baltringue !"*. Et là t'as tes chances.
>
> *Arthur, 32 ans*

Pour gagner en popularité auprès du plus grand nombre, les deux premiers axes de développement du bricolage portaient sur la facilité de réparation par tous et sur l'accès au confort pour tous. Aujourd'hui, afin de toucher un public toujours plus large, est venu se greffer un troisième axe, purement esthétique celui-là. On ne compte plus les émissions de décoration qui mettent en scène les modifications d'une maison ou d'un appartement. Or, on remarque que ces émissions ne montrent jamais les aspects techniques de la transformation : pas de saignées pour faire passer les câbles électriques, pas de ponçage des murs avant peinture, pas de raccordement des tuyaux pour installer les nouveaux sanitaires. Elles ne donnent à voir que l'originalité du résultat fini, en le comparant à l'état du lieu avant transformation. « *Le bricolage en lui-même ne se montre pas,* explique Philippe DEHEDIN. *Ce que les gens veulent voir, c'est la déco.* »

A ce sujet, les magazines consacrés à la décoration ne sont pas en reste, et le marketing de la construction esthétique cherche à séduire autant madame que monsieur. Cette tendance accrue à l'esthétique est telle qu'on ne parle plus d'un architecte lorsqu'on se réfère à un logement de particulier, mais d'un architecte d'intérieur. Tout se passe comme si le fond et la forme, le technique et le décoratif, étaient désormais liés dans le même projet : rendre beau.

L'esthétique érigée en principe directeur a par ailleurs profondément changé l'offre des produits. Sous l'impulsion des grandes surfaces de bricolage, les fabricants adaptent leurs outils et ajustent leurs conseils pour se conformer aux désirs des consommateurs. « *Aujourd'hui, il ne suffit plus de produire, il faut produire beau,* affirme Jean-Éric RICHE. *Prenez un interrupteur. C'est typiquement l'objet que l'on trouve partout, et que l'on voudrait ne pas voir. Eh bien nous avons adapté la conception de nos produits pour les rendre plus jolis, plus harmonieux, plus design.* »

Cette évolution vers la décoration marque le passage d'un bricolage besoin à un bricolage désir. Au bricoleur qui doit réparer les choses cassées perturbant son quotidien, et à celui qui doit construire sa maison quand il lui faut s'abriter, s'ajoute désormais le bricoleur qui a envie de bricoler pour embellir son environnement et faire le monde à son image. « *Quand je rentre chez moi, les choses fonctionnent certes pour servir un besoin vital,* déclare Béatrice, 46 ans, *mais les murs ne se contentent pas de me protéger du froid. Leur décoration, la façon dont je les ai peints, les cadres que j'y ai accrochés me racontent une histoire. L'histoire de l'intention qui était la mienne quand j'ai fait tout ça, et l'histoire de ce que je rapporte dans ma maison lorsque je reviens de l'extérieur.* »

Seule la dimension esthétique permet la transition entre un bricolage forcé et un bricolage choisi. Son inspiration est intarissable, puisqu'elle puise sa source dans l'imaginaire de chacun. Le bricolage dit *de réparation* répond à une nécessité fonctionnelle. Le bricolage désir renvoie, lui, à un besoin de sens. Bricoler, c'est modifier son espace pour qu'il raconte une histoire. La maison transformée devient ainsi un micro-univers dont les habitants ont décidé – en partie tout du moins – de l'ordre établi.

> Si je bricole, c'est pour que ma maison soit mon univers. Les choses doivent être comme je les ai souhaitées. Chez moi, le Créateur, c'est moi !
> *Pierre Henri, 45 ans*

> Le monde extérieur, on le subit. L'intérieur, on le choisit.
> *Karima, 37 ans*

A devenir la marque d'une envie et la volonté d'une expression de soi, le bricolage n'échappe pas au paradoxe du désir. Car tout désir est mimétique. C'est un *je* omnipotent qui ignore qu'il est sous l'influence des autres. Aussi observe-t-on qu'en dépit des efforts des fabricants pour offrir une gamme de produits très large, allant du basique au fantaisiste, les choix de chacun portent *in fine* sur les valeurs sûres, celles que la majorité des gens achète. Philippe DEHEDIN le confirme : « *... pour la peinture, tu dois proposer toutes les couleurs possibles si tu veux satisfaire les désirs des consommateurs. Du fuchsia au vert bouteille. Si tu ne fais pas ça, les gens ne vont pas voir tes produits. Mais, à la fin, ils vont en grande majorité acheter le blanc-beige classique.* »

Lorsque nous achetons, par exemple, un nouvel équipement sanitaire, nous sommes convaincus que c'est en raison de son utilité et parce qu'il est à notre goût. Toutefois, il serait parfaitement illusoire de s'imaginer que le choix que nous faisons de telle ou telle salle de bains résulte d'une décision purement personnelle. En réalité, la perception que nous avons de l'utilité des choses est très largement déterminée par la société dans laquelle nous vivons, et nos goûts restent déterminés par notre culture, ou contre-culture, car celles et ceux qui se pensent en marge, rebelles, originaux, sont soumis à la même règle, et leurs choix correspondent à s'y méprendre à ceux de la tribu à laquelle ils appartiennent.

En d'autres termes, les objets de consommation ne sont pas tant des objets de besoin que des objets de désir. Or, à la différence du besoin (*réparer, pour un bricoleur*), le désir relève toujours du mimétisme : ce que je désire, c'est ce que désire l'autre. La mode ou la publicité, au cœur du fonctionnement des économies modernes, sont essentiellement fondées sur ce principe. Et les produits de bricolage sont eux aussi régis par la même mécanique.

> Je bricole parce que c'est à la mode. Ça donne envie, tout ce que les autres font chez eux.
>
> *Nicolas, 28 ans*
>
> Oui, la douche à l'italienne, c'est moi qui la voulais. Bon, maintenant qu'on en parle, c'est vrai qu'elle me rappelle

nos vacances, les hôtels où on aime aller. En fait, on n'avait pas vraiment besoin de changer de salle de bains. Oui, je suis certainement influencée... mais j'en avais envie.

Nathalie, 43 ans, et son époux Frank, 42 ans

Si le bricolage est devenu un tel phénomène de société, c'est parce qu'il répond à une triple injonction fondamentale : la conception, la réalisation et la contemplation. La dimension esthétique se confond en grande partie avec ce troisième point. L'action de contempler permet en effet de se positionner dans un espace culturel, un espace sacré (*contempler, c'est ouvrir les portes du temple*). Avec ses mains, l'homme ne crée pas uniquement un univers propice au confort, à l'apaisement, et à la satisfaction esthétique. Il sanctifie en bricolant le lieu dans lequel il vit. Il peut alors s'y sentir comme dans un « *cocon* », c'est-à-dire un modèle réduit de la Nature, un modèle pensé, délimité, agencé et orné. Cet ornement se lit à la fois comme une signature (*l'homme y a mis sa patte*) et un signe de connexion au monde qui l'entoure. Bricoler, c'est prendre conscience de son univers et en construire sa petite partie.

Le fort développement de l'immobilier et l'amélioration générale du confort de vie des Français se sont accompagnés, au cours du dernier demi-siècle, d'un accroissement de l'intérêt pour tout ce qui a trait à l'agencement intérieur. De manière concomitante, le désir du beau a progressivement pris le pas sur le besoin de l'utile. Cependant, on observe avec intérêt que cette soif d'esthétique ne peut être totalement étanchée par le simple achat d'objets. Outre le fait qu'en bricolant on développe son goût du beau, il y a dans le façonnage à la main une réalisation qui satisfait le bricoleur sur tous les plans : adrénaline de la conception, chasse aux matériaux adéquats, plaisir du faire, estime de soi, expression de sa créativité, contrôle des choses, et harmonisation d'un monde dont la famille est le centre.

On peut raisonnablement affirmer sans risque d'erreur qu'il y a dans toute maison un objet, un agencement, un détail dont le seul but est d'embellir. Le goût pour l'esthétique est un invariant anthropologique majeur, une base que l'on retrouve dans toutes les sociétés humaines, au même titre que la prohibition de l'inceste ou encore la conscience de la mort et les rituels qui lui sont associés. Bien évidemment, la nature même de ce que telle ou telle culture trouve beau change en fonction des époques et de la région de la planète dans laquelle elle vit. Il n'en demeure pas moins que chaque foyer éprouve le besoin de disposer, organiser ou construire quelque chose qui ne sert à rien d'autre qu'à être beau.

IX

LE BRICOLEUR ET SA FEMME

Les bricoleurs affirment que le bricolage commence très souvent par un souci. Or, selon la loi de MURPHY, plus connue sous le nom de loi de l'emm… maximal, tout ce qui doit mal tourner tournera mal et un problème n'arrive jamais seul. C'est la tartine qui tombe toujours sur le côté beurré, mais avec de la confiture en plus, au moment où l'on se rend compte qu'il ne reste plus de café. Ainsi, à en croire les témoignages de certains bricoleurs, ils n'auraient pas uniquement à faire face aux difficultés de la tâche, aux obstacles liés à la résistance des objets, aux aléas de la matière, aux outils qui lâchent et autres imprévus. A les écouter, il leur faut composer aussi, lorsqu'ils bricolent, avec un tracas supplémentaire : la pression que leur met leur femme.

Précisons immédiatement que nous parlons ici des couples où seul monsieur bricole. Un chapitre ultérieur sera consacré aux bricoleuses.

> Elle, ça ne l'intéresse pas, le bricolage. Tout ce qu'elle veut, c'est sa cuisine. Je comprends. Mais quand elle n'arrête pas de me demander où ça en est et pourquoi ça n'est pas encore fini, ça me stresse !
>
> *Pietro, 55 ans*

> Dès que je suis sur le point de terminer un chantier, elle arrive avec d'autres trucs à faire. Je te le dis, ma femme dispose d'une arme de destruction massive : sa *to do list* ! (*ndlr : sa liste de choses à faire*)
>
> *Frédéric, 46 ans*

> Selon elle, ce que je fais est bien, mais pas assez bien. Elle ne le dit pas comme ça mais, à sa façon de me parler des finitions, je sens bien qu'elle n'est pas satisfaite. Pour elle, mon travail c'est du provisoire. On ferait mieux de

faire appel à un artisan. Mais moi, je trouve ça mieux quand je le fais moi-même. En plus, c'est pour elle que je le fais !

Maxime, 64 ans

Pour que la maison demeure confortable et belle, la « *maîtresse des lieux* », la « *patronne* », devient « *chef de chantier* ». A ses yeux experts, il y a toujours quelque chose à faire, un détail à reprendre, à modifier, un coin à compléter, une apparence qu'il faut impérativement améliorer. Quelques-uns attribuent ce comportement à la prétendue éternelle insatisfaction féminine (« *Elles ne sont jamais contentes !* »), certains y voient plutôt, chez leur épouse, la prise de conscience qu'une maison n'est pas seulement un abri, ou le nid de l'intimité. Une maison est aussi le miroir qui reflète pour les autres l'image de la famille qui y vit. Si nous distinguons aujourd'hui, en français, la famille et la maison, on se rappelle qu'autrefois le terme « *maison* » servait à désigner autant le domaine que les personnes qui y étaient rattachées. Que l'on pense à la Maison Bourbon, par exemple… Cette fusion se retrouve actuellement encore, entre autres exemples, chez les Dagari du Burkina Faso qui emploient le mot « *Yívé* » pour évoquer la maison, la famille et la lignée. Elle se retrouve chez nos bricoleurs.

> La maison dit tout de toi. Elle dit si tu es ordonnée, propre, si tu as du goût ou pas… Quand on va chez les gens, on en apprend beaucoup sur eux juste en regardant leur intérieur.
>
> *Linda, 56 ans*

> Mettre en ordre la maison, c'est resserrer les liens de la famille. Quand les choses sont bien faites, en état de marche, tout le monde se sent mieux.
>
> *Adrien, 60 ans*

Famille et maison sont étroitement liées. Elles interagissent. La maison accueille et la famille construit, rénove, transforme au gré des événements qui scandent son évolution (*une naissance, un départ...*). C'est pourquoi montrer son chez-soi, c'est montrer son foyer. Aussi l'accès y est-il très généralement limité, et réservé à celui qui dispose du laissez-passer que l'on appelle une invitation. Certes, le développement du numérique et le succès des réseaux sociaux accompagnent une exposition croissante de l'intérieur domestique, mais chaque propriétaire, en sélectionnant les photos qu'il diffuse, contrôle ainsi l'image qu'il veut donner de sa famille.

« *Je n'avais pas prévu de t'accueillir aujourd'hui, de quoi j'ai l'air, c'est le bazar !* », s'exclame Myriam à mon arrivée. Sa gêne trahit la crainte que je puisse voir le désordre de sa maison comme le signe révélateur d'une famille chaotique. Dans le même registre, je me souviens tout particulièrement d'une jeune mère trentenaire qui dit à son époux : « *Il faut vraiment qu'on mette des placards avant la venue de Fréderic et Albane, car là on se croirait chez les Tchétchènes* ». L'allusion aux Tchétchènes ne semble pas spontanément pertinente, puisqu'à ma connaissance leurs maisons possèdent, elles aussi, des placards. On comprend néanmoins le sens d'une telle remarque. Le manque de placard est associé à la pauvreté, voire aux ravages de la guerre. Sans placard, la maison ressemble à une zone sinistrée.

Cette métaphore militaire n'est pas tout à fait anodine. La gestion des travaux domestiques s'apparente souvent à un conflit larvé, à base de chantage, d'intimidation, ou de soupes à la grimace. Tantôt martiale, tantôt stratège, la femme du bricoleur ne manque pas de moyens pour obtenir gain de cause.

Il suffit de croiser un couple dans un magasin de bricolage pour prendre la mesure de la tension qui règne au moment de faire des travaux dans la maison. Un samedi matin, à Angers, j'assiste à cette conversation dans un rayon de Leroy Merlin.

> - Tu crois que ce ne serait pas mieux si on prenait celle-ci ?, dit une jeune femme.
> - Quoi... ça ?, lui répond son compagnon.
> - Oui. Ça serait quand même plus beau, tu ne crois pas ? Et plus pratique aussi.
> - Je ne pense pas, non.
> - Mais si ! Réfléchis un peu, si on déplace la...
> - Ah, ça, réfléchir, je ne sais pas si je vais pouvoir...
> - Ne fais pas l'idiot ! C'est pas en te vexant que tu vas comprendre.
> - Comprendre quoi ? Que je vais encore galérer comme un chien pour installer ce truc ?

- Tu veux rire ! Pour toi, c'est rien. Tu es doué. Ça te prendra à peine une heure.
- Ben voyons ! Oui, une heure… et deux jours !
- N'importe quoi. Tu exagères toujours ! Imagine-le fini. Ça va être magnifique !
- Oui, et ça fera un beau bordel quand ça se cassera la gueule, comme chez ta sœur.
- Attends, c'est pas pareil. Bernard, il a pas ton niveau.
… Allez, bébé, fais-moi plaisir.
- Ça ne va pas le faire, je te dis.
- Forcément, quand c'est moi qui ai une idée, elle est toujours nulle.
- Mais non, ça n'a rien à voir…
- De toute façon, je ne peux jamais rien te demander. On dirait que ça t'arrache un œil.
- …
- Mais pourquoi tu me demandes de venir ? On fait toujours comme tu veux, toi !
- Euh, tu plaisantes ou tu fais un AVC ?
- Mouais… Et puis ne rigole pas avec ça. Tata Angèle, la pauvre, elle…
- Bon, on fait quoi ?
- Ben, je pense qu'on va faire comme Nadia et Pierrot. Ils ne se prennent pas la tête, eux.
- Pierrot bricole ? Depuis quand ?
- Non, justement. Nadia, elle a trouvé la solution : elle appelle un artisan et tout est nickel.
- Pardon ?
- Elle paie, mais au moins elle a ce qu'elle veut. Et en plus elle n'embête pas Pierrot.
- Mais ça m'emmerde pas de bricoler !
- Ça, je sais. Toi, ce qui t'embête, c'est juste de me faire plaisir.
- Bon, oublie ton artisan. Prends-le, ton truc. Je vais me débrouiller. Mais après, viens pas te plaindre si y a un problème.
- T'es un amour.

Cet échange témoigne de la difficulté qu'il y a à poser des mots sur un projet, sur une vision ou une absence de vision. On avance souvent en aveugle, sans savoir précisément comment cela va se dérouler. Le résultat connu à l'avance n'existe que dans les émissions de télévision. Dès lors, une question demeure : peut-on échanger sur le bricolage dans la mesure où, comme lors d'une création, sa dimension globale nous échappe ? En attendant, à l'issue de ce dialogue animé, on imagine aisément la teneur des discussions dans la maison du bricoleur...

Les travaux s'y répartissent en général ainsi : la femme détecte les problèmes, et l'homme les résout.

> C'est ma femme qui me dit quand un travail est nécessaire, car on n'a pas le même degré de nécessité. Le sien intervient beaucoup plus rapidement que le mien.
>
> *Stéphane, 28 ans*

> Ma femme voit mieux les choses que moi. Elle se rend plus vite compte de ce qui doit être changé. En général, elle me dit ce qu'elle veut, on va choisir le matériel ensemble, et après je travaille.
>
> *Christophe, 39 ans*

Sur le papier, il s'agit bien d'une coopération fondée sur le principe de la complémentarité. Dans les faits, cette collaboration n'est pas toujours de tout repos car elle instaure bien souvent entre le bricoleur et sa femme un rapport de commanditaire à exécutant.

On constate que la femme du bricoleur exprime habituellement sa demande en prenant soin de la formuler au conditionnel ou indirectement (*on pourrait faire ceci ; je suis passée voir les* TARTEMPION, *ils ont refait leur cuisine et c'est super bien*). Elle le fait de préférence à un moment propice, quand monsieur est de bonne humeur, afin de limiter les risques de refus. Au moment d'évoquer la nécessité d'une intervention, une légère pointe de contrariété dans la voix n'est pas malvenue (*le lavabo m'inquiète, tu sais ; la poignée du four ne tient plus, j'ai peur que le petit se brûle*). La plupart du temps, le bricoleur accepte d'agir, ce que certaines femmes interprètent volontiers comme de l'obéissance. « *Mon mari est gentil, il m'obéit* », déclare Geneviève, 47 ans. De son côté, en mettant ses compétences au service du foyer, et donc de la famille, l'homme a le sentiment d'accomplir son devoir. Il en tire également la satisfaction de se sentir indispensable. « *Comment puis-je refuser ?*, s'exclame Grégoire, 44 ans. *Si je ne le fais pas moi, qui le fera ?* ». De cette façon, on parvient à une certaine forme d'équilibre : la femme obtient de son mari qu'il applique ses directives et, dans le même temps, le bricoleur est fier de lui.

Prenons garde, toutefois, à ne pas nous laisser abuser par la situation. Si beaucoup de bricoleurs se posent en esclaves soumis aux desiderata de leur femme, il ne faut pas perdre de vue leur art de la ruse. Imposé ou suggéré, aucun projet n'échappe en réalité au contrôle du bricoleur. C'est lui qui, au final, dispose du pouvoir décisionnel car il sait ce qui est faisable ou non. Les contraintes liées à l'environnement ou aux matériaux rendent souvent le désir de madame irréalisable. Il devra alors intégrer de nouvelles options, proposées par le bricoleur, qui remédieront au problème. Et c'est ainsi que le projet est progressivement modifié et récupéré par le bricoleur qui se le réapproprie... « *Avec un bricoleur, rien n'est simple !*, déplore Catherine. *Absolument rien ! Ils sont exigeants et chiants, du coup ils réorientent toujours ce que tu avais prévu initialement, car bien sûr l'idée que tu avais en tête n'est jamais réalisable. Mais bon, parfois c'est vrai qu'on ne se rend pas compte du travail que ça demande.* »

Le bricoleur possède un autre atout dans sa manche : le temps. Pour entrer en résistance contre les directives de son épouse lorsque celles-ci se font trop pressantes, il multipliera les prétextes pour remettre à plus tard la mise en route du chantier. Aude affirme qu'« *un bricoleur sait se faire désirer, se faire attendre. Il est toujours débordé quand il y a quelque chose à faire ! Mais, dans sa grande bonté, il pourra à l'occasion sacrifier quelques-unes de ses heures précieuses pour vous ! Alors, après, il faut le complimenter et s'exclamer : quel bonheur d'avoir un mari bricoleur !* ». Catherine confirme : « *Chez nous, le bricolage est souvent source de conflit. Je subis l'attente. Des fois, tu veux juste que ça soit fait et tu te moques du petit détail en carreaux de faïences ! Mais si tu menaces d'appeler quelqu'un d'autre, tu le vexes. Et si tu le vexes, tu risques de te retrouver comme une conne avec ton étagère à moitié montée ou ta baignoire sans robinet. Et, dans le pire des cas, l'attente pour la prochaine réalisation sera encore plus longue...* ».

En plus d'être malin, le bricoleur se montre parfois susceptible et têtu. Et comme dans bien des cas le bricoleur est consciencieux, cette détermination se retrouve, une fois qu'il s'est enfin décidé à s'atteler à la tâche, dans la minutie avec laquelle il effectue le travail. Cette application à bien faire rallonge encore le délai de finition et soumet ainsi les nerfs de son épouse à rude épreuve. Cette interminable lenteur, assimilée à de l'obsession maniaque, a le don de la mettre hors d'elle. « *Ah, tous ces chichis qui font perdre du temps !* », peste Christine.

Attention, Christine… N'oubliez pas que le bricoleur bénéficie d'un joker tout-puissant qu'il peut abattre à tout moment, mettant aussitôt un terme à la partie. En bricolant, il est si facile de se blesser… Et d'ailleurs, constate Fabien, « *c'est fou comme on se blesse très souvent quand on se sent un peu coincé* ». Aude conclut : « *Alors là, quand le bricoleur se blesse, tout s'arrête. C'est toujours très grave et très douloureux. Il faut se transformer en infirmière du travail, voire lui proposer d'aller à l'hôpital !* ». L'outil ultime du bon bricoleur, quand il joue contre sa femme, c'est sa roublardise…

Bien qu'il aime à se plaindre de la tyrannie de sa compagne, le bricoleur demeure le maître des opérations. C'est lui qui décide quand le chantier débute et quand il prend fin, et c'est lui qui gère le temps. Par ailleurs, il a beau jeu de se lamenter, mais dans le fond il est ravi que sa femme, en lui donnant toujours quelque chose à faire, lui fournisse l'occasion de vaincre l'ennui, d'améliorer le quotidien de sa famille, voire d'assouvir sa passion du bricolage. Dans tous les cas, elle lui donne l'occasion d'affirmer son pouvoir au sein du clan. Son rôle social de protecteur s'affirme dans la réalisation des tâches domestiques liées à la réparation et la construction. A ce propos, il est amusant d'entendre un grand nombre de bricoleurs justifier finalement l'intensité de leur activité par la joie de faire plaisir à leur femme. « *Je bricole beaucoup, c'est vrai, mais c'est un plaisir,* avoue Marc, 58 ans. *En général, je bricole même avant que ma femme ne me le dise. J'anticipe le moindre travail dans la maison. J'ai toujours des tas d'idées. Et puis je suis toujours content de lui faire plaisir.* »

On retrouve le même renversement chez la femme du bricoleur. Spontanément, elle déplore son absence de mesure.

Ses principaux reproches portent en effet soit, comme on l'a vu, sur son manque de réactivité et son extrême lenteur dans l'exécution des travaux, soit sur son excès d'investissement dans cette occupation.

> C'est son hobby, une passion pour lui, on ne peut pas l'arrêter. Parfois ça devient un peu pénible. Quand on est dans notre maison de vacances, il ne fait que ça, et c'est très difficile de le sortir de son établi...
> *Jeanne, 56 ans*

La femme du bricoleur apprécie assez peu, par ailleurs, le penchant de son mari pour la comédie et la mise en scène. Aux blessures, réelles ou simulées, s'ajoute une tendance prononcée à l'exagération.

> Ils te vivent ça comme une aventure ! Faut toujours aller chercher la pièce manquante, l'outil chez machin... Ce qui devait prendre trois jours te prend trois semaines ! Et il t'en met partout, te montre qu'il est là. Il occupe l'espace et ton temps libre.
> *Stéphanie, 49 ans*

> Je reconnais que mon épouse est esclave de mon bricolage. A la maison, ça se passe très souvent comme ça : *"Martine, viens" - "Je suis occupée" - "Je m'en fiche. Viens, j'ai besoin !"*. Tu appelles ça comme tu veux, mais pour moi c'est une forme d'esclavage.
> *Jean-Noldi*

Passé ces premières critiques, de nombreuses femmes avouent toutefois tirer une grande fierté d'avoir un mari bricoleur, qui prend soin de la maison et, par extension, d'elles, de leur couple et de leur famille. Le bricolage, déclarent-elles assez vite, facilite la vie. « *Avoir un mari bricoleur, il faut être honnête, c'est très pratique !* » est une phrase fréquemment entendue. Ensuite, elles reconnaissent généralement que tous ces petits travaux sont autant de marques d'attention qui équivalent à des preuves d'amour. Car un homme qui bricole pour vous est un homme qui vous aime. Mais comme il est difficile de dire à la cantonade *Qu'est-ce que mon mari m'aime !*, on se contente de répéter : *Quel bonheur d'avoir un mari bricoleur !* Faire la liste de tout ce qu'un mari a accompli à la maison revient à signaler aux autres son implication dans le couple, et la chance que l'on a d'être aimée. Et de l'être sans doute davantage que celles dont le mari ne bricole pas. « *La fierté d'avoir un mari bricoleur*, selon Sabrina, 38 ans, *c'est de pouvoir dire : mon mec est mieux que le tien, il bricole.* »

Aussi, pour beaucoup de femmes, tout refus de la part du mari d'effectuer un travail, ou de le remettre sans cesse au lendemain, est interprété comme une preuve de désamour. Ou de fin d'amour. « *Mon mari ne me sert plus à rien, même plus à bricoler* », regrette ainsi Charlotte, 64 ans. A l'inverse, Christophe, 42 ans, confie : « *Je fais toujours ce que ma femme m'a demandé, mais bien sûr il y a certaines choses auxquelles elle n'a pas pensé, alors je trouve des solutions. Je pense qu'elle doit être satisfaite,* termine-t-il dans un large sourire, *puisqu'elle ne m'a pas encore remplacé* ».

Tout se passe comme si le bricoleur et sa femme investissaient des personnages. Le bricolage crée pour eux des situations dans lesquelles ils vont pouvoir jouer, l'un et l'autre, sur les variations du genre. C'est presque un vaudeville. L'échange est dramatisé, comme il peut l'être sur le choix d'une soirée (*Film ou pas ? Sur quelle chaîne ?, etc.*). Mais dans le cadre du bricolage, cette dramatisation possède une vertu cathartique toute particulière. Outre la mise à distance de frustrations et autres tensions inhérentes à la routine de la vie de couple, elle permet de se disputer sur un objet extérieur, qui devient un projet commun. Sacha GUITRY disait qu'un « *un couple, c'est quand deux personnes qui s'aiment ne forment plus qu'une. Le tout, c'est de savoir laquelle* ». Dans le cas du bricolage, il est permis de penser que le couple se matérialise dans sa nouvelle cuisine, sa nouvelle salle de bains, ou sa nouvelle maison.

Qu'ils traversent fréquemment des phases d'enthousiasme et de désaccord, des quarts d'heure de réjouissance ou des moments de vive querelle, le bricoleur et sa femme ne construisent en réalité pas autre chose qu'un projet commun. Celui-ci peut tour à tour prendre la forme d'un grenier à aménager, d'une chambre à repeindre ou d'une nouvelle cuisine, mais en définitive c'est le couple lui-même qu'on entretient en bricolant. Car le couple, du premier baiser jusqu'à son dernier souffle, est un projet.

X

LE BRICOLEUR ET SON BEAU-FRÈRE

Dans la famille du bricoleur, le beau-frère est un personnage haut en couleur. Il incarne celui qui a la fâcheuse habitude de tout faire différemment de lui. On observe trois cas de figure : soit le beau-frère est « *une brêle qui a deux mains gauches* » (Gérard, 43 ans) ; soit il est né sous une mauvaise étoile car « *il essaie de bricoler, mais le sort en veut autrement. Par exemple, la dernière fois, il voulait percer un trou et par manque de pot il tombe sur un câble électrique. Il n'a jamais de chance !* » (Antoine, 26 ans) ; soit, enfin, c'est un perfectionniste psychorigide obsédé par le détail, et qui se perd dans sa propre lenteur (« *Ils sont tous béats d'admiration devant mon beauf. Tu parles ! Ok, il bricole pas trop mal, mais à la vitesse où il va, sa maison va finir par lui tomber dessus !* » (Jules, 62 ans).

Incapable, malchanceux ou inefficace, qu'importe, le beau-frère fait toujours moins bien. Cependant, du point de vue de la stricte logique, ce constat pose un problème insoluble puisque le bricoleur est lui-même le beau-frère de son beau-frère ! En parodiant Pierre DESPROGES, on dira que le beau-frère est un imbécile qui pense que je suis le beau-frère alors que le beau-frère c'est lui ! A ses yeux, je suis donc équipé des mêmes défauts de maladresse, d'infortune ou d'improductivité.

Il ne me revient pas de trancher le litige. Je rappelle seulement que cette tension sous-jacente faite d'ego, de rivalité et de jalousie, peut parfois se résoudre de la plus surprenante des manières. Ainsi, le lundi 17 août 2015, à Marly-le-Roi, deux beaux-frères qui s'opposaient sur la façon de réparer une fuite sur une machine à laver sont parvenus à se mettre d'accord à coups de club de golf sur la tête…

XI

LE BRICOLEUR ET SON VOISIN

A la différence du beau-frère, le voisin du bricoleur est très souvent perçu comme un modèle en matière de bricolage. On peut lui demander de précieux conseils, et ses travaux sont parfois une source d'inspiration. Le voisin est tendanciellement plus un allié qu'un rival.

> Il a tous les outils de la création. Son atelier, c'est une église !
>
> *Tonio, 33 ans*

> Mon voisin aime donner des conseils. Il a tout fait, tout vu, tout entendu. C'est un fatigant, mais, entre deux histoires sur ses exploits, il a toujours de bons conseils à te donner. Et si tu le pousses un peu, tu fais comme si t'avais rien compris, il vient te montrer.
>
> *Olivier, 41 ans*

Si le bricoleur a moins de scrupules à considérer son voisin comme meilleur que lui en bricolage, il n'en demeure pas moins que sa supériorité s'explique, selon lui, par les avantages dont il dispose. « *Il est moins occupé, donc il a plus de temps* », explique Kader, 36 ans. « *Il a du matériel plus perfectionné* », déclare Etienne, 59 ans… C'est humain. Moi-même, je me suis quelquefois surpris à penser qu'avec une bonne préparation physique et des chaussures de course de qualité, j'accrocherais Usain BOLT…

Avoir un voisin bricoleur, c'est aussi l'assurance d'avoir près de chez soi un individu compréhensif qui fera preuve de tolérance devant le chant matinal des perceuses, ponceuses, marteaux et autres oiseaux bizarres qui composent l'orchestre du bricolage.

Avoir un voisin bricoleur, c'est enfin bénéficier d'une saine émulation. Parce qu'à défaut d'atteindre son niveau, il incite toujours à mieux faire et à se dépasser soi-même. « *Car ton voisin*, dit Jean-Luc, 28 ans, *c'est celui devant qui tu ne veux pas trop passer pour un con* ».

XII

L'APPRENTISSAGE

Comme toute technique, ou ensemble de techniques, le bricolage nécessite une période d'apprentissage. Mais à la différence des pratiques professionnelles, de l'ingénierie ou encore des sciences, il s'agit d'un apprentissage qui ne passe quasiment jamais par l'enseignement scolaire. On peut certes apprendre les techniques les plus abouties de l'électricité, du carrelage ou de la peinture en bâtiment, mais il n'existe aucun diplôme de bricolage. C'est d'ailleurs peut-être là que réside l'une de ses caractéristiques. En somme, dès qu'il y a un apprentissage formalisé par une institution et sanctionné par un diplôme permettant la pratique, il ne peut plus s'agir de bricolage. On se rapproche ici de la définition qu'en donne Claude LEVI-STRAUSS, dans un sens certes beaucoup plus large que le nôtre.

Pour le père de l'anthropologie structurale, le bricolage est une modalité d'action sur les choses, les gens ou les événements. Le bricoleur, écrit-il dans *La pensée sauvage* (1962), est une personne « *apte à exécuter un grand nombre de tâches diversifiées ; mais, à la différence de l'ingénieur, il ne subordonne pas chacune d'elles à l'obtention de matières premières et d'outils, conçus et procurés à la mesure de son projet : son univers instrumental est clos, et la règle de son enjeu est de toujours s'arranger avec les "moyens du bord"* ». En d'autres termes, à l'inverse de l'ingénieur, le bricoleur ne soumet pas son projet à la conception d'outils spécifiques et de savoirs élaborés, pas plus qu'il ne réalise un plan détaillé du résultat à obtenir. Le bricoleur se contente des moyens dont il dispose déjà, réinventant au moment de la fabrication une utilisation adaptée au résultat souhaité. Comme LEVI-STRAUSS le souligne, la compétence d'un bricoleur est d'utiliser de la manière la plus adéquate l'outil le plus adapté à la situation donnée. Il improvise donc en permanence, seul varie le niveau d'improvisation. LEVI-STRAUSS étend la notion de bricolage à de nombreux domaines de la vie sociale. Dans certains contextes, l'utilisation d'une langue ou la recomposition d'un mythe relève également du bricolage. Le bricolage, au sens commun, dont nous parlons ici, est une des différentes formes du bricolage lévi-straussien.

Le fait qu'il faille improviser en permanence ne signifie pas qu'il ne soit pas nécessaire d'acquérir un minimum de savoir. Le musicien de jazz qui improvise un morceau ne peut le faire que parce qu'il maîtrise un certain nombre d'enchaînements d'accords. Il en va de même pour le bricoleur qui ne peut improviser que lorsqu'il maîtrise un certain nombre de techniques d'assemblage et de transformation de la matière. Si ces techniques sont trop sommaires pour nécessiter un enseignement scolaire, elles doivent cependant être apprises. Cet apprentissage se fait de deux manières : par transmission par un tiers (*un parent ou un proche*), ou de façon autodidacte. Dans les deux cas, l'apprentissage se fait par la pratique et prend autant la forme d'une initiation que d'un apprentissage. Sans y correspondre trait pour trait, les implications anthropologiques y étant moindres et la forme moins violente, le premier pas dans le bricolage ressemble à la description qu'Arnold VAN GENNEP donnait du rite initiatique dans *Les rites de passage* (1909). Il s'agit en effet d'une épreuve à l'issue de laquelle un savoir est acquis. Un homme ordinaire devient alors celui qui est capable de transformer la matière.

Le savoir acquis n'est pas seulement la connaissance technique en soi, sinon il y aurait initiation à chaque nouvelle technique apprise. Ce que l'on apprend, toujours en pratiquant, c'est avant tout que l'on est capable d'agir sur la matière pour réaliser un projet. C'est ce que l'on peut retirer du témoignage de la plupart des bricoleurs interrogés qui affirment avoir avant tout découvert ce qu'ils pouvaient faire. A leurs yeux, le bricolage serait quelque chose de facile, « *à la portée de tout le monde* ». Il suffirait de « *se lancer* », et c'est l'objectif de l'initiation.

Les formes de cette initiation varient en fonction de l'implication des tiers dans l'apprentissage. Comme dit précédemment, on peut distinguer deux modes d'initiation : la transmission et l'autodidactie, les deux ne s'excluant pas systématiquement.

L'apprentissage par transmission se fait généralement par l'intermédiaire d'un proche, très souvent un parent. Le novice apprend en observant ce dernier ou en bricolant directement avec lui. A sa manière, le bricoleur se rapproche de l'anthropologue, puisqu'il utilise le *modus operandi* cher à ce dernier : l'observation participante.

La transmission peut se faire de manière rapide, sur une très courte période. Parfois, quelques séances de bricolage suffisent pour faire du novice un initié. C'est le cas lorsque le « *professeur* » n'accorde pas une grande importance à la transmission ou que l'apprenant n'envisage cette transmission que d'un point de vue utilitaire, l'apprentissage devant lui permettre d'être rapidement efficient. C'est alors souvent le novice qui sollicite lui-même un parent pour réaliser des travaux. Dans ces situations, aucune valeur n'est associée à la transmission. L'initiateur aurait pu être n'importe qui, c'est le hasard ou la facilité qui l'ont désigné. La transmission n'est d'ailleurs que rarement achevée et il est courant que le jeune bricoleur ait régulièrement à se tourner vers son initiateur. Ainsi, on ne transmet pas un savoir, mais une approche de notre relation à la matière, notre capacité à influer dessus, et donc sur notre environnement (*ce qui explique qu'on ne peut être initié en une seule séance*).

> Mon père était très bricoleur. Mais je n'ai rien appris de lui. Le bricolage, ça ne m'intéressait pas. Quand j'ai dû faire des réparations chez moi, j'ai essayé d'apprendre tout seul, en allant chercher des infos sur internet. Mais ce n'était pas suffisant. Alors j'ai demandé des conseils à mon père. Encore aujourd'hui, je lui téléphone en cas de besoin. A mon beau-père aussi, mais il n'est pas du tout pédagogue…
>
> *Jimmy, 28 ans*

Le processus peut aussi se faire de manière plus approfondie et longue, parfois sur des années. Après l'initiation vient le temps de l'apprentissage des connaissances, puis l'accompagnement du récipiendaire dans sa maturation. La transmission est alors rythmée par une succession de rites de passage. On pourrait construire ainsi l'idéal type de l'évolution d'un bricoleur. Le futur apprenant est d'abord exclu du monde du bricolage, car il n'a pas encore acquis la sagesse nécessaire pour accéder à l'atelier ou au chantier. Plus tard, on l'autorise à sortir de la prime enfance du bricoleur en lui permettant d'entrer dans l'atelier où il pourra observer le manuel chevronné, le plus souvent son père, en train de travailler. Progressivement, il pourra aussi écouter les commentaires de son « *enseignant* » et même poser des questions. La troisième étape peut être considérée comme le passage à l'adolescence du bricoleur. Ce dernier pourra commencer à mettre la main à la pâte en assistant son mentor. La dernière étape sera celle du passage à l'âge adulte du bricoleur. Le disciple pourra s'émanciper de son maître et bricoler désormais seul.

Dans ces situations, la transmission est élevée au rang de valeur. C'est un acte important qui fonde la relation spécifique de maître à disciple. Chacun estime qu'il est de son devoir de se plier aux étapes de ce « *rite de passage* », et s'y soumet souvent avec plaisir. Parfois l'ancien disciple peut devenir maître à son tour. Un père sera alors fier de transmettre le flambeau à son fils, ou au contraire déçu que ce dernier se désintéresse de la question. Le bricolage, comme savoir, peut alors être conçu comme une partie de l'héritage familial qui se transmet, dans la quasi-totalité des cas, par filiation patrilinéaire.

> J'adorais bricoler avec mon grand-père. On construisait des abris de jardin, ou des cabanes à lapins. C'était plus des trucs rigolos qu'autre chose. Lui, au lieu d'une belle vis, il mettait un gros clou. Il ne se cassait pas la tête. C'était laid, mais il s'en fichait. Fallait que ça tienne, c'est tout. Il m'a pas appris des techniques compliquées, mais il m'a donné beaucoup mieux : le goût de bricoler, de m'amuser à trouver des astuces. J'aimais mon grand-père. J'aimerais tellement partager encore des choses avec lui. Quand il est mort, mon père et moi, on a rénové sa maison. C'est là que j'ai vraiment appris à bricoler. Mon père est beaucoup plus carré.
>
> *Antoine, 39 ans*

La transmission ne se déroule pas toujours de manière aussi agréable. Elle peut même s'avérer très pénible lorsque l'apprenant est contraint de suivre un bricoleur, qui plus est, peu pédagogue. Ce n'est alors qu'après coup, lorsque le savoir acquis se révèle utile, que le disciple adhère finalement aux valeurs de la transmission. Il souhaite alors être, à son tour, un vecteur de la transmission.

> Mon père bossait à son compte dans le bâtiment. Il me demandait parfois de le suivre sur des chantiers, et très souvent quand il bricolait à la maison. Il voulait m'apprendre. Ce sont des mauvais souvenirs. Beaucoup de stress. Mon père était très nerveux, très autoritaire et directif. Il me répétait que c'était pour que je sache me débrouiller plus tard, mais moi j'avais juste l'impression d'être un outil à son service. Le bricolage, je détestais ça. Je le faisais parce que je voyais que ça lui faisait plaisir qu'on soit tous les deux. Mais je crois que je n'ai rien retenu. Non, il me reste quand même une chose : je suis plus sûre de moi. Pour te donner un exemple, quand j'ai dû faire quelques travaux dans mon cabinet [*Rozzen est psychologue*], je me suis lancée sans hésiter. Je n'ai pas eu peur. Je savais que j'allais m'en sortir. Aujourd'hui, j'aime bien bricoler, surtout avec mon copain. Quand on aura des enfants, j'essaierai de leur transmettre ça, cette confiance en soi.
>
> Rozzen, 35 ans

Le bricolage s'apprend habituellement en famille. S'apprenait tout au moins. Aujourd'hui, cette transmission verticale, des parents aux enfants, s'est considérablement affaiblie, quand elle n'a pas tout à fait disparu. Les jeunes bricoleurs, jusqu'aux trentenaires, déclarent en effet n'en avoir pas ou peu bénéficié.

> Je sais que j'aurais dû m'y mettre plus tôt. Mais voir mes parents bricoler m'a dégoûté du travail manuel. Ils y passaient tous leurs week-ends. Et c'était souvent tendu.
>
> Renaud, 37 ans

> Pas de bricolage pour moi. J'étais confisqué tous les mercredis après-midis et les samedis pour aider mes parents à construire leur maison. Depuis, je n'ai pas

appris. Enfin, il y a bien des techniques qui me reviennent.

Jean-Michel, 47 ans

« *Si tu ne veux pas avoir mal au dos, travaille ton stylo.* » C'est par ces mots que mon père m'incitait à me détourner des outils. Je comprenais à l'époque qu'il m'invitait ainsi à mettre l'accent sur mes études, mais je ne saisissais pas qu'il espérait aussi que je me mette moi-même aux travaux manuels une fois ma carrière lancée. « *Pour ne dépendre que de toi-même* », aime-t-il encore à me le rappeler.

Pourquoi cette rupture de transmission ? Il semble que les parents de cette génération aient trouvé moins utile de faire adhérer leurs enfants à cette pratique. Dans un monde où l'évolution technologique est si rapide et où racheter un objet plutôt que le réparer est devenu si simple, pourquoi courir le risque d'entrer en conflit avec sa progéniture qui préfère les écrans aux écrous ?

Le remplacement des choses a en effet une incidence sur la transmission du savoir. Aujourd'hui, les objets évoluent vite, tant par leurs normes que dans leur *design*. En relativement peu de temps, ils deviennent obsolètes, qu'ils soient encore fonctionnels ou non (*entre autres exemples, le cycle de vie actuel d'un téléphone portable est très court*). Du coup, on ne cesse de les remplacer. Certains tentent cependant de résister à ce mouvement en s'accommodant du fait de n'être pas à la page, ou en raccommodant aussi souvent qu'ils le peuvent. Mais ce réflexe s'érode... D'autant que l'ultrarapide évolution de la technologie ne permet pas toujours de réparer.

L'électronique occupe une place de plus en plus importante dans notre quotidien. Les voitures et les appareils électroménagers (*bouilloires, cafetières, niveaux à bulles, téléphones, machines à laver...*) disposent de nouvelles fonctions qui impliquent davantage de composants électroniques. Or, l'électronique est un domaine réservé aux spécialistes qui possèdent à la fois de solides connaissances en la matière et les outils spécifiques leur permettant d'intervenir. Exclus du lot des machines réparables ou modifiables par tous, ces objets ne font plus partie du champ d'action des bricoleurs, tant leur fonctionnement reste abstrait pour beaucoup. Se présentant comme finis, hermétiques, ils tendent à modifier notre relation à la vie, à nous conforter dans une délégation passive du savoir et du savoir-faire (*tandis que le bricolage nous apprend à nous émanciper*). Comment donc pourraient-ils donner lieu à quelque transmission parentale que ce soit ?

Observé dans beaucoup de familles, l'arrêt de la transmission directe a pour conséquence une division des bricoleurs en deux catégories. La première, moins peuplée, regroupe ceux qui ont appris par mimétisme auprès de leurs ascendants. Ils ont eu accès à une caisse à outils et à un atelier. Cela leur a permis de tester, de se tromper, de recommencer à loisir et d'acquérir avec le temps les bons réflexes. « *J'entrais dans l'atelier de mon père pour me faire la main. J'ai appris en me construisant des maquettes de bateau. De fil en aiguille, j'ai testé tous les outils et c'est pour ça que je n'ai pas peur de me lancer dans des réparations aujourd'hui. Même si je ne suis jamais sûr de savoir quoi faire* », raconte Yannick, 33 ans. La seconde rassemble les autodidactes purs, ceux qui n'ont rien eu à leur disposition et qui ont dû faire un effort de volonté pour apprendre, en allant rechercher les renseignements. Leur population augmente à mesure que l'information est plus accessible. « *Avant, j'étais complexé. Vraiment, je pensais que mes mains ne servaient qu'à serrer celles des autres ou le corps de mes copines,* dit en riant Esteban, 39 ans. *Et puis, lors d'un gros problème dans mon appart, j'ai dû m'y mettre faute de pouvoir compter sur quelqu'un. Petit à petit, j'ai fait des trucs. Je suis allé sur le net, j'ai posé mille questions. Et plus j'ai appris, plus j'ai compris, et plus j'ai eu envie de savoir souder, marqueter, raccorder tous les tuyaux possibles. Je me suis pris au jeu. Maintenant, je fais des trucs qui marchent. Je marche avec mes mains.* »

Dans la première catégorie, où la transmission du savoir est réduite à un mécanisme d'observation participante, les personnes interrogées sur la manière dont ils ont appris à bricoler répondent invariablement : « *J'ai toujours vu mon père faire* ». Leur demander un supplément d'explication récolte très souvent un « *ben, j'ai regardé, et j'ai refait, quoi* », ou autre reformulation du même genre. Il n'y a pas, chez ces bricoleurs, de réel questionnement autour de leur pratique, qui fait pour eux partie d'un héritage familial. Ce qu'ils savent réaliser leur suffit, un point c'est tout. Et le fait de faire suffit en soi. En revanche, la catégorie des autodidactes fait preuve d'une soif d'apprendre qui ne se tarit pas. Plus ils savent, plus ils veulent connaître. Ils s'interrogent sans cesse, s'informent constamment sur les nouveaux outils, les nouvelles méthodes, les nouvelles techniques. Apprendre sans cadre revient à apprendre sans contrainte. Donc sans limite. Le bricolage ne souffre pas de prêt-à-penser. En cela, il représente un rapport juste à la vie, qui nécessite une adaptation constante, une flexibilité, et l'acceptation du hasard, compris au mieux comme les conséquences de causes inconnues.

L'autodidacte suit en effet une modalité d'apprentissage radicalement différente. La relation maître-disciple n'existe pas pour lui. Cela ne veut pas dire qu'il n'y ait aucune forme de transmission, mais cette dernière a une importance bien moindre. Elle peut être liée, parfois, de manière plus ou moins consciente, au charisme d'un parent bricoleur. Dans ce cas, il s'agit davantage d'une influence que d'un véritable apprentissage. Dans d'autres cas, le bricoleur affirme avoir tout appris seul, alors même que leur discours révèle qu'ils ont reçu des conseils de la part de tiers. Dans toutes les situations, il semble que le fait d'avoir été autodidacte n'empêche pas de désirer transmettre un jour le savoir.

Il arrive parfois, quand personne n'a directement assuré l'enseignement du bricolage, qu'un initiateur soit présent de manière latente. Il s'agit souvent d'un proche très estimé qui a involontairement influencé le futur bricoleur. Il a suffi que ce dernier l'observe en action ou simplement soit impressionné par ses réalisations. Dans ces situations, il n'y a pas de relation de maître à disciple proprement dite. Au mieux peut-on parler de « *maître spirituel* » ou « *symbolique* ». Son existence peut être qualifiée d'essentielle par le bricoleur lui-même.

> Je bricole beaucoup, surtout par plaisir. Je me suis formé tout seul, sur le tas. C'est ma passion. Je pense que ça me vient de mon oncle. Un sacré bricoleur ! Je l'admirais. Il ne m'a rien appris mais je me rappelle, entre autres, les

> maquettes de monument qu'il fabriquait. Ça m'impressionnait énormément.
>
> *Léonard, 46 ans*

Les bricoleurs autodidactes considèrent l'apprentissage comme une quête. A leurs yeux, les vecteurs de transmission du savoir sont nombreux. Quand la famille ne peut les renseigner, ils se tournent vers des amis ou des connaissances qu'ils estiment capables de répondre à leurs questions. Sont également à leur disposition les conseillers de vente des grandes surfaces de bricolage, et les médias. Des ouvrages existent en quantité. Cependant, c'est prioritairement internet qui est utilisé. Thomas, 40 ans, bricoleur autodidacte affirme avoir un très grand usage des tutoriels qu'il trouve sur Youtube ou sur les sites des magasins. A une époque où les liens sociaux sont plus lâches, ces médias font office d'enseignants. Mais ces ersatz de professeurs ne feront jamais office de maître, car le maître est là pour ouvrir l'esprit, mettre l'apprenti sur le chemin, et non pas solutionner les problèmes à sa place. Auprès d'eux, l'apprenant ne sera donc jamais un disciple.

Enfin, une partie des personnes que j'interroge revendique le fait d'être de parfaits autodidactes.

> Je suis très féru de bricolage. Mon père ne l'était pas du tout. Donc, il n'a rien pu m'apprendre. Moi, j'ai toujours aimé ça. Très jeune, vers 7 ou 8 ans, je bricolais des morceaux de ferraille, j'essayais de faire des choses avec une chaîne rouillée. Je me souviens que j'étais très curieux. Je voulais savoir comment on construisait les objets. Je crois bien que c'est pour ça que je suis devenu bricoleur. Aujourd'hui encore, même à mon âge, j'ai 72 ans, je me dis toujours : *"Mais comment ça peut marcher ?"*. J'ai toujours tout appris tout seul. Jamais demandé de conseils, jamais ouvert un livre, ni un manuel. Et internet, je n'y comprends rien. Moi, j'apprends en bricolant. En tâtonnant. Par exemple, j'ai passé six mois sur le circuit électronique de mon train électrique. Six mois sans réussir à le faire marcher ! Mais j'ai fini par comprendre, et maintenant il roule. Je suis quelqu'un d'obstiné... Est-ce que j'ai transmis ce que je sais à quelqu'un ? Non. Je ne suis pas très pédagogue. Et

puis je veux être seul quand je bricole. Mais, il n'y a pas très longtemps, j'ai montré à mon petit-fils comment limer un morceau de bois. C'est la première fois que ça m'arrivait. Peut-être parce que j'ai deux filles, et que c'est le premier garçon dans la famille...

Marcel, 72 ans

Dans toute activité du geste, la formation théorique est très largement dévalorisée au profit de l'observation, de l'imitation et de la correction *in situ* des moindres gestes de l'apprenti par le maître d'apprentissage. Cependant, même si cette initiation par le mimétisme revêt une importance cruciale pour son bénéficiaire, ceux qui doivent transmettre (*et ceux qui ont reçu*) rappellent avec insistance que la capacité à apprendre, elle, ne s'apprend pas. « *J'ai deux fils. Ils m'ont vu faire tous les deux. Aujourd'hui, l'un se débrouille très bien en électricité, et l'autre ne sait toujours rien faire de ses dix doigts. Pourtant,* conclut Bachir, 65 ans, *ils ont vu tous les deux la même chose !* » Jean-Noldi PAOLELLA, Directeur Grande Distribution Legrand et Vice-Président d'Unibal, l'explique ainsi : « *L'habileté ne se transmet pas, on ne transmet que l'expérience* ».

Les travaux publiés sous la direction de Dominique JACQUES JOUVENOT et Gilles VIEILLE MARCHISET dans *Socio-anthropologie de la transmission* (2012), montrent que la transmission ne se confond pas avec la socialisation. Ce second processus ne fait intervenir que deux entités : le socialiseur et le socialisé. La transmission, elle, n'apparaît réellement que lorsque trois entités entrent en jeu : celui qui transmet, celui qui reçoit, et celui qui recevra. Le père et le fils ne suffisent donc pas pour établir une transmission familiale d'un savoir-faire manuel. Un troisième individu leur manque. Symboliquement, il s'agirait de l'esprit à transmettre. Concrètement, ce manque explique le fait que de nombreux trentenaires n'apprennent à bricoler qu'à la naissance de leur premier enfant. Comme si l'arrivée du troisième maillon de cette chaîne rappelait aux deux premiers leur rôle de passeur.

Bien sûr, j'ai vu mon père bricoler pendant toute mon adolescence. Mais ça ne me disait rien du tout. Et aujourd'hui, ça ne me branche pas plus. Mais je me vois mal être pour mon fils quelqu'un de moins bien que ce que mon père était pour moi. Il a toujours réparé mes vélos, monté mes meubles et changé mes lustres. Je veux être celui-là pour mon fils aussi.

Edouard, 30 ans

Parce qu'une grande part des apprentissages de l'enfant est déléguée à des institutions ou des personnes extérieures à la famille nucléaire (*école, nourrice, etc.*), apprendre soi-même à son enfant permet au parent de conserver le statut d'un être à part, unique : être celui qui sait et qui transmet à sa lignée des connaissances utiles et complémentaires à celles que la société lui enseigne. Apprendre à bricoler à son enfant, c'est lui proposer des solutions concrètes pour se « *débrouiller* », lui donner des armes pour affronter la vie.

Dans les familles où la transmission intergénérationnelle a bien lieu, qui transmet l'art du bricolage ? C'est presque toujours un ascendant masculin (*père, oncle ou grand-père*). Aucune des personnes rencontrées ne déclare avoir, dans son enfance, appris à bricoler auprès d'un homme qui n'ait pas été de sa famille (*hors apprentissage professionnel*). Le bricolage est une activité qui se transmet de père en fils. Cela peut surprendre, tant les techniques et outils évoluent vite... Mais cela se comprend dès lors que l'on prend conscience que bricoler est une manière de penser. L'enfant n'y acquiert pas tant un tour de main qu'un tour d'esprit.

> Il faut comprendre le problème dans son ensemble. Anticiper les différentes actions et leurs effets. C'est une stratégie. Pas juste du mécano.
>
> *Ulf, 52 ans*

Le bricolage peut être un moyen de partager avec son enfant un moment privilégié. C'est particulièrement vrai des bricoleurs un peu « *ours* », qui se réfugient dans leur atelier. S'ils y acceptent la présence de l'enfant (*ce qui n'est pas systématique*), ils ont alors à deux un moment hors des contraintes du quotidien. C'est un moment un peu spécial, « *entre hommes* », loin de maman. Pour le petit garçon, il se passe quelque chose de l'ordre de la confirmation de sa masculinité. Il accède à l'atelier, l'espace privé de son père, où il va faire ses premiers pas d'homme.

> J'y voyais toujours mon père. Et parfois ses amis. Ils faisaient revivre des machines. Petit à petit, on m'a donné un rôle. Et j'ai appris à être digne de leurs jeux.
>
> *Patrick, 36 ans*

Lorsque la mère bricole aussi, tous les enfants du foyer apprennent, garçons comme filles. Ils ne réalisent pas nécessairement les mêmes travaux, car l'apprentissage auprès de la mère relève davantage du jeu et de l'activité éducative, s'apparentant à la notion d'éveil sensitif et intellectuel au monde. En revanche, la finalité demeure la même : ouvrir l'esprit et développer la capacité d'émancipation de l'enfant.

> Maman nous donnait une tâche à chacun. Ce qui était génial, c'est qu'à chaque bout de papier peint enlevé, elle nous disait comment faire pour que ce soit encore plus amusant. Mais surtout, et ça je ne l'oublierai jamais, elle nous félicitait tout le temps.
>
> *David, 26 ans*

La répartition traditionnelle des rôles dans la famille se retrouve donc ici. La mère accompagne l'enfant avec des activités de son âge, tandis que le père propose à l'enfant des jeux d'adulte, avec toutes les restrictions sécuritaires et autant de contraintes qui rendent à ses yeux le bricolage encore plus attirant.

Le mode d'acquisition du bricolage spontanément mis en avant par la plupart des personnes interrogées n'est pas le souvenir de projets réalisés en commun avec leur père (*oncle, grand-père*), mais plutôt les longues séances d'observation de l'adulte en action. Le petit garçon regarde, retient les gestes, mais participe peu. Il est surtout mis à profit pour ses deux mains supplémentaires. C'est pourquoi apprendre auprès de son père peut se révéler long et frustrant. Avec l'âge, et selon ses aptitudes physiques, lui seront confiées les tâches de manutention ou de menus travaux comme le ponçage des surfaces. Et c'est finalement le lot de toutes les initiations, que l'on observe dans tout type de sociétés : le temps est un facteur irréductible.

Quand il m'a demandé de poncer les murs, j'ai compris qu'il avait confiance en moi.

Emmanuel, 34 ans

Le jour où mon père m'a mis la scie sauteuse entre les mains, je n'en menais pas large. Il faisait attention à chacun de mes gestes. Aujourd'hui, chaque fois que je m'en sers, je revois encore son regard sur moi.

Arthur, 48 ans

Apprendre à bricoler avec un aîné, particulièrement avec son père, installe des habitudes qui durent. Pierre, 45 ans, raconte : « *La semaine dernière, mon père installait une porte de garage, et j'ai dû la tenir pendant trois quarts d'heure. Comme quand j'étais gamin, quoi. Mets-toi là et tiens-moi ça... Trois quarts d'heure !* ». Amusé et agacé à la fois, il ajoute que lorsque son père vient bricoler chez lui, il se place spontanément dans une posture d'autorité. « *Je serai toujours le gamin dans ses pattes, qui se rend utile en tenant une pièce ou en allant chercher un outil.* »

Il y a, dans le bricolage intergénérationnel, cette notion de la place attribuée à chacun. Sur un chantier, le bricoleur est le seul maître à bord, aussi doués ou âgés que soient ses enfants... Est-ce affaire de tradition ?

Il est difficile de parler de tradition dans le cas du bricolage. Les pratiques évoluent à une vitesse telle que les techniques apprises par l'enfant auprès de son père ont de grandes chances d'être dépassées lorsqu'il aura atteint l'âge adulte. Nous sommes ici dans une démarche plus dynamique, qui s'adapte à chaque époque et à chaque situation rencontrée. Si tradition il y a, au sens de « *faire comme avant, comme les Anciens* », elle réside dans le fait de chercher à résoudre les problèmes par soi-même, en convoquant tout son potentiel manuel et intellectuel. Sur ce point, oui, rien ne change dans le temps pour tous les bricoleurs. Chaque activité nécessite de tenir compte d'un contexte qui n'est jamais le même. En cela, l'apprentissage du bricolage est un indicateur des libertés qu'on peut prendre par rapport aux règles. Voir comment on contourne un problème, trouver des solutions inattendues... C'est l'apprentissage du bon sens, qui doit être stimulé pour attraper le « *coup* » ou le « *truc* ». Charly, 75 ans, lâche une formule qui condense tout : « *Apprendre à bricoler, c'est apprendre à avoir l'esprit pirate !* ».

Un bricoleur n'aime pas la monotonie. Il n'est à son aise que dans l'aventure. Là où il invente et se réinvente en permanence. S'il rénove un meuble ou une pièce, c'est bien entendu pour « *rendre neuf* » l'objet, mais aussi pour créer un moment nouveau. Appliquer une gestuelle et une astuce identique à celle de la semaine ou de l'année passée ne présente aucun intérêt pour lui. L'instant bricolage est à l'image de l'objet travaillé : il doit naître des mains de son auteur. D'un point de vue anthropologique, il est important de noter que le bricoleur n'est pas dans la reproduction. Chaque moment rejoué participe du sacré, et l'installe dans une autre dimension. Le bricolage fonctionne alors comme un rite.

Le bricolage est un apprentissage profane. Il n'est plus forcément enseigné par les parents, ni par des maîtres selon une philosophie ou une ambition. Néanmoins, un lien sous-jacent le relie au sacré. Apprendre à bricoler, c'est apprendre à construire un espace, et à entretenir cet espace vivant. « *Ma maison, c'est comme mon Temple,* affirme Gilbert, 67 ans. *J'y passe mon temps et j'y mets mon âme.* »

On apprend à bricoler comme on apprend à vivre. Seul, plus ou moins bien, et de façon parcellaire. Et tous ces bouts de savoir s'assemblent avec le temps, dans une suite où chaque étape enseigne quelque chose. En définitive, le bricoleur est un éternel apprenti.

XIII

L'ÉMANCIPATION

L'émancipation est un rite de passage. Elle correspond au moment où l'individu se libère des mains qui le possèdent. C'est le sens littéral du mot « *émancipation* ». Elle se matérialise dans des actions qui s'inscrivent dans de nouveaux rituels, des changements d'attitude et d'habitudes modifiant le regard sur soi.

On s'émancipe d'abord de son état d'enfance. Adulte, on s'émancipe ensuite de sa famille en sortant du système de parenté pour composer sa propre vie, trouver son nid, et se créer ainsi sa place au centre d'un univers personnel. Plus tard, acheter ou construire sa maison, et l'entretenir soi-même, revient à s'émanciper de l'agence de location immobilière, du propriétaire, des artisans… Une fois installé dans son lieu de vie, le bricoler à son goût et à son image, par de petits, moyens ou grands travaux, achève d'extraire définitivement l'individu de sa cellule familiale originelle pour faire de lui le fondateur d'une nouvelle cellule au sein de laquelle il incarne à son tour, avec ou sans enfant, la figure paternelle. Notons par ailleurs que, dans certaines sociétés, l'homme ne peut épouser une femme qu'une fois sa maison construite.

> Je me suis senti devenir adulte lorsque j'ai eu mon bac puis mon permis. Je me suis senti devenir un homme lorsque j'ai acheté mon appart et que je m'en suis occupé tout seul.
>
> *Clifford, 31 ans*

> Mon père faisait les réparations chez nous. Le jour où je les ai faites moi-même, je me suis dit que j'étais mûr.
>
> *Yves, 27 ans*

On peut s'émanciper aussi d'un genre, en réalisant par exemple des choses traditionnellement réservées à l'autre sexe.

Ainsi, la libération féminine passe par l'appropriation de nouvelles activités dont le bricolage fait partie. Dès lors qu'elle ne se limite pas à la décoration ou aux apprêts, une bricoleuse incarne en soi une notion de défi.

> Ce n'est pas parce que je suis une fille que je ne sais pas me débrouiller !
> *Phrase attribuable à plusieurs femmes interrogées*

> Je me suis mise au bricolage sur le tard, par plaisir. En même temps, mon mari s'est mis à faire la cuisine. Si vous venez m'interroger dans deux ans, vous verrez qu'il repasse et que je me suis mise à la mécanique.
> *Muriel, 37 ans*

Sur le tard... Cette précision anodine est pourtant capitale. Elle indique que le principe d'émancipation ne peut être réduit à la migration de l'enfance vers la maturité. A tout âge, on peut (*pour ne pas dire on doit*) s'émanciper de quelque chose. Comme l'existence elle-même, et comme la tradition, c'est un principe permanent et dynamique, en accord avec le vivant. Seule la mort fixe les choses. Une langue est morte quand on ne la parle plus. Elle ne demeure vivante que tant qu'elle change, se nourrit d'influences, évolue... Il ne suffit donc pas de s'émanciper des autres, il convient aussi de s'émanciper de soi-même, de ses propres acquis qui poussent à penser et à agir par réflexes.

Dans le bricolage, on observe ces différents rites de passage. Tout bricoleur s'émancipe, dans un premier temps, des autres. Il acquiert la liberté de choisir, et s'affranchit des contraintes sociales et politiques.

> Si j'ai envie de bricoler, je fais, sinon je vais au magasin.
> *Gérard, 67 ans*

> Je ne vais pas payer quelqu'un pour faire un truc que je peux faire !
> *James, 27 ans*

> On peut se passer de faire appel à un plombier. Quelle libération !
> *Marine, 25 ans*

Dans cette quête d'émancipation, les bricoleurs connaissent parfois la frustration d'avoir à se soumettre à une norme incontournable. C'est le cas, par exemple, lorsque certaines assurances exigent que les travaux soient réalisés par des professionnels. Le bricoleur qui se sait capable de changer ses fenêtres et se voit imposer un artisan n'a plus qu'à ronger son frein !

Bricoler libère aussi de son entourage. La personne qui ne sait pas faire par elle-même dépend toujours en effet de quelqu'un d'autre. Elle se trouve dans la position de l'enfant qui a besoin qu'on fasse les choses pour lui.

> J'ai un réseau d'amis. Un pour le jardin, un pour l'électricité. Je n'en ai pas pour la plomberie, alors je paie.
>
> *Stéphanie, 45 ans*

> J'étais en coloc avec des filles qui ne savaient pas bricoler. Quand il y avait un truc à faire, elles me demandaient. Je répondais toujours que je savais faire, puis je passais la nuit sur internet, et le lendemain je faisais. J'étais trop fière !
>
> *Louise, 25 ans*

Dans le rapport aux autres, enfin, s'émanciper c'est affirmer sa personnalité. Cette position est d'autant plus perçue comme nécessaire à une époque où le moi est roi. En permettant à chacun de projeter un peu de lui-même dans un projet, le bricolage offre un moyen de mettre en avant son « *style* ». Cette volonté de se singulariser est notable chez beaucoup de bricoleurs qui insistent sur leur originalité et leurs capacités d'invention. Dans presque toutes mes conversations avec eux, je les entends m'exposer leurs goûts, leur caractère, leur nature profonde, – qu'ils évoquent comment ils personnalisent le petit studio qu'ils louent ou bien la manière dont ils s'occupent de leur maison.

> Dire *"c'est mon studio"*, c'est pas juste dire *"c'est moi qui le loue, le contrat est à mon nom"*. Ça veut dire que c'est moi qui y habite. Et ça doit se voir.
>
> *Estelle, 19 ans*

> Un corps sain dans une maison saine. Tu dois savoir bricoler chez toi si tu veux avoir l'esprit tranquille.
>
> *Isaac, 25 ans*

L'émancipation comme mode d'affirmation de soi apparaît également quand le bricoleur parle de sa façon de bricoler. On s'émancipe aussi d'une méthode. Qu'il ait appris de son père (*oncle, grand-père*) ou en autodidacte, il déclare très souvent dépasser les règles acquises pour faire « *comme on le sent, comme on le veut, comme on est, quoi* », selon la formule de Roger, 35 ans.

Les évolutions technologiques, les variations de la mode, la découverte de nouvelles techniques et l'emploi de nouveaux matériaux élargissent le champ d'action du bricoleur amené à bouleverser ses habitudes. Personne ne peut strictement reproduire ce que ses parents lui ont transmis. Il doit s'adapter, innover, inventer son geste. En un mot, se trouver lui-même. On remarque alors avec intérêt que le bricoleur émancipé, quand il est plus doué que son père, ne transfère jamais chez lui son expertise. Chacun, dès lors qu'il possède lui-même un « *territoire* » (une maison, un atelier), respecte celui de l'autre. C'est le privilège des affranchis de connaître le prix et la valeur réelle de la liberté.

> Quand je vais filer un coup de main à mon père, je me mets en mode copilote. C'est lui qui sait où sont les outils et on fait toujours à sa façon, même si parfois ça me démange de lui dire qu'on pourrait faire autrement.
>
> *Alain, 38 ans*

Le bricolage est une activité qui favorise l'émancipation individuelle. Ses enjeux sont centrés sur la personne. En bricolant, on sort en effet du système d'évaluation normatif imposé par le cadre social dans lequel on évolue pour créer son propre système de valeurs. On s'affranchit des règles du groupe pour s'imposer à soi-même ses propres critères d'évaluation. « *Quand je bricole, je suis le seul à pouvoir me juger. Ça se passe entre moi et moi* », dit Loïc, 27 ans. Bricoler, c'est redevenir le maître du jugement que l'on porte sur soi.

En dernier ressort, le bricolage constitue donc l'émancipation de soi par rapport à soi. En refusant d'appliquer mécaniquement des recettes, en s'autorisant à explorer des terrains inconnus, celui qui bricole brise ses automatismes et s'émancipe de son personnage social, ordonné, construit, robotisé. Il devient ce qu'il est.

L'émancipation, au final, est une projection de soi vers l'avenir. La lente éclosion d'un potentiel qui ne demande qu'à exister. En ce sens, elle forme un récit de vie qui s'oppose au mythe. Car un mythe est tourné vers les origines. Sa légitimité relève de la fusion, de l'appartenance. Un mythe, c'est un fil de sens qui relie chaque individu qui vit sur son sol. *A contrario*, le récit d'émancipation est une idée vers laquelle on va. Or, s'il peine à tracer librement son histoire, c'est parce que notre société privilégie, d'une part, l'instrumentalisation des mythes d'origine pour servir le fait religieux ou identitaire, et d'autre part la norme performative qui détermine la place de chaque individu en fonction de son rendement. Néanmoins, depuis une trentaine d'années, se consolide la narration d'une idée de soi qui tendrait à faire sans cesse un pas de plus sur le chemin d'apprendre à devenir soi-même.

S'émanciper est un pèlerinage, et le bricolage l'un de ses bâtons…

XIV

SOLITUDE, ENTRAIDE ET PARTAGE

« *Foutez-moi la paix !* » C'est par cette injonction, un tantinet agressive mais très éloquente au demeurant, que le bricoleur indique à son entourage intrusif qu'il refuse toute compagnie quand il bricole. Parce qu'il aime faire les choses à sa façon, parce qu'il ne suit pas de plan préétabli mais sa propre logique, il lui apparaît comme nécessaire d'aller seul sur son chemin. D'autant que s'y dresseront des difficultés qu'il surmontera au moyen de son mode d'action naturel : l'essai-erreur. Qu'il répare, améliore ou transforme un coin de sa maison, ou bien qu'il optimise, embellisse ou construise un nouvel espace, le bricoleur sait pertinemment qu'il va devoir souvent se tromper avant de réussir. Et qui apprécie de se tromper en public ?

Le bricolage est une affaire intime. « *On bricole à plusieurs !* », s'écrieront certains. Oui mais, quand tel est le cas, on observe que chaque bricoleur cherche à imposer à ses partenaires ses idées et sa façon. En général, la séance se termine sur un péremptoire « *Laissez-moi faire !* » prononcé par le bricoleur propriétaire des lieux. Les autres n'ont plus alors comme choix que de quitter le chantier ou bien d'y jouer le rôle d'assistants. S'ils restent, ils porteront les sacs, tiendront l'échelle, passeront des outils, et tireront sur le fil dès que l'ordre en sera donné. S'ils partent, le bricoleur soupirera ou s'exclamera : « *De toute façon, je me débrouillerai mieux tout seul !* »

Pour celui qui bricole, la solitude n'est pas silence. Elle ouvre un dialogue avec la matière. C'est un temps pendant lequel il cherche, il essaie, il échoue, et se pose des questions. Le doute et l'énervement pavent souvent sa route, jusqu'à la réjouissance finale. Tout à sa tâche, le bricoleur entre en discussion avec des objets dont il doit percer les secrets pour leur donner un nouveau souffle. Cette conversation n'est pas toujours à prendre au sens symbolique. Nombreux sont ceux qui leur parlent réellement !

> Quand je répare un lustre, je lui parle. Je suis entièrement avec lui. Il se dérobe souvent, ne se laisse pas faire, mais j'arrive à le dompter.
>
> *Christophe, 50 ans*
>
> Ah moi, quand je bricole, je veux être seul. C'est entre moi et la mission que je me suis donnée. Seul, face à mon évier ou ma chaudière ! Comme ça, je peux gueuler, l'insulter, me battre avec mes outils comme j'ai envie.
>
> *Sylvain, 36 ans*

A certains moments, l'établi, l'atelier ou le chantier ressemblent à une scène de théâtre sur laquelle hurle un acteur halluciné ; à d'autres, quand le bricoleur encourage son tournevis ou invective une étagère récalcitrante, on se croirait plutôt dans l'annexe d'un monde capitonné. Et c'est précisément l'intimité qui favorise ces manifestations peu ordinaires.

Quand elle n'est pas délibérément choisie, la solitude peut se révéler franchement désagréable, voire déprimante. Elle est perçue par certains comme un isolement qui les laisse encore plus démunis face au problème qu'ils affrontent. Au déplaisir de l'échec se joint alors parfois, pour eux, le déshonneur de l'humiliation subie.

> J'étais dans mon appartement, à Équeurdreville, quand ma machine à laver m'a lâché. Je me sentais comme un con… J'étais dégoûté. Fallait soit que j'en rachète une, soit que je paie pour la faire réparer. J'ai essayé de regarder dedans ce qui était cassé, mais j'ai pas trouvé. J'ai ouvert pour voir si je pouvais trouver quelque chose, mais je savais pas trop ce que je cherchais. Mon esprit a vite dit non. Je suis resté trois jours comme ça, et puis j'ai appelé mon petit frère. Il a ouvert, rebranché trois fils, et ça remarchait. En fait, l'étape bricolage, ça a consisté à enlever les quatre vis qui tenaient le couvercle de la machine. Là, je me suis vraiment, mais vraiment trouvé con.
>
> *François, 26 ans*

Renvoyé à son incapacité à se débrouiller seul, le bricoleur en échec déprime. Paradoxalement, son sentiment de solitude vient du fait qu'il a eu besoin d'être sauvé par un tiers, en l'occurrence un frère cadet. Ne pas être parvenu à résoudre un problème, somme toute bénin, lui rappelle son ignorance des objets, de leur langage et de leur mode de fonctionnement. Il prend conscience que leur sens lui échappe et qu'il est soumis à leurs caprices. Exclu du clan de ceux qui savent réparer, il s'aperçoit qu'il vit seul dans le décor de son quotidien, impuissant face aux bricoles qui peuvent lui arriver.

Cette forme aiguë de solitude ne frappe que les néophytes. Les bricoleurs expérimentés, eux, ont appris à connaître leurs limites. Ils ont acquis un certain savoir-faire qui leur permet de ne pas se laisser dépasser par les tâches à accomplir. A l'inverse, le novice ne mesure pas l'étendue des travaux dans lesquels il s'engage. Capable, sur un coup de tête ou une envie, de décider de rénover tout seul une pièce de sa maison, il sera très rapidement gagné par le découragement et, de rage, jettera ses outils…

Le bricolage est un chemin. Et le sentiment de solitude naît de la méconnaissance du sens qu'il faut suivre, et du fait que le parcours passe par beaucoup d'étapes incontournables. Le nombre de directions à prendre est assez vite déconcertant. Les choix multiples donnent le vertige. Le stress peut mener à la paralysie. « *Un mur blanc, pour moi, c'est comme une page blanche pour un écrivain. Ça m'angoisse !* », s'exclame Abdallah, 44 ans.

Le novice ne sait par où commencer. Il n'a pas le matériel adapté. Il se pose mille questions. Est-ce assez solide ? Combien ça coûte ? Où l'acheter ? Quelle marque dois-je prendre ? Quelle taille ? Percer un simple trou dans un mur devient pour lui une suite d'actions compliquées. Il faut choisir l'étagère, la manière de la fixer, le type de cheville à utiliser… Et ce n'est pas une mince affaire quand on ignorait encore, deux jours plus tôt, qu'une cheville est nécessaire !

La cheville Molly attire particulièrement mon attention, tant son nom est répété au cours des entretiens. Bien des bricoleurs en parlent comme d'un Graal à trouver. Elle donnerait l'assurance de réussir la pose de son étagère sur la cloison en

Placoplatre. Sa quête peut prendre des jours, des semaines, voire des mois. Durant cette chasse au trésor, le coup de fil à un ami ou le recours aux forums internet est une aide précieuse. Ainsi peut-on lire cet échange, sur le site du *Bricoleur du dimanche* :

> J'ai pris des chevilles Molly pour un mur en placo. Je dois poser les étagères des placards. Ça fait cinq mois que je reporte car à la première tentative de pose d'une cheville, celle-ci est restée à l'intérieur pour une moitié, et l'autre ressort si je tire sur la vis. Il semble qu'elle ne s'est pas rétractée comme elle devrait. J'ai suivi à la lettre cette vidéo, que j'ai visionnée des milliers de fois :
> http://www.dailymotion.com/video/x7n6t8_fonctionnement-dune-cheville-molly_lifestyle
> C'est quoi mon problème au juste, à votre avis, mis à part que je suis nulle en brico ?
> Bonjour.
> Pour qu'une cheville Molly tienne bien, il faut avoir une pince à chevilles Molly de qualité. Il faut mettre la vis dans la cheville, passer celle-ci dans la pince, insérer la cheville dans le trou percé au bon diamètre, et serrer la pince. Des fois il faut resserrer la vis un peu, resserrer une deuxième fois la pince, et tout devrait rentrer dans l'ordre.
> A+

Cette première réponse apaise l'angoisse du bricoleur novice, mais celle qui suit la réactive en semant le doute quant au choix à faire…

> Bonjour.
> Effectivement la pince est l'outil idéal pour la pose des chevilles Molly. Toutefois, nous sommes plusieurs à en avoir posé sans cette pince. Le sujet à déjà été longuement débattu avec les pour et les contre. Si vous n'avez que quelques Molly à poser : faire le trou adapté à la taille de la cheville Molly, introduire celle-ci, enfoncer manuellement les deux ergots dans le placo, visser la vis jusqu'à serrage, dévisser puis poser la pièce à fixer, et remettre la vis. Le fait de serrer la cheville Molly à blanc permet, sans la pince, un bon serrage de celle-ci. Il faut juste veiller à bien positionner les marques pour les trous. Il vaut mieux visser à la main. A la visseuse, cela va trop vite. J'ai utilisé cette méthode pour des murs en

briques creuses dans lesquelles les ergots ne savaient pas entrer. J'ai maintenu la collerette avec une pince d'électricien coudée, et je n'ai rencontré aucun problème de fixation. Maintenant, si vous en avez beaucoup à poser, l'achat d'une pince devient un plus.

Quelque temps plus tard, renseignement pris à bout de blog, le bricoleur novice sait enfin qu'il doit acheter une cheville Molly de type X. Il se rend donc dans une grande surface de bricolage, se dirige vers le bon rayon où il tombe en arrêt devant les chevilles : sur plusieurs mètres de longueur, et du sol au plafond, sont empilées des dizaines et des dizaines de petites boîtes. L'une d'elles contient la cheville Molly référence X. Mais laquelle ?!!

Si le passage en magasin peut, lui aussi, donner lieu à un grand « *moment de solitude* », c'est cependant lorsque le bricoleur se retrouve face à un projet trop complexe ou trop ambitieux au regard de ses aptitudes que la pression de l'isolement se fait la plus intense sur ses épaules. Où qu'il aille et quoi qu'il tente, il se heurte partout à ses limites et se voit rapidement contraint d'appeler de l'aide ou de se résoudre à ne rien faire.

> Tu vois l'énorme armoire ? (*ndlr : une très grande armoire à double porte en bois massif*). Déjà, j'ai dû transporter les cartons tout seul. Quatre étages sans ascenseur. Après, pour la monter, je me débrouille comme je peux, je m'obstine, ça m'énerve. Mais tu sais, moi je suis têtu comme une mule. Des fois j'y arrive, mais ça me prend le triple de temps. Là, j'ai pas réussi. Et l'armoire, elle m'a tellement énervé que j'ai attendu un mois avant de demander un coup de main à quelqu'un. Oui, elle est restée un mois en tas dans ma chambre, comme ça.
>
> *Jonathan, 27 ans*

Jonathan a renoncé. D'autres finissent par donner des coups de pied dans le meuble récalcitrant. La frustration de ne pas y arriver les mène à la colère, qu'ils dirigent alors contre l'objet rebelle. L'objet rebelle ? Aurait-il une conscience, ou bien le simple fait de s'opposer à la volonté du bricoleur suffit-il à lui attribuer de mauvaises pensées ? Voilà un procès d'intention tout à fait hasardeux… En réalité, le bricoleur se rend tout simplement compte qu'il s'est engagé dans un travail trop grand pour lui. Mais la fierté ou la nécessité le poussent tout de même à essayer. Après tout, ce ne sont que des objets auxquels il tente de se mesurer. Et l'homme est censé être plus fort que la matière…

Fort heureusement, il y a les proches et les amis. Ceux qui sont toujours là pour « *partager les galères* ». Il est notoire que l'union fait la force. Et la venue du parent ou de l'ami salvateur ragaillardit le bricoleur inhibé par la peur de rater, voire de commettre l'irréparable. L'irréparable ?! Rien de pire pour un bricoleur…

> J'ai besoin de quelqu'un de fort pour faire avec moi.
> *Lucia, 41 ans*

> Faire une grosse connerie et que ça puisse pas se rattraper, ça me hante toujours.
> *Jean, 27 ans*

A mesure que le bricoleur progresse par l'expérience, son isolement décroît. Le signe incontestable qu'il a pris de la bouteille et du galon se manifeste quand c'est à lui que les autres demandent conseil. Le couronnement est pour le jour où ils viendront solliciter son aide.

> Aujourd'hui, j'ai des amis qui m'appellent quand ils ont un souci. Je me rappelle que je faisais comme eux il y a un an seulement. Je ne suis pas peu fière de ce que je suis devenue !
> *Christelle, 50 ans*

Ne plus être celui qui systématiquement appelle au secours mais celui qu'on écoute et dont on recherche le coup de main confère de la reconnaissance et de la fierté. Des échanges naissent, une certaine émulation apparaît… Les moments partagés en bricolant ne sont plus dès lors régis par le stress. Au contraire, ils sont pleinement frappés du sceau de la convivialité.

Bricoler avec ses amis transforme une corvée en instant festif. Une session de bricolage, ce n'est pas une séance de cinéma, ni prendre un verre à la terrasse d'un café. On sue ensemble, on se démène ensemble, on trouve des solutions ensemble…

> C'est un échange de bons procédés. Ça reste convivial, on se fait une bouffe, on bosse tous ensemble, chacun se colle à ce qu'il sait faire. Et puis, le jour où ils ont besoin, c'est toi qui vas chez eux. (…) Tu fais plaisir à quelqu'un. C'est l'échange de faire plaisir. Ils sont contents eux aussi. C'est cette philosophie que j'aime bien. Ça chambre toute la journée, on se charrie les uns les autres, mais c'est toujours convivial. Le matin, à 9 heures, on se retrouve pour le café et les croissants. On fait une pose à 10h30 : pâté, canon.
>
> Éric, 50 ans

A l'image d'Éric, nombreuses sont les personnes qui déclarent que le bricolage entre amis est un moment de solidarité, de partage de l'effort et de convivialité. Un moment simple, sans prétention, d'où ne s'absentent jamais ni la bonne chère ni la bière fraîche.

L'entraide ne se passe pas toujours ainsi. Parfois, le parent ou l'ami donne un conseil inadapté qui fait passer le chantier de l'état de chaos à celui de carnage. A d'autres moments, il intervient en personne sur le chantier mais tient à y diriger lui-même les manœuvres.

> Il me dit : *"Ah tiens, on va faire ça"*. Je commence, et là il me dit que ce n'est pas comme ça qu'il veut faire. On discute, on s'engueule, et donc je finis tout seul. On ne bricole plus ensemble parce que ça se passe toujours comme ça, alors qu'à la base c'est moi qui ai les idées.
>
> Marc, 39 ans

Il y a aussi celui qui affirme abusivement savoir, et celui qui veut trop bien faire. Les deux laissent parfois l'occupant des lieux avec un gros trou dans le mur…

> J'ai refait les murs de ma salle de bains, et il fallait mettre un plastique pour l'étanchéité. Romain, un ami, s'est proposé de me le faire. J'ai accepté avec plaisir (moi, tu sais, on fait un truc à ma place, je dis oui direct). Sauf qu'en vrai il n'avait jamais fait ça et il me l'a pas dit. Il a collé une toile cirée avec une colle super forte et ça a fait fondre le plastique ! Impossible de l'enlever, c'était collé direct sur le mur ! Maintenant je me retrouve avec une espèce de magma dégueu.
>
> Julie, 25 ans

Ces déconvenues amicales incitent alors parfois le bricoleur à se tourner vers des communautés extérieures. Ce faisant, il s'ancre dans un mode horizontal de transmission du savoir, lequel remplace de plus en plus souvent aujourd'hui une transmission verticale (*par enseignement familial intergénérationnel*) qui tend, nous l'avons vu, à disparaître.

Les lieux de *co-working* et la tendance collaborative ne cessent d'essaimer et de se développer. Le bricolage a ainsi vu récemment l'émergence de lieux spécifiques pour bidouilleurs en tout genre. C'est le cas de *TechShop*, installé à Ivry-sur-Seine et à Lille, qui offre aux bricoleurs un espace de rassemblement d'un nouveau type. Il s'agit d'un atelier collaboratif qui se décline sur le modèle des salles de gym. Un abonnement, des cours pour apprendre à utiliser les machines, une ambiance d'émulation qui pousse chacun à progresser, tout est fait pour que les membres puissent réaliser leurs projets, y compris les plus ambitieux (*sont mises à leur disposition des machines à couper le bois ou le métal, des imprimantes 3D et autres imprimantes textiles*), mais aussi pour qu'ils échangent leurs astuces. Dans cet endroit de création continue, la cuisine occupe une fonction symptomatique : les bricoleurs y trouvent l'occasion de se détendre et de se connaître. L'envie commune de produire des choses concrètes s'accompagne d'un désir d'apprendre de l'autre. Ainsi naît le sentiment d'appartenance à une communauté. Cette communauté se compose de « *Makers* » (ceux qui font) et de quelques encadrants au nom évocateur, les « *Dream Consultants* » (les conseillers de rêve).

> C'est un lieu d'un nouveau genre. La frontière avec les professionnels se réduit puisque les meilleures machines sont à disposition. Les gens qui viennent ici ont tout pour réaliser leurs projets. Tous les âges se côtoient, mais ils ont la même attitude : ils s'émerveillent comme des enfants.
>
> *Un responsable*

Ce besoin d'appartenir à un groupe incite le bricoleur à rejoindre une communauté, réelle ou virtuelle, qui partage son mode de vie et ses valeurs.

La communauté écologiste, par exemple, constitue un vivier de bricoleurs. Quel qu'en ait été le déclencheur (*prise de conscience politique, volonté de manger bio, etc.*), une chose est sûre : le bricolage y fait partie des préoccupations de l'individu. Les écologistes sont probablement, avec les altermondialistes, ceux pour qui le bricolage s'inscrit dans une démarche communautaire. Beaucoup d'écologistes sont altermondialistes, et réciproquement, mais des nuances existent. Les altermondialistes bricolent en réaction au système monétaire, capitaliste, libéral et industriel. Ils refusent de cautionner le système marchand et s'opposent aux principes du salariat et du profit réalisé par les intermédiaires. S'ils sont sensibles aux arguments écologistes, leur motivation principale demeure politique. Très concernés par l'obsolescence programmée, ils la considèrent comme une grave manipulation du consommateur par les agents d'une entité qu'ils nomment mystérieusement « *ils* », dont l'unique but serait de maximiser leurs profits. Les écologistes, quant à eux, s'interrogent sur leur empreinte environnementale. Leur rejet de la consommation est un refus de la création de nouvelles matières premières qui ne soient pas durables. Ils ne sont pas farouchement opposés au système marchand tant que leur achat est « *responsable* ».

Comme elles bricolent par conviction, ces deux communautés militent ardemment en faveur du bricolage. Elles vulgarisent spontanément leur savoir en organisant des ateliers pour convertir à leur cause un nombre croissant de bricoleurs. L'émulation et le mimétisme y jouent un rôle très important. Voir son ami écologiste bricoler un objet au lieu de l'acheter encourage à en faire de même. Interviennent ici des enjeux de défi, de fierté, d'envie de se mesurer à soi-même, à la société et à la matière.

> Je ne connais personne dans mon entourage qui soit fier d'aller acheter une bibliothèque chez Confo ou chez Ikea. Mais j'en connais plein qui sont super fiers de l'avoir faite eux-mêmes.
>
> *Yohan, 32 ans*

Pour les membres de ces deux communautés, l'achat d'un objet qui aurait pu être bricolé laisse ce même arrière-goût de remords coupable qu'une part de pizza dans la bouche d'une personne au régime : c'est plus facile, parfois moins cher, c'est agréable, cela prend moins de temps... mais ce n'est pas bien !

> On doit passer du tout jetable au tout bricolable. Il ne faut pas continuer à balancer nos vieux meubles et nos vieilles machines dès qu'il y a un souci. Cette culture du jetable, c'est une drogue dure qui pourrit les hommes et le monde.
> *Gwenaëlle, 22 ans*

Le bricolage ne représente, dans ces deux communautés, qu'une composante. Mais il en existe certaines où il constitue une condition *sine qua non* d'acceptation. Le champ automobile fournit l'exemple de deux groupes éloignés dans leurs valeurs et leurs pratiques, mais réunis par l'objet qu'ils bricolent : les nomades vivant en camion aménagé (*non pas les gens du voyage, mais ceux qui choisissent de vivre, pour divers motifs, dans un camion*) ; et les adeptes du *tuning*, ce terme désignant un ensemble d'opérations visant à modifier sa voiture dans les moindres détails afin de la rendre unique. On observe que le bricolage y est un impératif absolu, car le fait d'avoir un camion aménagé et d'être nomade ne suffit pas à pouvoir prétendre faire partie du groupe, tout comme n'est pas considéré comme intégré celui qui possède une voiture très originale retoquée par un garagiste. Il faut avoir soi-même bricolé le mobilier du camion ou les modifications sur la voiture pour être tenu en estime par la communauté. Dans la conversation, la simple phrase « *oui, mais il l'a fait faire* » suffit à évacuer le sujet et à disqualifier par le dédain le mérite du propriétaire. « *Ton camion, c'est toi. Si tu le fais faire par quelqu'un d'autre, c'est comme si tu n'acceptais pas ta gueule et que t'allais te faire retoucher par un chirurgien esthétique. C'est pas dans l'esprit* », explique Timo, 43 ans.

A propos du bricolage, le sociologue Pascal NICOLAS-LE STRAT dit qu'il est un mouvement, mais un mouvement diffus et non-organisé, superposé à plusieurs couches de la société. Bien que fondamentalement individuelle, l'activité du bricolage se nourrit du contact avec les autres. Parfois, ce lien est virtuel. Peut-on alors parler de communauté ?

Les bricoleurs qui ne participent pas à ces formes de sociabilité ne font pas moins partie d'une communauté. Elle est simplement plus labile. Ses liens sont plus lâches. On se salue de la tête dans les rayons du magasin de bricolage, on se jauge, on va parfois jusqu'à se donner des conseils. On y retrouve par exemple la communauté des personnes fédérées par les médias (*émissions de télévision, reportages, sites internet dédiés, assortis ou non d'un forum*). Les émissions consacrées aux travaux de rénovation se multiplient en effet à la télévision ou sur internet. Les téléspectateurs et le public des réseaux sociaux sont friands de ces histoires d'avant/après dans lesquelles ils peuvent s'identifier aux personnages. Le résultat et la manière dont sont exposés les travaux (*à la portée de presque tout le monde avec le bon outil*) concourent au mouvement général de popularisation du bricolage. L'émission D&CO sur M6 a par exemple appris le terme « *maroufler* » à plus de monde qu'on ne pense. Ce type de format influence fortement les habitudes des Français. Si certains s'en tiennent au rôle de spectateurs assidus de ces programmes, une large majorité saute le pas et commence à bricoler.

Le bricoleur solitaire, qui n'est pas membre d'une association, ne transmet à personne et ne va pas sur les forums, reste toujours dépendant, pour son apprentissage, d'une forme de communauté. Ceux qui apprennent dans les livres sont désormais de plus en plus rares. Lorsque quelqu'un cherche la réponse à la question qu'il se pose, son réflexe est de la taper dans un moteur de recherche. Les bases de données visuelles y semblent infinies et sont mises à la libre disposition de tous, par envie de transmettre ou de se valoriser. En 2016, celui qui souhaite apprendre à bricoler peut se dispenser de tout contact physique. Sur internet, le contenu du savoir est à l'attention d'une masse indéterminée de bénéficiaires potentiels. Certains interagissent : en remerciant, en demandant ou en apportant une précision, ils suivent les premières étapes d'une socialisation, soit la naissance d'une communauté avec ses experts reconnus, ses courants et ses modes. D'autres, en revanche, ne forment qu'un public de spectateurs, lequel contribue par ailleurs à faire vivre cette communauté en faisant grimper les statistiques de vues de la page visitée.

Au sein des communautés virtuelles de bricoleurs, il en existe une totalement à part. Elle regroupe ceux qui passent des heures à regarder des tutoriels sur Youtube, deviennent avec le temps un peu experts en tout, du fonctionnement d'une usine atomique à la construction d'une maison, en passant par la mécanique et ses subtilités. Ils amassent des bribes de savoir, brindille après brindille. Pur produit d'internet, ils sont en quelque sorte les cousins de l'expert en voyage qui n'a presque jamais quitté sa chaise de bureau. Gravitant autour de celle des bricoleurs, cette catégorie se cantonne aux deux premiers mouvements du bricolage : l'identification d'un problème, et la création d'une solution *home made* adaptée. Ils pensent que la vérité se trouve dans la connaissance de la solution et non pas sur le chemin de l'expérience. Ils ne passent donc quasiment jamais à la phase de réalisation. Ils représentent, pour ainsi dire, la communauté des bricoleurs conceptuels.

Enfin, on ne peut décemment parler de communauté virtuelle sans évoquer les influenceurs. Suivre un inconnu sur les réseaux sociaux est un acte fréquent aujourd'hui, d'autant plus courant que cet inconnu offre un contenu régulier, gratuit et de qualité. Des sites comme Heju ou Mamie boude bénéficient d'une fréquentation grandissante. Certains blogs au graphisme soigné sont particulièrement présents sur les réseaux sociaux. Faisant la part belle aux photographies, ils publient très régulièrement des tutoriels invitant leurs visiteurs à reproduire leurs créations, ou à s'en inspirer.

On bricole seul. On peut donner ou recevoir un coup de main (*famille, amis, voisins*), mais on bricole toujours seul.

Il faut un intérêt pour sortir de sa solitude. Sur un forum ou dans un atelier partagé voire collaboratif, le bricoleur a le sentiment que ses demandes sont prises davantage en considération. Obtenir une information prend une poignée de minutes. En quelques clics, ou en quelques mots, il amasse ainsi un petit trésor de connaissances hors de toute situation conflictuelle. Il y bénéficie en outre du privilège rassurant de pouvoir comparer plusieurs avis. Autre avantage, et non des moindres, il s'y présente à sa guise. Comme sur un site de rencontres, il optimise sa fiche en omettant de mentionner ses projets ratés pour apparaître sous ses meilleurs traits. Il y a toujours quelqu'un de disponible pour prêter attention à ses problèmes de ponceuse exaspérant sa femme et ses amis qui, au reste, ne l'écoutent plus depuis bien longtemps. Comme par magie, il n'est plus isolé tout en restant seul.

Le chemin social qu'emprunte le bricoleur suit donc un tracé en trois temps, qui le conduit de la solitude à l'isolement. Novice, sa solitude l'oppresse et il recherche l'aide d'autrui (*parent, ami, voisin*) ; mieux formé, il côtoie avec plaisir son entourage lors de projets fondés sur l'entraide et la convivialité ; expérimenté, il se retire de tout contact et travaille dans l'isolement le plus complet parce qu'il n'est plus seul : il parle désormais la langue de la matière qu'il travaille, et peut ainsi avoir avec elle une conversation secrète.

XV

LES AUTONOMISTES
ET LES INDÉPENDANTISTES

Si le bricolage est un pays, avec un territoire, une gestion du temps particulière, une philosophie du bon sens et une esthétique, il possède aussi une politique qui lui est propre.

De la quasi-totalité des entretiens avec les bricoleurs a surgi, avec plus ou moins de vigueur, la notion d'autonomie. L'idée exprimée, parfois même revendiquée, est que la maîtrise du bricolage permet de gagner de l'indépendance vis-à-vis de sphères de pouvoir et de sphères économiques plus ou moins importantes. Il s'agit de se libérer *a minima* des artisans et des professionnels du bâtiment, et au mieux de l'organisation socio-économique de la société dans son ensemble.

La place qu'accordent les bricoleurs à la question de l'autonomie est extrêmement variable. Pour certains, il ne s'agit que d'un bénéfice secondaire du bricolage ; pour d'autres, d'une nécessité lorsque les moyens financiers sont insuffisants pour déléguer le travail ; pour d'autres encore, les autonomistes, ce principe est érigé en véritable valeur qui oriente l'ensemble de leurs choix de vie. Dans ce dernier cas, le bricolage devient, pour les plus radicaux, un outil indispensable à l'accession à l'indépendance, entendue comme la forme suprême de la liberté. Il s'apparente alors à ce que Marcel MAUSS, dans son *Essai sur le don* (1923), appelle un fait social total, c'est-à-dire un phénomène qui concerne et qui met en branle un grand nombre d'institutions ou de champs du social. Ici : l'économie, le travail, la sphère domestique, l'habitat et le système de valeur.

Quelle est donc cette autonomie à laquelle prétendent certains bricoleurs ?

Pour y répondre, suivons pas à pas le parcours de trois d'entre eux. Le premier, Yannick, est représentatif du discours de la majorité des personnes rencontrées. Pour lui, l'autonomie est simplement quelque chose d'important. Mais elle n'est pas la plus essentielle de ses valeurs. Les cas d'Antoine et de Thomas sont des exemples radicaux de discours sur l'autonomie et l'indépendance. S'ils sont moins représentatifs de la position de l'ensemble des bricoleurs rencontrés lors de mon voyage, ils permettent en revanche d'observer avec une focale serrée ce qui se joue dans ce type de représentation.

Yannick a 35 ans. Marié, deux enfants en bas âge, il est éducateur spécialisé en milieu scolaire dans le département de l'Essonne. Sa femme exerce la même profession. Les revenus du couple s'élèvent à environ 3 000 euros mensuels. Le montant de leur loyer est de 600 euros. Yannick estime qu'il leur reste « *juste ce qu'il faut au quotidien. C'est vrai que l'on ne peut pas tout se payer au niveau loisirs, mais ça nous empêche pas de partir en vacances trois semaines.* »

Yannick bricole pour faire des économies. Lorsqu'il a eu besoin de rénover son appartement, il a vite pris la mesure de l'intérêt qu'il y avait pour lui à acquérir un certain savoir-faire. Comme au temps de son adolescence, quand il avait fabriqué lui-même sa guitare parce que s'acheter un instrument eut été un investissement trop lourd pour ses finances. Comme au temps même de son enfance, passée aux Comores, où ses premiers pas dans le bricolage étaient déjà guidés par la nécessité économique.

> Je crois que j'ai toujours bricolé. Aux Comores, quand j'étais enfant, on fabriquait. Moi, pour avoir une petite voiture, fallait que mes parents commandent ça à quelqu'un qui était en France... Alors on la faisait avec une boîte de sardines. On ajoutait un petit bout de bois pour mettre les essieux. Je l'ai vécu de manière très positive, je ne veux pas faire le malheureux. On fabriquait nos lance-pierres parce que t'as pas de magasin pour ça. Pour nous, les mitraillettes, c'était trois morceaux de bois. C'était l'émulation entre petits. J'ai toujours eu ce côté manuel. Depuis, je sais que je peux me servir de mes mains.

Yannick insiste sur le caractère gratifiant de faire soi-même les choses. Ayant concrètement découvert le bricolage en emménageant avec son épouse, il a cassé quelques murs, réalisé une arche dont il est fier, puis il a refait la cuisine, la salle de bains, le carrelage, etc.

L'autonomie est en point de mire de sa démarche. Il a fait sienne la devise d'un de ses amis : « *Si y a quelqu'un qui peut le faire, je peux le faire aussi* ». Auparavant, Yannick se croyait dépendant de ceux qui détiennent les secrets de fabrication. Il affirme désormais se rendre compte que ce savoir était depuis toujours à portée de sa main et qu'il est finalement assez facile, dans ce domaine, de l'acquérir. C'est vrai pour les travaux comme pour la lutherie. Il a donc tout appris en autodidacte.

Il reconnaît toutefois qu'il se limite à faire ce dont il se juge capable. Aussi, pour l'instant et à regret, il ne se risque ni à la plomberie ni aux circuits électriques complexes. Mais il ne désespère pas d'y venir un jour. « *Au fur et à mesure que je bricole,* souligne-t-il, *je fais des trucs de plus en plus difficiles et je gagne en autonomie.* »

Si Yannick bricole seul et à son bénéfice, il aime tout autant à le faire pour les autres. Depuis que ses proches ont constaté son talent manuel, il est fréquemment sollicité. Il a refait la salle de bains et la cuisine de sa belle-sœur. Il est assez fier de rendre service. L'un de ses grands bonheurs serait de fabriquer des guitares pour les autres. « *Ça, ce serait le pied !* », s'exclame-t-il. De la même façon, il projette de faire des jouets pour ses filles.

Pour lui, le bricolage ne présente pas seulement des avantages économiques. Il fait naître en son cœur un sentiment qu'il n'éprouverait pas s'il confiait à un tiers la réalisation de ses travaux : la fierté d'y laisser sa trace. Car bricoler, c'est s'approprier les choses qu'on touche. Ce qui l'intéresse au-delà de réduire ses coûts de confection, c'est bien d'utiliser l'objet qu'il a fait de ses mains. Et aussi de pouvoir le montrer. « *Quand quelqu'un entre et me dit que ma cuisine est belle, je suis super fier* ». De fait, déléguer son travail le priverait de cette estime de soi. Au fil du temps, Yannick a appris à apprécier de plus en plus le bricolage pour la liberté et la fierté qu'il lui procure. Il est persuadé qu'aujourd'hui, même s'il avait beaucoup d'argent, il continuerait à bricoler.

Son cas est somme toute celui d'une grande majorité de bricoleurs. Il trace une trajectoire qui va de la nécessité économique au plaisir du faire soi-même. Tendre vers l'autonomie à travers le bricolage est, au départ, plus une obligation qu'un choix. Contraint de faire des économies, Yannick doit se passer des artisans. En bricolant, il en découvre alors progressivement les avantages : la possibilité de transférer l'argent épargné sur d'autres postes de dépense, l'appropriation du produit fini, la possibilité de se rendre utile auprès de ses proches et de ses amis et, enfin, une profonde fierté. Ainsi, le plaisir prend le pas sur la nécessité, au point que le bricolage en devient un loisir. Pour autant, à aucun moment il n'élève ce rapport à l'autonomie au rang de valeur. Pour lui, l'autonomie est un moyen et non une fin. C'est ce qui le distingue d'Antoine qui aspire, par le bricolage, à gagner le maximum de liberté et d'indépendance.

Antoine a 39 ans. Il vit en concubinage depuis dix-huit ans et s'est pacsé il y a dix ans. Chauffeur intérimaire, il alterne périodes de travail et périodes chômées. Son salaire mensuel varie entre 1 300 et 2 700 euros. Sa compagne est employée dans une entreprise en économie mixte. Elle perçoit 2 500 euros par mois. Antoine estime que ces revenus leur permettent d'avoir une vie confortable. Ils sont propriétaires d'un appartement en région parisienne et d'une maison en Ardèche.

Il travaille dans le seul but de se « *protéger de la pauvreté* ». Il redoute la misère car il l'a connue jusqu'à l'âge de 19 ans. Son père était chauffeur et sa mère, femme au foyer. Les revenus paternels étaient insuffisants pour subvenir aux besoins de la famille. Il vivait dans des conditions spartiates, d'abord chez ses grands-parents, puis chez ses parents. A sa majorité, il s'est mis à beaucoup travailler. Il a notamment tenu une boutique de fleurs pendant sept ans. Après un dépôt de bilan, il est devenu salarié. Il a exercé plusieurs types d'emploi, principalement dans le bâtiment, avant d'être chauffeur.

A la fermeture de son magasin de fleurs, son temps de travail a été divisé par deux. Il s'est alors aperçu qu'il avait beaucoup trop donné pour son activité de fleuriste. Sans travailler, on est pauvre, mais « *à trop travailler, on devient pauvre dans sa tête* », dit-il.

Pour avoir davantage de temps libre, il travaille aujourd'hui en intérim. Il épargne afin de mieux vivre les périodes sans emploi, mais aussi dans le but de ne pas avoir à travailler trop souvent. Ainsi en sécurité, il peut jouir de périodes de « *chômage choisi* » qui sont loin d'être, à ses yeux, des périodes d'inactivité.

> On peut dire inactivité pour la société, mais pas pour moi en tout cas. Moi, bien au contraire, je suis très actif ! Je profite de ces moments pour faire des choses que je ne peux pas faire habituellement. Entre autres, le bricolage.

Les périodes de chômage sont donc employées à bricoler, aller à la pêche, faire de la randonnée et passer du temps en famille. Antoine est progressivement entré dans un cercle vertueux : si le chômage lui donne la possibilité de bricoler, en retour le bricolage lui permet d'allonger ses périodes sans salaire car il n'a pas à gagner l'argent qu'il économise grâce aux travaux qu'il réalise lui-même. Et, de surcroît, il a davantage de temps pour lui et pour ses proches.

Antoine est un adepte du « *faire plutôt que faire faire* ». Il refuse de payer pour déléguer des travaux qu'il saurait réaliser lui-même. Or, il sait bricoler. Enfant, il suivait son grand-père qui s'affairait sans cesse, par nécessité : il devait constamment agrandir sa maison pour y abriter ses treize enfants. Antoine se souvient qu'il prenait beaucoup de plaisir à l'accompagner. Il s'y amusait bien plus qu'à l'école, et même davantage qu'avec ses jouets ou ses jeux entre copains. Il éprouvait la satisfaction de faire quelque chose d'utile de sa journée et de servir la famille. A 14 ans, il a perdu son père. Malgré son tout jeune âge, il s'est mis à s'occuper de l'entretien de la maison et du jardin. Sa mère avait bien trop à faire avec les tâches domestiques.

Aujourd'hui, Antoine partage son goût pour le bricolage avec sa compagne. Ils ont réalisé ensemble les travaux dans leurs deux propriétés. Son oncle et son beau-frère les ont aidés de temps en temps. Il considère désormais en savoir assez pour ne plus avoir à apprendre. Son expérience lui suffit. Il possède un ouvrage de bricolage mais ne l'utilise plus depuis des années. Il reconnaît que s'il devait bricoler pour un ami, il se renseignerait davantage car il considère qu'il faut être plus pointilleux pour les autres que pour soi-même. « *Quand c'est pour moi, j'assume le résultat. Mais pour les autres, je ne veux surtout pas saloper le travail.* »

Sa compagne et lui étaient déjà propriétaires d'un appartement à Bagneux quand ils ont acheté leur maison en Ardèche. La demeure était sommaire, « *juste quatre murs et un toit* ». Ils n'avaient pas suffisamment d'argent pour en acquérir une en meilleur état, et « *faire une maison tout seul* », Antoine ne s'en sentait pas capable. Il aurait pourtant été heureux de la bâtir. Il a dû se contenter d'y monter portes et fenêtres, et de construire tout l'intérieur.

Antoine n'a l'impression d'être chez lui que lorsqu'il y a fait des travaux. Ainsi, il ne se sent bien dans son antre que depuis qu'il l'a refait « *du sol au plafond. Cet appartement a plus de valeur pour moi maintenant. Pareil pour la maison. C'est parce que j'y ai tout refait. J'y ai mis de moi.* » Avec le temps, à la faveur de moyens financiers plus confortables, il a ajouté une démarche esthétique à ses réalisations. Pour sa maison en Ardèche, il achetait les matériaux les moins chers. Dans son appartement, rénové plus tard, il a opté pour de beaux équipements. Ce n'est qu'à partir de ce moment qu'il a pris du plaisir à se fournir dans les boutiques de bricolage.

Ce qui le satisfait dans le travail manuel, c'est le sentiment de « *faire quelque chose* », c'est-à-dire d'avoir une activité, si ce n'est utile, au moins intéressante et plaisante. Il souffre de ne pas s'épanouir professionnellement. Lorsqu'il bricole, au contraire, il ressent un sentiment de complétude parce que ce qu'il fait le rend heureux. « *Au travail, je n'ai pas de satisfaction, je ne crée rien de la journée. Je suis passif. Pour moi, pendant ta journée, il faut faire un truc où tu mets quelque chose de toi.* »

Faire quelque chose, c'est faire quelque chose pour... Antoine travaille pour lui, parce que ça lui appartient, mais il aide également ses proches. En revanche, s'il bricole pour un proche, c'est à la stricte condition que celui-ci soit propriétaire car il veut que son travail serve réellement son ami, et non un propriétaire qu'il ne connaît pas.

Parfois, sa seule raison de bricoler est d'offrir à l'autre. Au moment où il œuvre dans sa maison, par exemple, Antoine pense déjà à la réaction qu'aura sa femme quand elle découvrira le résultat final. « *Je me disais, elle va faire "*Waouh *!". Et c'est ce qu'elle a fait. C'est ce que je recherche.* » Bricoler, pour lui, c'est donc aussi partager. Et s'il aime à améliorer le cadre de vie de sa compagne, il aime également leur collaboration sur les chantiers. Elle l'accompagne dans les magasins de bricolage. Ils prennent le temps. L'important est d'être à deux et de concevoir ensemble le projet.

Le bricolage permet de faire des économies substantielles. Il est parfois nécessaire de débourser un peu plus, notamment dans les matériaux qui doivent être de qualité suffisante pour durer. Antoine achète du matériel semi-professionnel. C'est en bricoleur averti qu'il pratique cette activité qui, à défaut de lui rapporter de l'argent, lui en fait gagner.

> J'ai fait les murs, là-bas. J'en ai encore à faire. Ce que j'ai fait, si je le fais faire par un maçon, ça coûte 17 000 euros. Moi, ça m'a couté 5 000 euros. Donc, je me dis, autant prendre du temps et du plaisir à le faire moi-même que le faire faire par quelqu'un. De toute façon, si tu réfléchis, combien de temps j'aurais dû travailler pour les gagner, ces 17 000 euros ? Dix mois, onze ? Alors, autant prendre trois ou quatre mois pour le faire. Je suis largement gagnant !

Dépenser moins d'argent c'est aussi gagner du temps libre et donc de l'autonomie. Dans le même souci d'économie, Antoine aimerait pouvoir faire de la récupération. Comme à l'époque où il travaillait dans une déchetterie. « *Une mine d'or !* », s'exclame-t-il.

> Il n'y a pas longtemps, j'ai été avec mon camion dans une vieille maison. J'ai récupéré plein de tuyaux d'arrosage. Si j'avais dû acheter ça, ça m'aurait couté 100 euros en fin de compte. Quand je vois les Roms avec des chariots, les manouches qui récupèrent la ferraille, moi je suis dans mon élément. Je suis pas un manouche mais j'aurais aimé

être des leurs. Et, tu sais, quand j'étais là et que je récupérais les tuyaux, je me suis dit : *"En fait, t'aimes bien la merde !"* Et je t'assure je me sentais bien. D'un seul coup, je me sentais libre. J'ai même récupéré des plombs.

Pour Antoine, l'autonomie est une valeur essentielle. Deux événements importants l'ont marqué : l'extrême dénuement dans lequel il a vécu durant son enfance, et l'épuisement causé par son investissement dans son magasin de fleurs. Voulant éviter la pauvreté tout en minimisant au maximum son temps de travail, l'autonomie financière lui semble être la terre promise, et le bricolage la meilleure voie pour y accéder. Sa démarche est réfléchie mais il ne la relie pas à une idéologie précise, à l'inverse de Thomas pour qui l'autonomie n'est qu'un premier pas vers l'indépendance totale.

Thomas a 40 ans. Marié, une fille de 9 ans, il est agent commercial SNCF à temps partiel. Il perçoit environ 1 000 euros par mois. Son épouse est salariée à temps plein et gagne 1 200 euros par mois. Les revenus mensuels du couple sont, selon lui, « *largement suffisants pour vivre* », mais il précise immédiatement que « *ça dépend de son mode de vie* ». En réalité, ses revenus sont très variables dans le temps. Il a connu des périodes au cours desquelles ils étaient plus faibles encore, et d'autres nettement plus conséquents parce qu'il cumulait les heures de nuit et le travail au noir. « *Jusqu'en 2005, je bossais beaucoup.* »

Thomas est propriétaire d'un bien immobilier. Sa première maison, acquise en 1998 alors qu'il avait 23 ans, était très peu chère (*425 000 francs, soit environ 60 000 euros*). Il l'a facilement vendue en 2005 grâce aux travaux qu'il y avait effectués. Il est redevenu locataire d'un appartement pendant cinq ans, puis il a acheté en 2010 une nouvelle maison pour laquelle il s'est encore assez peu endetté (*le remboursement de son crédit se termine l'année prochaine*). Il aurait pu payer cette maison argent comptant, mais il a préféré faire son deuxième tour du monde. « *Et aussi pour profiter du crédit d'impôt de SARKOZY* », précise-t-il. Il trouve le prix de sa maison,

182 000 euros, excessivement élevé. « *Aujourd'hui, avec mon salaire de smicard, ça n'aurait pas été possible.* »

Thomas veut limiter son endettement afin de ne pas être obligé de travailler beaucoup. Sa devise ? *Bricoler plus pour travailler moins…*

> C'est comme ça que je glande ! A 17 ans, avec ma meuf, on s'est dit : *"On n'aime pas le travail. Qu'est-ce qu'on va pouvoir faire ?"*. La solution, c'était d'acheter une maison dans un endroit pas cher.

Acheter une maison à très bas prix signifie très souvent en mauvais état. « *C'était une maison qui avait été bricolée de façon très précaire. On aurait pu y vivre mais on a préféré refaire la maison à notre façon, notamment en abattant des cloisons* ». Son épouse et lui-même souhaitaient en faire une maison bioclimatique. N'ayant pas encore, à l'époque, de conscience écologique, leur objectif n'était pas de protéger l'environnement mais d'alléger considérablement leur facture énergétique.

Pendant qu'il cherchait sa deuxième maison, Thomas a pensé un temps à la faire construire entièrement en paille et bois, par un chantier participatif dont le caractère d'autosuffisance le séduisait fortement. Il a alors participé à un chantier de ce type, mais l'a jugé trop amateur. Se sentant incapable de bâtir sa maison tout seul et n'ayant confiance en personne, il a finalement décidé d'en acheter une en dur. « *Mais une maison en briques* », précise-t-il, expliquant que « *cette matière a beaucoup d'inertie au niveau thermique. Ça permet de garder la chaleur et donc de baisser le montant de la consommation* ».

Thomas se souvient de l'époque où sa femme et lui, par souci d'économie, bricolaient leur première voiture, une Super 5. Il regrette de ne plus pouvoir le faire aujourd'hui car sur les voitures modernes « *il n'y a pas de place pour mettre les mains* », peste-t-il. Dans le même ordre d'idée, il répare aussi son ordinateur, une tour de salon, et refuse d'acheter un ordinateur portable au motif qu'ils sont impossibles à bricoler.

Pour cet indépendantiste, le but de toute bricole est « *purement fonctionnel* ». Son épouse partage le même avis. L'esthétique préoccupe peu le couple. Le seul objectif qu'il leur importe d'atteindre est celui d'avoir la maison la plus économe possible, toujours dans l'idée de moins dépenser pour avoir moins à travailler. « *Des amis*, confie Thomas en riant, *nous ont dit un jour :* "C'est fou toute l'énergie que vous dépensez pour rien glander". *On a adoré ! C'est exactement ça ! Et, en plus, c'est un cercle vertueux : tu glandes, tu consommes moins, tu consommes moins, tu peux glander.* »

Dans ce sens, le travail que représente le fait de bricoler n'est pas pour lui une « *galère* » puisqu'il le fait quand il veut, comme il veut. Il s'impose à lui-même son propre rythme. Il lui arrive d'ailleurs assez souvent de laisser un chantier en cours. « *Si ça me saoule, ça me saoule, et ça va rester comme ça.* » Ici, le bricolage n'est pas un loisir. Il ne répond qu'à une utilité. Pour rien au monde Thomas échangerait une balade en forêt contre une journée de bricolage. Quand les travaux prévus dans sa maison seront finis, il arrêtera d'y bricoler.

Pour Thomas, le bricolage est une affaire de couple, parce que c'est l'autonomie du foyer qui est recherchée. Leur première maison était en « *panneau sandwich bois-béton-bois* ». Ils y ont ré-isolé les combles, refait les pièces, le sol, la peinture, le papier peint, abattu des cloisons, refait un système de chauffage, la salle de bains, et créé une pièce dans le garage puis une terrasse extérieure. La quasi-totalité des travaux a été fait à deux. La première année a été entièrement dédiée au bricolage. A l'époque, Thomas rentrait du travail à 23h. Et c'était parti pour une à deux heures de travaux !

> On n'y passait pas tout notre temps non plus, car on est un petit peu fainéant dans l'âme. Mais on se donnait des coups de *boost* car il fallait qu'on le fasse quand même.

Ils se sont moins investis sur le chantier de la nouvelle maison, du fait de la naissance de leur enfant. Néanmoins, ils ont refait l'électricité et l'isolation intérieure, ont fait tomber des cloisons et réorganisé les pièces.

Thomas éprouve la satisfaction du « *travail fait* » plutôt que du « *travail bien fait* ». Il n'a pas de plaisir à bricoler. « *J'ai pas la fibre artistique, alors moi je monte le truc comme il faut le monter et c'est tout.* » S'il dit être content de tout ce que sa femme et lui ont fait, il ne retire aucune fierté à le montrer. Il estime que cela ne regarde et n'intéresse personne. En outre, il craint de vexer ceux qui seraient moins bien installés qu'eux. Il affirme par ailleurs ne ressentir aucun attachement à ce qu'il produit. Vendre son bien ne lui pince pas le cœur, et penser à ce que les nouveaux propriétaires pourraient y faire le laisse parfaitement indifférent. « *Ça ne me fait rien du tout qu'ils pètent tout pour recommencer.* »

Thomas est un autodidacte. Bien qu'il ait été vendeur à Bricorama pendant quelque temps, il déclare n'avoir « *rien acquis de cette expérience* ». C'est seulement lorsqu'il a dû bricoler qu'il s'est renseigné auprès des vendeurs de Castorama et de Leroy Merlin (*il ne travaillait plus à Bricorama*), lesquels lui ont été de très bons conseils, notamment au sujet de l'électricité et de la plomberie. Il a également bénéficié des avis de son père qui venait quelquefois l'aider. Mais il a véritablement appris « *en tripatouillant* », dit-il. Aujourd'hui, internet est sa principale source d'informations. Selon ses dires, le bricolage est une activité très facilement accessible à tous.

Si cela ne lui coûte pas plus cher, Thomas n'a aucun problème de principe à déléguer certains travaux de bricolage, du moins ceux qui, comme l'isolation, ne réclament pas une approche personnelle. Il est parfois prêt à « *mettre un peu d'argent* » pour que les travaux puissent être finis plus vite, ou pour gagner en autonomie. C'est d'ailleurs ce qu'il a fait pour ses panneaux solaires. Investir lui a permis de rapidement disposer d'une énergie peu coûteuse. Mais il dit ne pas aimer la « *corporation des artisans* ».

> Faut leur courir derrière pour les supplier de faire un devis, ils te mettent la pilule, ils te prennent pour un con. C'est du gros foutage de gueule. C'est pas des gens que j'apprécie plus que ça.

Il critique vivement leur incompétence, qu'il met sur le compte d'un manque d'implication. *« Ils en ont strictement rien à foutre ! Vaut mieux faire soi-même, on est mieux servi. »* Pour l'isolation intérieure, il a fait intervenir des artisans « *militants* » et peu chers. Mais ils travaillaient trop rapidement et le travail a été bâclé. Il ne fait plus appel à personne.

Pour ne plus dépendre des artisans, il s'est abonné à une revue papier, *La maison écologique,* qui lui fournit, dit-il, « *des connaissances plus sûres qu'internet* ». Par le biais de cette lecture, il a été amené à s'intéresser de manière plus sérieuse à l'écologie et à la démocratie participative. Il est devenu un élu local. Il a quelques projets militants concernant le bricolage. « *Quand je ne travaillerai plus, quand la maison sera finie et que je ne serai plus élu, clairement un de mes projets est de faire du chantier participatif.* »

Le chemin de l'autonomie n'a de sens, pour Thomas, que s'il aboutit à l'indépendance.

> Travailler quand je veux, au moment que je veux, voire jamais ! Vivre de choses simples. Ne plus être dépendant de qui ni de quoi que ce soit. Ne pas avoir à me dire : *"il faut que je fasse ça, il faut que je bosse pour pouvoir payer mes factures, il faut que... il faut que..."*. La contrainte est trop lourde pour moi.

Son individualisme n'exclut pas la solidarité, et sa démarche est militante.

> Le bricolage peut être un moyen pour que les gens puissent se libérer collectivement du travail. [...] Ça me troue le cul de voir tous ces gens aller au boulot pour avoir un salaire et l'utiliser à faire faire ce qu'ils pourraient faire eux-mêmes.

Le bricolage, ici, n'est pas un plaisir mais un moyen nécessaire pour arriver à des fins indépendantistes. Pour aussi radical qu'il soit, le discours de Thomas n'en demeure pas moins éclairant sur le rapport que les bricoleurs entretiennent avec l'autonomie. En effet, si peu sont aussi extrémistes que lui, beaucoup expriment, dans une forme certes atténuée, la volonté d'y accéder à moyen terme.

* * *

Le concept d'autonomie condense les éléments qui structurent le discours des bricoleurs. Pour autant, ces derniers n'emploient pas tous systématiquement ce mot. Certains utilisent plus volontiers la notion de liberté, d'autres d'indépendance. De manière générale, plus qu'un concept précis, c'est un ensemble d'idées et de sentiments aux contours variables qui apparaît, souvent en filigrane, lors des entretiens.

L'autonomie semble être la capitale du pays des bricoleurs. Je décide de m'y arrêter le temps de comprendre son flux, son énergie, sa raison d'être et son rapport avec la vie. Je sais à cet instant que l'essor du bricolage s'inscrit dans un mouvement social et culturel profond qu'il me faut explorer. Le bricolage est signe des temps. Pourquoi donc le concept d'autonomie semble-t-il le plus indiqué pour décrire, le plus fidèlement possible, les aspirations des personnes que je rencontre ?

L'autonomie a été théorisée par Emmanuel KANT, en 1785, dans *Fondements de la métaphysique des mœurs*. Elle y est définie comme la capacité à prendre des décisions et à agir en fonction des seules lois que l'on s'est données. KANT avait une vision absolue de l'autonomie car l'exercice de cette dernière excluait l'influence de toute hétéronomie, c'est-à-dire de contraintes extérieures, mais aussi, intérieures. Selon lui, les désirs et les penchants naturels sont autant d'obstacles à l'autonomie. La volonté ne saurait en effet être libre si elle est sous l'emprise des passions. La vision que les bricoleurs se font de l'autonomie n'est pas exactement la même que celle de KANT. Elle n'en est cependant pas si éloignée. Regardons-y à deux fois : pour le philosophe, il n'est possible de se libérer des hétéronomies extérieures et intérieures que si on en a conscience et, pour en prendre conscience, il faut acquérir l'information et le savoir, ce qui suppose une éducation. Or, c'est précisément de cela dont il est question chez les individus les plus enclins à revendiquer un désir d'émancipation par le bricolage. Le bricolage est un savoir, un ensemble d'informations qui a fait l'objet d'une transmission.

Bien entendu, la plupart des bricoleurs n'ont pas un idéal aussi absolu. A ce jour, et à notre connaissance, aucune enquête sociologique ou ethnographique n'a eu pour objectif de connaître les représentations de la population relative à la notion d'autonomie. Ronan LE COADIC, qui déplore le fait qu'on ne dispose pas de données permettant de savoir directement comment « *l'homme de la rue définit* » le concept, a toutefois abordé la question en 2006, dans *L'autonomie, illusion ou projet de société ?* En analysant le contenu d'articles de presse comportant le mot « *autonomie* » dans leur titre, il a abouti à la conclusion que même s'il existe une extrême diversité de l'emploi du mot, il est possible d'en dégager des invariants : « *L'autonomie paraît être perçue comme la combinaison de trois éléments : la faculté de choisir par soi-même (et d'émettre ses propres normes), la capacité d'agir sans l'intervention d'un tiers et le fait – pour un individu ou une collectivité – de disposer des ressources nécessaires à la réflexion et à l'action* ». C'est en effet ainsi que la plupart des bricoleurs évoquent, sans toujours la nommer, la notion d'autonomie. Et c'est également dans cette acception que nous entendrons le terme puisque ce que nous cherchons à comprendre, ce sont justement les représentations sociales des acteurs. La définition sociologique proposée par LE COADIC reste par ailleurs assez proche de celle dite populaire : « *L'autonomie individuelle* [peut] *être conçue comme la faculté et la capacité concrète pour les individus d'effectuer les choix et de réaliser les actions qui leur importent, en s'appuyant sur leur autoréflexion, sans que des formes de manipulation, de tromperie ou de coercition viennent interférer dans leurs choix et leurs actions* ». Reste à déterminer ce qui pousse une partie de la population dans cette voie…

L'aspiration à l'autonomie n'est certes pas le propre des bricoleurs. Les travaux de sociologie montrent qu'il s'agit en fait d'une tendance de plus en plus fréquemment observée dans la population générale. Xavier MOLENAT rappelle, dans *Autonomie : de l'idéal à la norme* (2010), que la revendication à l'autonomie a émergé il y a quarante ans. Les mouvements sociaux de l'après-Mai 1968 réclamaient l'autonomie des femmes vis-à-vis des hommes, et la classe ouvrière demandait l'indépendance économique vis-à-vis du travail et de la production de masse. Cet élan s'est étendu à une large partie de la population, bien au-delà des sphères militantes. Mais MOLENAT affirme qu'aujourd'hui la situation est différente. Ce serait désormais les institutions qui parleraient le langage de l'autonomie : l'école encourage les élèves à se prendre en charge intellectuellement, la médecine psychiatrique et la gérontologie aspirent à rendre leurs usagers plus autonomes, les pouvoirs publics demandent aux allocataires des minima sociaux de formuler et de s'engager eux-mêmes dans leur processus de réinsertion. Selon Alain EHRENBERG, l'autonomie est devenue la norme : « *qu'il s'agisse de recherche d'emploi, de vie de couple, d'éducation, de manière de travailler, de se conserver en bonne santé ou... d'être malade (…), l'action faite de soi-même est celle qui a, à la fois, le plus de prestige et le plus d'efficacité aujourd'hui ; c'est celle (…) à laquelle nous accordons le plus de valeur, qu'il s'agisse d'agir avec efficacité ou de choisir sa vie* », écrit-il dans *La santé mentale : transformation de la société, transformation de la psychiatrie* (2009).

Dans ce contexte, cela équivaut à dire que les bricoleurs que je rencontre adhèrent aux discours dominants et obéissent à une injonction normative à l'autonomie. C'est sans doute le cas d'une partie d'entre eux qui bricole parce qu'il est socialement plus acceptable de se débrouiller seul. C'est aussi ce qui ressort de cet article paru dans le journal *La Croix,* en date du 26 janvier 2009, sous le titre : *Des ateliers de bricolage pour apprendre l'autonomie*. L'article fait état de l'initiative d'une association de Villeneuve d'Asq qui organise des cours de bricolage pour les familles en difficulté. Il s'agit de les inciter à s'autonomiser plutôt qu'à solliciter de l'aide. Les propos de la présidente de l'association sont assez éclairants : « *Les ateliers du soir touchent surtout des femmes actives, dont le mari ne sait pas bricoler ou n'en a pas le temps. Du coup, elles décident de s'y mettre elles-mêmes. Pendant la journée, nous touchons des publics plus en difficulté : titulaires du RMI ou mères isolées en situation de précarité, qui nous sont adressées par des structures sociales* ».

Ce n'est pourtant pas dans ce sens que se manifeste la notion d'autonomie dans les entretiens menés auprès des bricoleurs. Dans leur bouche, elle désigne plutôt une rupture par rapport aux normes dominantes qui, au contraire, incitent à se soumettre à différentes institutions vectrices d'hétéronomie : le monde du travail, le monde marchand, etc. Là où EHRENBERG perçoit une injonction à l'autonomie, les bricoleurs voient plutôt un appel à une forme de responsabilité qui n'entraîne nullement un accroissement de liberté. L'aspiration à l'autonomie des bricoleurs semble donc davantage s'inscrire dans la continuité du mouvement de revendication de l'émancipation individuelle. Si beaucoup de bricoleurs déclarent bricoler par nécessité économique, tout aussi nombreux sont ceux qui refusent de dépendre d'une entreprise professionnelle. Et cela est sans doute vrai bien au-delà des personnes rencontrées. C'est du moins ce que laisse penser l'existence d'ateliers de bricolage mis en place par une organisation écologiste, *Bricoler pour devenir plus autonome*[2], qui prône la quête d'autonomie comme « cercle vertueux de liberté ».

Valeur personnelle, inclinaison à l'indépendance et nécessité matérielle se mêlent ici dans une même logique. On remarquera à cet égard que les bricoleurs qui mobilisent le plus les arguments liés à l'autonomie sont ceux qui ont les revenus les plus modestes ou qui ont connu des périodes de précarité. Yannick gagne de quoi couvrir à peine les besoins de son foyer. Antoine a connu la grande pauvreté dans son enfance et craint la connaître à nouveau un jour. Mais ils n'espèrent pas nécessairement augmenter leurs revenus. Leur objectif est de faire mieux avec moins d'argent. Thomas souhaite arrêter de travailler et vivre correctement avec de très faibles ressources.

A l'inverse, les personnes qui perçoivent des salaires élevés et se satisfont de leur situation professionnelle ne manifestent pas la volonté d'acquérir une liberté grâce au bricolage. On peut émettre l'hypothèse que leurs revenus leur permettent de s'émanciper des hétéronomies et des dépendances économiques, et qu'ils jouissent donc déjà de cette autonomie. Léon, ingénieur à la retraite, continue à aider bénévolement ses anciens collègues. Il estime avoir une situation financière très confortable. Et Léon bricole beaucoup. Or, à aucun moment de l'entretien, Léon ne fait mention de l'utilité du bricolage pour acquérir de l'autonomie. A ses yeux, le bricolage est seulement synonyme de créativité. L'autonomie n'est pas une notion qui l'indiffère (*il aimait son métier justement parce qu'il s'y sentait très libre*).

---

[2] http://ateliers-ecologie-pratique.org/Bricolage-et-autonomie.html

Simplement, il estime ne pas avoir besoin du bricolage pour y accéder.

Dans *Les règles de l'art* (1992), Pierre BOURDIEU souligne que l'indépendance financière favorise l'accès à des formes d'autonomie. Ce n'est certainement pas un hasard si c'est dans les groupes militants qui se définissent comme autonomes que l'on propose comme alternative à la dépendance économique le *Do It Yourself*[3]. Cette philosophie est très proche, si ce n'est semblable à celle revendiquée par les bricoleurs aspirant à l'autonomie : il s'agit dans les deux cas de produire soi-même pour ne plus dépendre des producteurs habituels.

Si la question de l'autonomie semble principalement concerner le secteur financier, l'argument économique n'est toutefois pas le seul à être avancé. Savoir bricoler permet aussi de se soustraire aux pouvoirs qu'exercent notamment les professionnels du bâtiment sur le matériau - personnel, puisque domestique - qu'on leur laisse entre les mains. Déléguer des travaux, c'est courir le risque que ceux-ci soient mal faits. Or, les personnes rencontrées ont fréquemment critiqué la qualité du rendu des artisans. Ils arguent que non seulement il y aurait souvent des défauts mais qu'en outre les travaux ne seraient jamais réalisés conformément à leurs attentes et à leurs indications.

Bricoler, c'est donc aussi ne plus dépendre des travailleurs officiels, de ceux qui exécutent de manière bien trop standardisée. Il s'agit là encore d'une indépendance vis-à-vis d'une forme de pouvoir, entendu comme la capacité à diriger quelque chose dans le sens que l'on désire. Les artisans ont ce pouvoir de transformer une matière première ou un matériau brut en un produit fini fonctionnel. Et, comme souvent, ce pouvoir provient d'un savoir et d'un savoir-faire. Les bricoleurs ont compris qu'acquérir ce savoir et ce savoir-faire, c'est aussi acquérir ce pouvoir.

Les voies d'acquisition du savoir sont nombreuses. Mais si certains bricoleurs ont bénéficié d'une transmission de la part de leurs aïeux, la plupart des personnes valorisant l'autonomie

---

[3] Faites-le vous-même.

affirment être autodidactes. Cela n'est guère surprenant. Apprendre par soi-même et à son rythme est déjà une démarche autonome.

Qu'il y ait quelque chose d'individuel, voire d'individualiste, dans cette quête d'autonomie, ne veut pas pour autant dire qu'il s'agisse d'une démarche égoïste. Il n'y a d'ailleurs pas lieu de distinguer l'autonomie individuelle de l'autonomie collective, car les deux participent d'un même projet et ne sont pas incompatibles. L'individualisme revendiqué par certains bricoleurs s'accompagne en effet souvent d'un fort sentiment de solidarité. C'est tout particulièrement vrai pour ceux qui désirent faire profiter leurs proches de leur savoir-faire afin de les libérer des professionnels du bâtiment. Et ça l'est encore plus pour ceux qui, comme Thomas, voudraient faire profiter la collectivité de leur capacité à bricoler.

Une dernière question se pose : dans cette quête d'autonomie, que reste-t-il du plaisir à bricoler ? Les appréciations sont très variées.

Pour certains, le bricolage n'est qu'un moyen adapté à une fin. Ce n'est donc pas une activité que l'on pratique simplement pour ce qu'elle est et par plaisir. Parfois même, le bricolage est vécu comme une contrainte à laquelle on se plie pour éviter une contrainte plus forte encore, celle de la dépendance. Thomas, par exemple, n'apprécie pas du tout le bricolage. Il ne sacrifierait jamais une journée de loisir contre une journée de bricolage. Il peut laisser un chantier en cours pendant une très longue période si l'envie de bricoler ne vient pas. C'est également ce dont témoignent Agnès et son époux, parents de deux enfants : bien qu'ils aient le bricolage en horreur, car il s'agit de temps pris sur leur temps libre, ils refusent de déléguer à des artisans certains petits travaux qu'ils jugent trop chers. Ils s'en remettent alors parfois à des proches, mais à contrecœur, parce que cela les soumet à leur emploi du temps. A tel point qu'ils préfèreraient, s'ils en avaient les moyens financiers, confier les travaux plus importants à des artisans.

Pour d'autres, en revanche, le plaisir pris à bricoler est incontestable. C'est le cas d'Antoine, pour qui le bricolage se révèle être un loisir au même titre que la pêche ou la randonnée. Le plaisir n'est pas forcément présent dans les premiers temps mais, peu à peu, chemin bricolant, l'attrait gagne du terrain, et parfois la passion s'installe. C'est ce qu'illustre le cas de Yannick que la nécessité a d'abord obligé, et pour qui le bricolage est désormais le principal loisir. Jimmy et Rozzen ont connu la même évolution : pénible dans un premier temps, la rénovation de leur appartement s'est révélée être une activité de couple très amusante.

Parfois encore, les deux types de représentation coexistent. Le bricolage est alors vécu tantôt comme une contrainte nécessaire, tantôt comme un plaisir. C'est une contrainte lorsqu'il s'agit d'un travail à but fonctionnel (*agrandir une pièce, monter une installation électrique, faire de la plomberie*) ; c'est un plaisir quand l'activité est à visée esthétique ou ludique (*décoration, modélisme*). Stéphane, infirmier, marié et père de deux enfants, réalise de grands travaux chez lui. Il juge préférable de les faire lui-même plutôt que de déléguer à des artisans « *trop chers* » et qui, à ses yeux, font un travail inesthétique. Il considère ces travaux comme une véritable corvée qui lui dévorent son temps libre, mais ils sont un mal nécessaire pour ne pas dépendre des professionnels. Cependant, il compte parmi ses loisirs la construction de modèles réduits d'avions radiocommandés, selon lui une « *autre forme de bricolage* ».

Quoi qu'il en soit, pour tous les bricoleurs en quête d'autonomie, la nécessité et l'aspiration à la liberté priment toujours sur le plaisir du travail manuel. Même les passionnés ne mettront leur savoir à disposition des autres qu'à la condition que cela contribue au gain d'autonomie des personnes à qui ils rendent service. Pour eux, s'il y a plaisir à bricoler, il dépend du bénéfice final.

A l'inverse, et assez logiquement, j'observe que la notion de plaisir est beaucoup plus présente, et avec beaucoup moins de nuances, chez les bricoleurs qui ne revendiquent pas la quête d'autonomie par le bricolage. Marcel est un retraité qui perçoit des revenus qu'il estime lui-même élevés. La seule raison qu'il avance pour bricoler est le plaisir qu'il en retire. Il ne distingue d'ailleurs pas la réalisation de travaux et la confection de maquettes de modèles réduits de navires ou de trains.

Si le bricolage n'est pas toujours un plaisir et qu'il est parfois une contrainte, on peut se demander en quoi il se distingue du travail. La question se pose d'autant plus dans un cas comme celui de Thomas où l'objectif est justement de travailler le moins possible. J'en conclus que la différence ne se situe pas tant dans l'activité elle-même que dans la façon dont on l'organise, et dans les avantages qu'on en retire. Car lorsqu'on bricole, on bricole pour soi (*ou pour un proche, ce qui revient au même*). Or, les bricoleurs qui valorisent l'autonomie n'ont pas le sentiment de travailler pour eux-mêmes lors de l'exercice de leur profession. Ils perçoivent certes un salaire mais celui-ci ne leur semble pas à la hauteur du temps qu'ils donnent à leur employeur. De fait, à leurs yeux, le travail est d'abord une perte d'autonomie. En revanche, lorsqu'ils bricolent, me confient-ils, ils jouissent rapidement et pour eux-mêmes de l'utilisation du produit fini. En outre, ils réalisent leurs travaux au rythme et à la façon qui leur convient. Ce qui distingue le bricolage du travail c'est donc aussi, lors de la réalisation, l'indépendance vis-à-vis de toute autorité qui dirigerait l'avancement des travaux. Un bricoleur, ça bricole libre.

Au pays de ceux qui pensent avec leurs mains, on agit sur la matière pour réaliser un produit unique ressemblant à celui qui le confectionne, un produit individualisé. Très nombreux en effet sont ceux qui estiment qu'une réalisation ne leur appartient vraiment que dans la mesure où ils ont participé à sa production, et seulement à partir du moment où ils y ont posé leur empreinte.
Dans son travail sur la photographie intitulé *Le mystère de la chambre claire* (1996), Serge TISSERON s'est intéressé aux raisons latentes qui poussent l'individu à accumuler de plus en plus d'images des lieux qu'il visite. TISSERON émet l'hypothèse selon laquelle, plus que ramener un souvenir, celui qui prend une photo souhaite laisser une trace de sa présence là où il ne fait que passer. Il en veut pour preuve la fréquence avec laquelle apparaissent, sur les clichés amateurs, l'ombre ou le reflet du photographe. La mode actuelle du selfie ne fait que confirmer son propos.

Dans une certaine mesure, je constate qu'un phénomène similaire existe dans le bricolage. En façonnant le matériau, le bricoleur y apporte bien plus qu'un savoir-faire. Il y appose sa signature et, symboliquement, un peu de lui-même. Tout se passe comme si quelque chose ne pouvait nous appartenir qu'à la condition que l'on puisse s'y projeter en partie.

C'est aussi pour cette raison, me dis-je, qu'il ne leur est pas envisageable de déléguer à un artisan. En somme, le laisser travailler c'est le laisser s'approprier le produit fini. Symboliquement, c'est partager avec lui la fabrication et/ou lui permettre de s'immiscer définitivement chez soi. C'est donc perdre son autonomie vis-à-vis de ce qui pourtant devrait nous appartenir. Dans ce contexte, on peut supposer que si les bricoleurs autonomes aiment travailler pour leurs proches, il est peu probable qu'à l'inverse ils confient à ces derniers la réalisation de leurs travaux.

A l'évidence, Thomas est un contre-exemple vivant de ce sentiment d'appropriation. Il affirme n'avoir aucun attachement à ce qu'il réalise. On peut faire l'hypothèse que son rapport à l'autonomie est si fort qu'il souhaite aussi s'autonomiser de ses propres réalisations ! Mais gardons à l'esprit que Thomas est un indépendantiste. Or, si les bricoleurs ne cherchent majoritairement qu'à atteindre l'autonomie, c'est parce qu'ils ont conscience que l'indépendance est impossible. Même en possédant tout le savoir et le savoir-faire nécessaires, ils seraient toujours dépendants des fournisseurs d'outils, de matériaux et de matières premières.

Au sentiment d'appropriation est lié, pour la plupart des bricoleurs que je rencontre, la fierté de savoir bricoler et d'avoir fait eux-mêmes ce qui leur appartient. C'est ainsi qu'Antoine se souvient du jour où il a allumé pour la première fois la cheminée qu'il avait construite. « *Chez moi, j'ai fait la cheminée. C'est important une cheminée, c'est la chaleur de la maison. Quand la fumée est sortie la première fois, je suis allé frapper chez le voisin et j'ai crié : "Sors, sors !" Il est sorti et j'ai dit : "Regarde... Chuuu, chuuu, tu sens ? Tu sens ? Ça sent bon, hein ?" J'étais content ! J'étais content !* » Ce jour-là, Antoine était content parce qu'il était fier : fier de savoir, fier de faire, fier d'avoir, et fier d'être autonome.

XVI

LES MAGASINS

*Les hommes n'ont plus le temps de rien connaître.
Ils achètent des choses toutes faites dans les magasins.
Mais comme il n'existe point de marchands d'amis,
les hommes n'ont plus d'amis.*
Le Petit Prince

Les magasins de bricolage sont des pôles d'attraction pour les bricoleurs et leurs familles, des rendez-vous de promenades pour les curieux en quête d'idées, des terrains de chasse pour les experts pressés, et des écoles de transmission pour les novices éclairés. Pour l'anthropologue au début de son enquête, elles s'apparentaient à des agences de voyages faites pour embarquer à destination du pays des bricoleurs. Je comprends désormais qu'elles sont en réalité des cavernes d'Ali Baba qui recèlent des trésors pour qui veut transformer le monde.

Le terme générique de magasin de bricolage s'applique à trois types d'offres : les petites boutiques, les grossistes, et les grandes surfaces.

Les petites boutiques de détail, telles les quincailleries ou les drogueries, sont de moins en moins nombreuses. L'apparition et le développement des grandes surfaces ont transformé les habitudes des clients. Il n'est pas rare, pourtant, de trouver dans les grandes villes des boutiques au charme ancien, où se mêlent l'escabeau, la perceuse, le sceau en plastique et les tournevis. Monsieur SANDJAY, quincailler dans le 18e arrondissement de Paris, accueille une clientèle intergénérationnelle qui réunit toutes les classes sociales. Ses ventes sont ponctuelles et précises. Deux ou trois produits maximum. Si les bricoleurs du quartier n'achètent pas chez lui tout ce dont ils ont besoin pour leurs travaux, ils aiment cependant à s'y retrouver pour discuter de leurs projets. L'achat d'un outil manuel sert souvent de prétexte à raconter au propriétaire l'avancée des travaux, en guettant du coin de l'œil le passage d'autres clients avec qui partager des histoires de bricolage. « *C'est devenu un point de rencontre. Tous ceux qui entrent ici savent qu'ils peuvent se parler* », confie M. SANDJAY. *Mon magasin est un repaire de pirates qui viennent acheter des épées en plastique. Les gens retombent en enfance quand ils bricolent. Je suis leur magasin de jouets.* » La quincaillerie évoque au bricoleur la surprise, la chasse au trésor, la quête du bon outil fait pour lui, caché quelque part, sur une étagère. Mais, plus que tout, elle est un lieu d'échange et de partage, comme le sont tous les magasins de proximité.

A contrario, les grossistes – ou négoces – proposent en grande quantité des fournitures et des matières premières pour les chantiers et les gros œuvres. Ils s'adressent donc principalement aux professionnels de la construction et non aux bricoleurs domestiques. Tout au plus, ils sont fréquentés par les bricoleurs les plus experts, ceux qui souhaitent travailler la matière à l'état brut.

Les grandes surfaces de bricolage, bien connues des Français sous le sigle GSB, sont des grandes surfaces spécialisées dans le domaine des travaux, du petit bricolage, de la décoration, du jardinage et du rangement. Leurs articles sont généralement regroupés au sein de trois univers principaux : bricolage, décoration et jardinage. Leur croissance est continue depuis plus de 40 ans.

La vocation des grandes surfaces de bricolage est claire : aider les gens à améliorer leur cadre de vie. Dans ce but, elles fournissent à leurs clients (que certaines nomment judicieusement « *habitants* ») des solutions complètes d'aménagement ou bien les produits et conseils nécessaires pour les mettre eux-mêmes en pratique.

Les deux grands *leaders* du marché, Leroy Merlin et Castorama, partagent une vision convergente de leur métier.

> *Leroy Merlin France a pour vocation* « *d'aider chaque habitant à rêver sa maison et la réaliser* », *écrit le groupe sur son site internet.*

Notre vocation : faciliter, et rendre accessible à tous, la construction, l'aménagement et la décoration de son habitat, peut-on lire sur celui de Castorama.

Leroy Merlin est la jonction des noms de ses deux fondateurs, Adolphe LEROY et Rose MERLIN, qui ouvrent en 1923 un stock de matériel militaire américain récupéré après la Première Guerre mondiale. A partir de 1933, leur magasin propose des maisons vendues en kits et autres matériaux de construction. Quand naît, en 1960, la marque Leroy Merlin, l'enseigne acquiert une dimension onirique. Si le nom n'est pas la raison de son succès, l'esprit qu'il véhicule se transmet néanmoins chez ses clients : consciemment ou pas, les bricoleurs que je rencontre l'associent aisément à un univers de chevalerie. Le Roi et Merlin, ou quand le souverain et l'enchanteur vous offrent la possibilité de construire votre château…

Le nom de la chaîne Castorama est finement choisi. A son ouverture, en 1969, le premier magasin ne s'appelle pas encore Castorama, mais Central Castor. Le choix de cet animal ne doit rien au hasard. Connu pour construire lui-même des huttes, des digues et des barrages, le castor est un vrai bricoleur ! Par la suite, le suffixe *rama* hérité du grec ancien *horama* qui signifie « *vision* » sera apposé au nom du rongeur semi-aquatique pour former Castorama.

Dans ces grandes surfaces de bricolage, se croisent aussi bien les célibataires, homme et femme confondus, les couples, les familles, les groupes de colocataires, les étudiants, les retraités, les « costume-cravate » et les bleus de travail... Certains vont y acheter les articles dont ils ont besoin, d'autres chercher des idées de projet, et d'autres encore s'y promènent sans objectif précis. Cécilia et Jonathan, par exemple, s'y rendent toujours ensemble parce qu'ils considèrent que « *le bricolage est une activité de couple. On y vient toujours pour acheter quelque chose, mais en général on reste au moins une heure parce qu'on aime ces magasins pas trop spécialisés qui donnent le choix, et pas mal d'idées pour la décoration* ».

Pour les non-initiés, une grande surface de bricolage peut paraître inquiétante avec ses nombreux rayons où l'on se perd facilement. Pour les habitués, en revanche, c'est un peu la cuisine de Panoramix. Alléchés par le fumet de la potion magique, il faut les y voir marcher d'un pas très assuré, leur carnet de croquis en main, en train de tout mesurer avec application. « *Au début tu mesures que ce que tu vas acheter, et petit à petit il te vient une maladie bizarre et tu veux tout mesurer. Comme si tu avais un pouvoir ! Tout est mesurable !* », se moque l'humoriste Gad ELMALEH dans l'un de ses sketchs. Le bricoleur passionné ressemble assez à ce personnage. Le magasin est pour lui un territoire des possibles, un lieu susceptible de lui transmettre des pouvoirs magiques, puisqu'avec les bons outils et les bons produits qu'il s'y procure il sera – pense-t-il – capable de tout faire.

Vincent, vendeur aguerri, repère quatre grandes catégories de clients. « *Tu as les bricoleurs passionnés. Ils ont souvent entre 40 et 60 ans. Ils connaissent tout, ils réparent tout, ils savent même faire de la soudure, par exemple. Ils cherchent chez nous une solution technique. Mais ils sont de moins en moins nombreux... Après, tu as les nouveaux emménagés, ceux qui viennent d'acheter un appartement ou une maison. Souvent des jeunes couples qui n'ont pas beaucoup d'argent... Et puis tu as les décorateurs, qui sont surtout des décoratrices. Des femmes qui veulent embellir leur intérieur et assument de bricoler plus que leur mari. Elles sont de plus en plus nombreuses... Et enfin, tu as ceux qui n'y connaissent rien. Ils arrivent ici vraiment sous la contrainte, parce qu'ils n'ont pas le choix.* »

Ces catégories de clients peuvent notamment s'expliquer par l'évolution des pratiques au cours du temps. Les Français bricolent de moins en moins. Ou plutôt ils bricolent différemment. Les Anciens, jusqu'aux quinquagénaires actuels, bricolaient beaucoup. Ils réparaient tout ce qu'il leur était possible de réparer afin de prolonger la durée de vie de leurs objets, de leurs vêtements et de leurs équipements. Ils bricolaient essentiellement par nécessité. Et, l'expérience aidant, ils finissaient par connaître toutes les techniques et toutes les astuces... Aujourd'hui, avec une politique de baisse constante des prix, la société de consommation encourage à acheter neuf. Si l'objet casse, s'abîme ou ne fonctionne plus, on le donne ou on le jette, et on le remplace aussitôt par du neuf sans même penser à le réparer, ou à le faire réparer. Particulièrement lorsque le coût de la réparation équivaut sensiblement à celui du neuf. De fait, on bricole désormais davantage par plaisir, pour le loisir d'embellir son intérieur, de le rendre plus fonctionnel et plus accueillant. Et pour la fierté de l'avoir fait soi-même. Le bricolage contraint concerne désormais ceux qui n'ont pas les moyens financiers de faire autrement.

Les magasins de bricolage cherchent à inspirer, susciter et répondre aux désirs conscients ou inconscients des bricoleurs. En séduisant le spécialiste, en rassurant le novice, et en vantant l'audace dans leurs slogans publicitaires, ils exhortent constamment leur clientèle à donner corps à leurs envies. « *Le bricolage n'est pas un marché uniquement mercantile*, explique Gilles CAILLE, Président d'Honneur d'Unibal. *Il touche les gens car il leur permet de faire par eux-mêmes. Ce n'est pas du prêt à consommer. Il ne suffit pas de dépenser, il faut ensuite agir !* ». Tout incite le client à prolonger la durée de son passage dans le magasin : le soin accordé à l'organisation et à la mise en valeur des lieux où il pourra flâner en profitant du large choix de produits et de services ; le développement des espaces de vie qui lui proposent un service de restauration au sein même du bâtiment (*pas seulement dans les zones commerciales périurbaines, mais aussi en plein cœur de Paris*) ; et la présence d'un espace café-détente, pour une courte pause conviviale. La concurrence est rude, il faut savoir capter et fidéliser le client. Une fidélité clairement récompensée par des réductions ou des offres de services complémentaires...

Si les GSB sont très majoritairement de grandes marques internationales, elles ciblent cependant le client local. Elles s'adaptent aux modes de vie et aux budgets bricolage des habitants de chaque pays ou région (*en 2014, une étude M6 Publicité Digital et Harris Interactive, reprise par Castorama, indique qu'en France, par exemple, la moyenne annuelle du budget alloué à l'embellissement de son intérieur est de 1 900 €*). Pour répondre à l'évolution de la demande des Français, elles proposent aujourd'hui des offres de service annexes : des ateliers de formation (*entre autres, à la découpe sur verre, miroir et bois*), un retrait en magasin « *Click & Collect* », la location de véhicules, la livraison à domicile, la pose et l'installation à domicile, jusqu'à l'accompagnement personnalisé de son projet... Attachées à satisfaire la demande de clients désormais en quête de suggestions tout autant que de produits, elles développent les sources d'inspiration, notamment à l'aide de salles appelées *showrooms* consacrées à l'exposition du rendu final d'un projet. Les grandes surfaces de bricolage ne sont définitivement plus de simples vastes espaces de self-service. « *Il faut évoluer. Sans cesse. Mais avec modération car ce n'est pas une fin en soi. Cela doit se faire au bon moment,* déclare Jean-Noldi PAOLELLA. *L'évolution, c'est la rencontre entre les besoins des consommateurs et le progrès des technologies.* »

Les marques ne négligent pas non plus la communauté des internautes. Très actives sur la toile, elles multiplient les tutoriels en ligne, mettent à la disposition des clients des logiciels 3D permettant la simulation de leurs projets, et animent des forums de discussion. « *Les Français passent de plus en plus de temps chez eux. Pour être très précis, en moyenne 18 heures et 39 minutes par jour, week-end compris (dixit l'INSEE en 2009-2010)* », lit-on en accroche du blog d'idées décoration et Do-It-Yourself de Castorama, astucieusement intitulé « 18h39 », justifiant ainsi l'envie de soigner son intérieur, pour s'y sentir bien et pour en être fier.

D'un point de vue marketing, les publicités télévisuelles pour les magasins de bricolage sont souvent de qualité et appréciées des bricoleurs que j'interroge. Ils les trouvent « *inspirantes* » avec leurs beaux intérieurs, et agréablement teintées d'humour. Par exemple, dans « *Selfie* », le spot TV 2014 de Leroy Merlin, de courtes séquences mettent en scène de petits groupes de gens qui se photographient chez eux avec leur smartphone. Sur les clichés, les personnages sont hors cadre, ou flous. Seuls apparaissent nettement les intérieurs rénovés. La marque joue avec un phénomène de mode, les selfies, censés mettre en avant le visage de chacun. Or, ceux-là, volontairement escamotés, recentrent l'attention du spectateur sur leur fierté d'avoir réalisé leur projet d'aménagement. En flattant l'ego de l'individu non plus sur son apparence mais sur la beauté de ce qu'il fait, ce spot publicitaire ne se contente pas de vendre du bonheur en planche. Il rend aussi hommage aux bricoleurs et à l'humain en général, dont la dignité ne se trouve pas dans l'autocontemplation vaniteuse mais dans l'action de se construire. Fais, et tu seras !

Aujourd'hui, le mode de consommation évolue. Le concept de propriété privée tend à s'affaiblir, comme en réaction à l'hyperconsommation des dernières décennies. On l'a récemment constaté au sujet des voitures : on se dispense plus facilement de cet ancien symbole d'indépendance et de passage à l'âge adulte, en profitant des possibilités de location, de prêt entre particuliers et de covoiturage. On le constate aujourd'hui à propos des outils du bricoleur, avec le développement de nombreuses solutions alternatives à l'achat en magasin. L'une d'elles consiste à les louer. Le site Zilok, par exemple, est un pionnier de la location d'objets entre particuliers. Dans le top 10 des objets les plus loués, on trouve principalement les outils de bricolage et de jardinage. Economiquement, cette option est rentable. Il a été en effet calculé que l'utilisation moyenne dans la vie d'une perceuse est de 17 minutes !

Le service rendu entre particuliers représente une autre option. Le recours à des bricoleurs expérimentés pour obtenir de l'aide est une tendance qui se pratique de plus en plus souvent. Pour n'en donner qu'un exemple, je citerai Frizbiz, « *une plateforme de jobbing et de services entre particuliers qui permet de se simplifier la vie dans tous les besoins du quotidien : petit bricolage, ménage, repassage, déménagement, babysitting, organisation d'événements, cours et formations, etc.* ».

Par ailleurs, apparaissent dans toutes les grandes villes des fab labs (contraction de l'anglais *fabrication laboratory*, laboratoire de fabrication). Ouverts au public, ces lieux mettent à la disposition de chacun toutes sortes d'outils pour la conception et la réalisation d'objets. Aujourd'hui encore réservés à une élite d'initiés, ils ont vocation à se démocratiser dans les années à venir.

L'évolution des technologies impacte aussi les techniques de bricolage. Les imprimantes 3D qui s'améliorent et ne cessent de conquérir le marché, à des prix toujours plus abordables, donneront bientôt naissance à de nouvelles alternatives : le bricoleur pourra, par exemple, imprimer directement chez lui une pièce cassée ou manquante.

Les grandes marques doivent épouser les mouvements évolutifs des modes de consommation. « *Dans 5 ou 10 ans,* se projette Patrick, professionnel du bricolage, *les clients ne se déplaceront plus pour faire des courses, comme ils le faisaient avant, quand ils n'avaient pas le choix. Ils ne viendront plus acheter un objet mais s'inspirer pour un projet. L'enjeu de la grande distribution est de s'adapter en devenant un acteur du partage. Si on ne vend plus de perceuses, il faut réussir à les louer ou à mettre en relation les gens. Sinon, on disparaîtra.* »

« *Les grandes surfaces alimentaires sont les fers de lance du circuit de la distribution,* déclare Christophe VINSONNEAU, P.D.G. de CDH GROUP. *En observant les tendances qui les traversent, on peut imaginer le futur proche des magasins de bricolage. Elles ont proposé des offres de plus en plus standardisées, avant de revenir à des offres plus différenciées : des corners cuisines, des produits régionaux...* »

Les magasins de bricolage sont à l'image des bricoleurs qui les visitent et s'y approvisionnent en articles et en idées : pour continuer leur projet, ils doivent eux aussi s'adapter en permanence. S'adapter aux besoins changeants, aux désirs imprévisibles, et aux nouvelles façons de rêver et de consommer le monde...

Comment s'adapter ? Les lieux de vente physique permettent d'assouvir un besoin humain essentiel : la confrontation avec autrui. J'ai pu observer, ici comme tout au long de ma carrière, que les magasins qui connaissent les plus grands succès sont ceux qui remplissent au mieux leur fonction symbolique. En France, il s'agit d'incarner « *la place du village* », ce lieu de confrontation avec le monde, carrousel de tranches de vie, petit théâtre du quotidien où chacun vient prendre sa dose de réel. Dans l'odyssée du consommateur, il y a trois balises à ne pas perdre de vue : le Rituel, la Bienveillance et l'Etonnement. Elles s'allument quand on favorise la rencontre, l'échange et l'interaction entre bricoleurs, comme autant de rituels de partage. Quand on a la bienveillance de les aider à construire des objets pour eux-mêmes mais aussi pour les autres (*car le bricolage est une activité sociale. On ne bricole pas seulement pour soi*). Quand, enfin, on affirme le sens des produits vendus, produits qui étonnamment servent avant tout à tisser du lien.

XVII

CHEZ LES BRICOLEUSES

Sorti en 1999, le film *Bricol's girls* de l'humoriste Alain CHABAT met en scène trois plantureuses jeunes femmes en train de bricoler en tenues légères. On peut certes pousser des cris d'orfraie en s'indignant du traitement de l'image de la femme réduite une fois encore au simple rang d'objet de fantasme, mais ce serait sortir du cadre du sujet qui nous occupe ici. Il est en revanche plus pertinent d'observer, dans ce film, deux marqueurs de sens. Le premier accrédite la thèse selon laquelle les femmes ne bricoleraient pas (*personne, en effet, ne bricole vêtu de la sorte ; et les bricoleuses de* CHABAT *incarnent seulement des outils susceptibles de restaurer le désir masculin*). Le second marqueur réside dans le fait qu'il montre, probablement pour la première fois à l'écran, que le bricolage est une activité qui peut être sexy.

Le bricoleur est d'ailleurs lui-même un archétype sexuel. L'homme qui répare est associé, dans la fantasmagorie de notre société, à la virilité. Il est susceptible d'éveiller un certain appétit auprès des femmes. Il est en quelque sorte le pendant de la soubrette chez les hommes : ces deux archétypes du travail domestique se rejoignent dans leur pouvoir de séduction. Les travailleurs du besoin sont ainsi sublimés en objet de désir.

Toutefois, la réalité de l'évolution sociale de la pratique du bricolage atteste que les femmes ont depuis longtemps pris les outils, et que bricoler s'inscrit pour elles dans un plus large processus d'émancipation.

Les femmes ont toujours bricolé. Notamment en reprisant les habits du foyer, ce qui est une forme de rénovation des objets. Mais ce n'est qu'à partir des années 1970 qu'elles commencent à bricoler au sens où on l'entend aujourd'hui. Pourquoi ? Parce que le bricolage, pour être pratiqué, demande comme condition nécessaire d'avoir du temps libre (*cf. supra, chapitre II : Le temps*). Or les femmes au foyer n'en disposaient pas, accaparées qu'elles étaient par l'ensemble des tâches domestiques. Aussi, leurs plages de temps n'étaient-elles pas différenciées.

En les autorisant à travailler et à ouvrir un compte en banque sans l'accord de leur mari, la loi du 13 juillet 1965 accordait par là même aux épouses de pouvoir jouir de temps libre. En effet, les travailleuses bénéficieraient désormais de la même répartition des temps que les hommes : chacune de leurs journées se diviserait en temps contraint, temps physiologique et temps libre. Ainsi fut rédigé l'acte de naissance des bricoleuses...

Un demi-siècle plus tard, les femmes bricolent. Réellement. Pleinement. Toutefois, le regard que la société porte sur elles semble n'avoir guère suivi la même évolution. Arrêté sur les images d'autrefois, il donne souvent l'impression d'être moins vif que celui que posent sur les trains de campagne certains ruminants impassibles. « *Et voilà qu'aujourd'hui les femmes se mettent au bricolage, soit parce qu'elles vivent seules, soit parce que leurs maris ne savent pas planter un clou.* » Voilà, entre autres exemples de caricature, ce que l'on a pu entendre au journal télévisé de 13 heures, en juin 2014. Comme si les femmes bricolaient seulement quand elles n'ont pas d'hommes sous la main, ou des hommes malhabiles...

> Cédric bricole. Et moi aussi. Pas pour faire comme lui, pas pour faire mieux que lui, mais parce que j'aime ça.
> *Alma, 32 ans*

> C'est juste un plaisir ! Moi aussi ça m'amuse d'agencer ma maison comme j'en ai envie. Je suis super fière d'avoir appris.
> *Elisabeth, 46 ans*

> Mon père nous a toujours appris à nous débrouiller, ma sœur et moi. Il voulait qu'on ne soit dépendantes de personne. J'ai su scier, poncer et passer des enduits dès mon adolescence.
> *Clio, 26 ans*

Au même titre que les hommes, les bricoleuses mettent en avant leur volonté d'autonomie. Si quelques-unes précisent vouloir acquérir de l'indépendance par rapport au sexe opposé, la majorité de celles que je rencontre ne sexualisent pas leurs discours sur le bricolage. Ce dernier ne fait que très peu l'objet de revendications féministes, contrairement à d'autres secteurs investis par les femmes. Les bricoleuses, elles, ne cherchent pas à se construire contre les hommes, mais le font pour elles-mêmes avant tout. Elles veulent s'émanciper des normes et des codes qui dictent leur conduite dans la société.

> J'aime beaucoup bricoler des petits machins qui sont pratiques pour améliorer mes rangements ou les enjoliver, mais dernièrement je me suis lancé un défi : j'aimerai bricoler moi-même ma future table de salon. On verra si j'en suis capable !
>
> *Marie, 37 ans*

> Mon père et mon frère savent tout faire. Je les ai toujours admirés. Dès que j'ai eu mon appart, j'ai voulu leur montrer que je pouvais faire des choses par moi-même. Avec deux amies, j'ai enlevé la moquette et, grâce à Youtube et au vendeur de Bricomarché, j'ai mis un super parquet stratifié.
>
> *Marie-Pauline, 30 ans*

Sur la perception et l'acceptation des bricoleuses, les médias, la famille, les amis et le voisinage ne sont pas les seuls à avancer à la vitesse d'un escargot épuisé. Par exemple, Handicap International organise chaque année un concours qui consiste à concevoir un appareil ou un meuble facilitant la vie des enfants en situation de handicap. Le nom de ce concours ne laisse aucun doute sur les champs d'application dévolus à chaque sexe : « *Des papas bricoleurs et des mamans astucieuses* ».

Sur le terrain, je constate chez les plus de 50 ans une certaine gradation dans la tolérance à la bricoleuse. Quand elle réalise des bricoles à la maison, tout va bien. Lorsqu'elle y seconde son compagnon/mari sur des travaux plus importants, ou y participe à niveau égal, tout va toujours bien. Mais si elle est seule à bricoler pour le couple, l'affaire se corse. Non pour elle, qui recevra tout au plus quelques petites piques affectueuses de la part de sa moitié lui reprochant avec malice de marcher sur ses plates-bandes et d'être par trop autoritaire. Mais pour lui, les flèches décochées par l'entourage seront autrement plus empoisonnées. Il sera plus ou moins ouvertement raillé. Sa virilité sera mise en doute. Cette attitude a quasiment disparu chez la jeune génération urbaine.

> Je ne dis pas à mes amis que c'est ma femme qui répare à la maison. Ils la prendraient pour un garçon manqué, et moi...
>
> *Pierre, 56 ans*

> Mathilde préfère bricoler et moi je préfère cuisiner. Dans les deux cas, on fait les courses ensemble. On est heureux comme ça.
>
> *Christophe, 34 ans*

Il est courant de lire les changements comportementaux à la lumière sociétale des structures "famille nucléaire" *versus* "famille recomposée". Ce que j'observe au cours de mon enquête me conduit plutôt à privilégier l'axe générationnel que je considère bien plus déterminant dans ces variations.

Tendanciellement, dans les couples âgés de plus de 50 ans, la répartition traditionnelle des tâches est toujours en vigueur : maman cuisine et papa bricole. Autrement dit, dans la maison, perdure le schéma de la mère nourricière et du père protecteur. La femme y effectue cependant quelques menus travaux, généralement dédiés à la décoration, à la restauration de meubles et à la confection des petits objets du quotidien. À l'homme sont réservées la maçonnerie et les réparations en tout genre.

La jeune génération abandonne majoritairement ce mode de fonctionnement. A tour de rôle ou ensemble, hommes et femmes cuisinent et bricolent. Le principe de la répartition existe toujours, mais il se distribue différemment. Sur le chantier de construction de la maison, les habitudes ont changé. Hier, monsieur et ses amis montaient les briques et posaient les plaques de Placoplatre tandis que madame préparait les cafés, voire, lorsqu'elle était intégrée à l'équipe, s'occupait des bandes de joints. Aujourd'hui, beaucoup de jeunes femmes mettent davantage la main à la pâte, y compris pour les gros travaux.

> Je suis l'assistante de mon mari. Lui, c'est le chirurgien qui opère la maison, et moi l'infirmière qui lui tend le scalpel quand il en a besoin.
>
> *Jocelyne, 50 ans*

> Bien sûr je ne porte pas les charges les plus lourdes, mais je peux t'assurer que pour faire passer les fils, c'est moi qui ai cogné contre le mur.
>
> *Agnès, 29 ans*

L'arrivée massive des femmes sur le marché du bricolage induit de nouveaux critères d'évaluation des matériaux et des outils. Encore faut-il ne pas se tromper de critère. Les magasins misent principalement sur l'esthétique du matériel pour séduire les bricoleuses. Or celles-ci, quand je les interroge, n'en font pas grand cas. Pareillement, les outils sont aujourd'hui plus performants, mais cette amélioration technologique ne suffit pas à les satisfaire. Il leur importe par-dessus tout, me disent-elles, qu'ils soient légers et maniables. La dimension esthétique n'intervient éventuellement que pour départager deux produits de même qualité.

> L'important, c'est que ça fasse solide. J'aime pas avoir l'impression que l'outil est composé de plusieurs blocs. Ça fait cheap. Après, s'il est beau, pourquoi pas. Mais d'abord ça doit faire pro.
>
> *Brigitte, 40 ans*

L'existence d'un marché parallèle, segmenté, qui leur serait spécifiquement dédié, n'intéresse en aucune façon les bricoleuses. Ce serait encore, d'une certaine manière, les discriminer. « *Pourquoi des produits pour les femmes ? Une maison est une maison. On veut la même chose que les hommes*, affirme Chloé, 31 ans. *Ce qui nous importe, c'est de pouvoir bricoler ce qu'on s'est fixé de faire. C'est comme si vous me disiez que vous alliez créer une gamme de casseroles spécifiquement pour les hommes. C'est tout aussi ridicule. Faut arrêter de croire que, homme ou femme, on est né pour faire ceci ou cela. C'est l'égalité maintenant. En Scandinavie, on ne se poserait même pas la question ».*

En revanche, il est amusant de remarquer que les produits conçus à destination de la clientèle féminine trouvent un grand succès auprès des hommes. Eux aussi aiment à travailler avec des outils simples et légers, tout comme ils apprécient les emballages présentant des informations plus claires.

> Mon but, c'est pas de me la raconter. Je bricole parce qu'il le faut bien. Si la poignée de la ponceuse est plus étroite mais que je la tiens bien en main, ça me va. Je n'ai pas besoin du gros truc lourd qui fait mec. C'est du passé, ça !
>
> *Léo, 27 ans*

> Je préfère un packaging avec trois infos clefs, plutôt qu'une fiche produit incompréhensible.
>
> *Magnus, 48 ans*

Quel chemin empruntent les femmes pour arriver au pays du bricolage ? Bien souvent, selon leur mot, c'est un « *déclic* » qui les met sur la voie…

Durant leur enfance, elles disent avoir rarement appris à bricoler. C'est le cas pour les anciennes bricoleuses qui ont grandi au temps où le bricolage était réservé aux garçons, mais ça l'est tout autant pour les plus jeunes d'entre elles en raison de la rupture de la transmission familiale (*cf. supra, chapitre XII : L'apprentissage*). A l'image de leurs homologues masculins privés eux aussi d'enseignement parental, elles ont néanmoins bénéficié d'une motivation supplémentaire : le désir d'émancipation de leur condition de femme confinée aux travaux domestiques et bannie des chantiers et des ateliers. Car si bricoler c'est contourner des problèmes par le bon sens, jouer de la matière avec ses mains, ne pas avoir pour cela besoin d'une force herculéenne, et faire intervenir un sens esthétique, elles peuvent donc le faire elles aussi !

Lorsqu'elles commencent à bricoler, les femmes sollicitent-elles leurs proches pour acquérir des connaissances sur le sujet ? Non. Pourquoi cela ? Parce que les hommes, encore majoritaires à détenir le savoir-faire, ne seraient pas assez patients… Elles préfèrent en général regarder des tutoriels sur internet. Elles sont peu nombreuses à citer les livres comme support d'apprentissage, à l'exception de ceux de loisirs créatifs parce qu'ils sont richement illustrés de photographies. C'est un cercle vertueux : les femmes que j'interroge expriment leur besoin d'anticiper leur projet, d'en définir les étapes, comme un pilote d'avion son plan de vol. Aussi, elles ont besoin d'informations accessibles avant de se lancer, or l'information est aujourd'hui de plus en plus accessible, donc davantage de femmes bricolent et le font savoir, rendant ainsi l'information plus accessible encore...

> Il oublie que je n'ai jamais fait ça, et ça le soûle de prendre le temps de m'expliquer. Il fait super vite et je suis censée avoir compris. Du coup, forcément, j'ai rien compris. Alors je redemande des explications, et ça l'énerve encore plus...
>
> *Mélissa, 22 ans*

> J'ai refait tous les murs et plafonds de mon appart, en plus du parquet dans une chambre et de quelques réparations de canalisations. Ce qui m'a aidé, ce sont les vidéos de Leroy Merlin sur Youtube. Elles expliquent bien. En plus, en magasin, ils te réexpliquent tout, même les trucs basiques. Je me souviens que la première fois que je suis allée chez eux je leur ai demandé comment peindre un mur. (*rires*). Mais bon, en même temps, quand on sait pas...
>
> *Solange, 26 ans*

Porté par les réseaux sociaux, le bricolage est entré aujourd'hui dans une phase glamour qui attire chaque jour davantage de jeunes femmes. Les magazines féminins et les sites internet dédiés à la décoration ou au bricolage créatifs prolifèrent. Ils délivrent aux lectrices de nombreux conseils de réalisation. Parallèlement, on assiste sur Instagram au retour de la mère parfaite. De nombreuses femmes y publient inlassablement des photos de leurs enfants impeccables, des jolis plats qu'elles cuisinent, et de leur appartement/maison parfaitement rangé et harmonieux, pour lequel elles investissent une grande part de leur temps et de leur énergie créatrice. S'il ne fait aucun doute que les réseaux sociaux servent à communiquer et à partager, ils permettent également de se fabriquer une image numérique perçue comme un outil de valorisation de soi. Parce qu'elle n'est plus imposée par la société mais bien délibérément choisie par l'individu, cette image constitue sans doute le carcan dont il est le plus difficile de s'émanciper.

Si aucune des bricoleuses que je rencontre ne me fait part d'une quelconque volonté d'être sexy en bricolant, une grande majorité reconnaît l'importance du glamour dans le fait de bricoler. La notion de charme envoûtant associée à ce terme n'est peut-être pas la raison profonde de son attrait. Il y a en effet à l'origine du mot *glamour* quelque chose d'intimement connecté au bricolage et aux bricoleuses, et qui va au-delà de toute perception raisonnée : étymologiquement, le *glamour* désigne un sortilège qui permet de changer d'apparence. Tout compte fait, comme le bricolage qui transforme les objets… et comme, au fond, les bricoleuses qui s'émancipent de leur condition de femme dépendante.

XVIII

QUAND LES JEUNES BRICOLENT

« *On va au concert ou on s'fait un robinet ?* », lance Lucie, 22 ans, à son petit ami Mathieu, tranquillement assis sur le vieux sofa du salon. Cette boutade m'est en réalité adressée. Lucie sait que je suis venu l'interroger sur sa pratique du bricolage et, en me recevant dans le petit appartement où elle vient d'emménager avec son compagnon, elle tient à rapidement me faire comprendre quelle est la place de cette activité pour eux : « *Avant on avait plus de temps pour faire ce qu'on voulait, sortir avec les copains, boire des verres en terrasse ou se faire des concerts. Maintenant qu'on a pris un appart, on est bien obligé de s'en occuper. Alors une partie de notre temps et de notre fric passe dedans.* » Le concert ou le robinet ? Le plaisir ou la nécessité ? Ce n'est bien évidemment pas si simple…

Les jeunes âgés de 18 à 30 ans bricolent de plus en plus, mais cependant toujours moins que ne le faisaient les générations précédentes au même âge. L'étude publiée en mars 2016 par Unibal confirme ce que j'observe en sillonnant la France. Se fondant sur les résultats d'une enquête de FPS-Ipsos retraitée par le CREDOC, elle montre que 38 % des personnes nées entre 1977 et 1986 bricolent, contre seulement 25 % de celles nées entre 1987 et 1996. Ces chiffres indiquent que l'activité bricolage se développe avec l'âge et avec les besoins liés à l'aménagement de son logement quand on quitte le domicile parental. On ne peut de ce fait en conclure que le bricolage, en soi, intéresse moins les jeunes, mais bien qu'il s'apprécie seulement quand ils sont amenés à devoir le pratiquer. « *Nous sommes la génération Ikea, pour nous le bricolage viendra plus tard* », souligne Diane, 27 ans, Parisienne qui vit en meublé. Puis elle ajoute, non sans ironie : « *Le DIY de la génération Y, c'est d'abord l'ameublement, la décoration et les loisirs créatifs* », laissant entendre que les jeunes et le DIY ne se croiseraient que dans la lettre Y.

Ce sont d'abord les raisons économiques qui incitent les jeunes à faire des travaux par eux-mêmes. S'ils consacrent davantage d'argent au bricolage qu'à leurs voyages, c'est qu'ils se trouvent dans l'obligation de hiérarchiser leurs priorités. En accédant à l'autonomie, puis à la propriété, les besoins liés à l'aménagement les incitent à franchir les portes des grandes surfaces dédiées. « *J'ai acheté cet appartement pas trop cher parce qu'il y avait des travaux à faire dedans. Si je veux qu'il reste une bonne affaire, je n'ai pas le choix* », m'explique Archibald, 26 ans. Si le critère économique est primordial, il s'accompagne cependant d'une quête de satisfaction personnelle.

De manière générale, les travaux les plus appréciés par les jeunes sont ceux qui ont trait à la décoration. Ce qui est sans doute le point le plus remarquable chez eux, c'est que cette pratique se révèle être de plus en plus mixte. L'étude Ipsos pour Unibal le confirme :

> • Chez les jeunes, le fait majeur est la disparition de la différenciation sexuelle de l'intérêt pour la décoration. Dans la génération des 55-65 ans, cette question est très clivée, avec 70% des femmes accordant une grande importance à la décoration intérieure de leur logement, contre seulement 41% des hommes, soit 29 points d'écart. Parmi les 25-34 ans, cette différence est fortement estompée, avec seulement 10 points d'écart.

> • Globalement, les 25-34 ans accordent plus d'importance à la décoration que les 35-44 ans (+4 points), mais moins que les 45-54 ans (-1 point) et les 55-64 ans (-4 points) en raison de la forte implication des femmes de plus de 55 ans.

> • Les jeunes sont surreprésentés dans la catégorie la plus consommatrice de décoration, définie comme celle des « *Addicts* » qui représentent au total 16% des consommateurs.

Quand les jeunes bricolent, ils se concentrent essentiellement sur l'aménagement de leur intérieur. Ils posent des étagères, des luminaires, ils construisent une bibliothèque ou une table basse. Le revêtement de sol les occupe tout particulièrement, notamment grâce aux différentes techniques qui permettent de retirer sans difficulté l'existant et de poser le nouveau. « *J'ai enlevé la moquette sans trop de difficulté, et j'ai mis un parquet flottant moi-même. Je m'en suis bien sorti !* », raconte Maxim, 23 ans.

Tendanciellement, les jeunes effectuent assez peu de bricolage technique, tels les travaux d'électricité ou autres chantiers qui impliquent des soudures. Dans ces cas-là, ils ont recours à un membre de la famille plus âgé et plus expérimenté (*souvent le père ou l'oncle*), voire à un professionnel.

De tous les gestes du bricolage, celui de peindre représente sans doute pour eux le plus habituel, quand bien même les couches de peinture ne sont pas toujours appliquées dans les règles de l'art. Celles et ceux que je croise pinceaux en main me confient sans rougir rechercher « *juste un coup de frais, de propre* », ou bien le plaisir d'habiller leur chambre ou leur salon d'une couleur que leurs parents n'auraient jamais tolérée. « *Ma première action,* déclare Eglantine, 19 ans, *c'était d'acheter deux pots de peinture et de repeindre le studio en jaune et rouge. Juste pour que ça pète !* » Beaucoup font les yeux ronds ou bien haussent les épaulent à l'évocation des phases de préparation du mur, de colmatage des trous et autres ponçages avant enduit. « *De toute façon, c'est pour le fun. On refera une autre peinture dans un an, quand on se sera lassé du mauve. Pas la peine de trop se prendre la tête* », lâche Ghislain, 20 ans.

Tout se passe comme si le travail « en profondeur », l'attention portée aux détails techniques et à la finition relevaient d'un monde adulte perçu comme austère. Les jeunes veulent bricoler vite et correctement. L'ère moderne est à l'instantané. L'effort de simplification des outils et des procédés va dans ce sens, et changer un robinet est devenu aujourd'hui un jeu d'*enfant*. Un chantier qui s'éternise est leur hantise. « *Avec les nouveaux kits,* déclare David RIQUIER, P.D.G. de la Holding L. RIQUIER et Vice-Président d'Unibal, *pour alimenter un évier ou une douche, il faut aujourd'hui vingt minutes contre 4 heures auparavant ».*

> Les mecs qui se torturent la tête avec tout ce qu'il faudrait faire se prennent pour des darons. J'ai pas l'âge de rester bloqué des jours pour aménager mon appart. Ça se fait petit à petit, quand j'ai une idée, quand j'ai envie.
>
> *Ludovic, 21 ans*

> Ici, c'est pas la maison de mes parents, tout n'a pas besoin d'être parfait !
>
> *Isabelle, 22 ans*

L'attitude change du tout au tout lorsque les jeunes couples fondent une famille. Dès l'annonce de la venue de « *bébé* », le nid se construit et rien n'est « *trop bien* » pour lui offrir un univers joli, confortable et sûr. Le choix des matériaux prend alors une grande importance. Ils doivent être sans composant nocif. « *Safe, et bio !* », recommande Laure, 22 ans. Raphaël, 29 ans, confirme : « *Pour préparer la chambre d'Andréa, on a fait plusieurs magasins à la recherche de la peinture la plus naturelle possible. On avait lu toutes les cochonneries chimiques qu'il y avait dans certains produits et il était hors de question qu'on fasse prendre le moindre risque à notre bébé. Il en aura déjà bien assez avec la pollution parisienne !* »

A la campagne, j'observe une grande différence de perception et de pratique du bricolage. Contrairement aux jeunes vivant en milieu urbain, les jeunes bricoleurs ruraux ne le considèrent pas comme une activité en soi, et encore moins comme un loisir. Cela ne signifie nullement qu'il leur est désagréable de bricoler. C'est seulement que le bricolage fait partie d'un mode de vie où savoir se débrouiller est essentiel. « *A la campagne, si tu sais pas te servir d'une clé à molette, t'es mort !* », m'explique Jules, 20 ans. Outre le fait qu'ils habitent majoritairement dans des maisons individuelles qu'il faut savoir entretenir, la nécessité de posséder un véhicule le plus tôt possible influe sur leur aptitude à la bricole. « *Ici, la première chose qu'on veut, c'est pouvoir bouger sans être dépendant des parents. Mais comme on n'a pas les moyens, on retape des petites motos, le temps de s'acheter une voiture* », confie Adrien, 18 ans. L'apprentissage du bricolage passe très souvent par la mécanique, et ce n'est que bien plus tard qu'il s'étend à l'aménagement intérieur. « *J'ai appris à me servir de mes mains en touchant les moteurs. Après, j'ai donné des coups de main à mon père pour réparer ce qui devait l'être dans la maison. Petit à petit, je me débrouille* », raconte Gustave, 19 ans. Plus qu'en ville, savoir bricoler est perçu à la campagne comme un gage d'indépendance, d'autonomie, et d'affirmation de soi. « *En ville, tu habites dans un appart, c'est pas si grave si tu sais rien faire,* constate Tony, 21 ans. *Par chez nous, si tu ne sais pas bricoler, non seulement tu passes pour un nul, et en plus tu t'en sors pas.* »

La personnalisation des intérieurs se développe à la faveur des émissions de décoration diffusées à la télévision et des activités bricolage proposées par les réseaux sociaux. Les premières n'influencent pas davantage les jeunes que les autres générations. En revanche, celles et ceux qui ont grandi avec internet, les *digital native*, se forment et cultivent leur envie de bricoler par l'intermédiaire des forums, vidéos et autres tutoriels. Du collégien à l'étudiant, toute question appelle cette réponse spontanée : « *Google est ton ami* ». Cette phrase n'est pas ironique. Elle indique le recours systématique à l'internet en toute circonstance.

L'essor et le succès des sites d'explication et de démonstration me permettent d'aborder le point de différenciation entre les jeunes filles et les jeunes hommes. Au cours de l'enquête, les premières m'ont beaucoup renseigné sur l'offre digitale d'apprentissage. Le commentaire le plus simpliste eût été d'affirmer qu'elles étaient passées de la lecture des magazines papier aux magazines internet. Mais cette explication me semble être clairement insuffisante. Car je m'aperçois très vite que leur grande consommation d'images naît de leur besoin de savoir en amont comment se réalisera leur projet. Comme évoqué précédemment, lorsque les jeunes hommes se contentent d'un minimum de préparation avant de se jeter dans le grand bain de la bricole et voir si ça marche, les jeunes filles, elles, déclarent vouloir comprendre « *avant* », afin d'établir avec le plus de précision possible le processus d'application qu'elles suivront scrupuleusement. Qu'en dit notre couple sur le sofa, Lucie et Mathieu ?

> *Lucie* : Je vais sur les sites des produits, et je regarde leurs vidéos pour voir comment faire. Puis je vais au magasin et je dis à un vendeur que je n'y connais rien. Je note tout. Enfin je demande à des copains pour voir si j'ai bien compris.
>
> *Mathieu* : Moi, je vais au magasin, je parle avec le vendeur, et quand je rentre je m'y mets. Si j'ai un souci pendant le chantier, je *check* sur internet pour passer la difficulté. J'avance comme ça, au coup par coup.

Si la tendance à la personnalisation concerne particulièrement les jeunes, c'est parce que bricoler a très souvent pour eux valeur d'appropriation de l'espace. Aménager, c'est modeler l'environnement pour qu'il ressemble à celui qui y vit. Une maison, c'est un bout de lui-même, une partie de sa personnalité qu'il donne à voir aux autres et qui lui renvoie l'image de ce qu'il souhaite être. « *Déjà, chez mes parents, je bricolais pour faire de ma chambre mon espace à moi. J'ai tout fait en blanc. Les étagères, les abat-jour. J'avais besoin de me sentir bien, dans un endroit pur. Un endroit à moi. Un endroit comme moi* », dit en riant Sidonie, 20 ans. Bricoler son espace, c'est mettre en scène son histoire et, en même temps, la donner à lire aux autres. Dans notre société de consommation de masse, l'individu qui tient plus que tout à se sentir unique achète les produits qui affirment la singularité de son identité. « *Je veux trouver des produits faits pour moi* » est un credo bien connu. Or, dans la jungle industrielle des produits fabriqués par millions, la seule alternative paraît être la personnalisation, ou *customisation*, selon le terme anglais fréquemment employé pour caractériser cette tendance.

> J'aime mettre ma patte dans ce que j'achète. Chez moi, c'est pareil. Pas grand-chose, juste le petit truc qui dit que c'est bien chez moi et pas chez un autre. J'ai changé les carreaux de la table de travail pour les remplacer par des carreaux tunisiens. Ça me rappelle les vacances et c'est original.
>
> *Samir, 24 ans*

La recherche de personnalisation, devenue impérative, symbolise parfaitement la double injonction à laquelle les jeunes sont soumis : affirmer leur identité par la différence, et appartenir à une communauté. Il faut être reconnu comme unique, tout en faisant partie d'un groupe. Or, par définition, le groupe normalise nos attitudes et notre rapport au monde. Cette tension suppose de grands efforts pour montrer une image de soi à la fois conforme aux attentes des autres et suffisamment originale pour exposer sa particularité. L'exemple du bricolage de l'aménagement domestique illustre assez bien ce tiraillement. L'intérieur d'un lieu de vie doit être une représentation fidèle de la personnalité de celui ou de celle qui l'occupe. Les jeunes s'évertuent donc à se distinguer en permanence, sans pour autant sortir d'une norme devenue synonyme d'intégration. Certes, cet écartèlement entre le désir d'être soi-même et le besoin d'intégrer une « *tribu* » ne concerne pas uniquement les jeunes. Toutefois, leur grande implication sur les réseaux sociaux accentue chez eux ce phénomène, notamment chez les jeunes couples de 25 à 35 ans. Bien évidemment, rares sont les personnes que j'interroge à en avoir conscience.

Dans leur processus de personnalisation de leur intérieur, les jeunes semblent avoir une fascination pour un accessoire traditionnellement dévolu au stockage et au transport des marchandises : la palette. Quelle surprise d'en voir presque autant dans les appartements que sur les chantiers ou à l'arrière des centres commerciaux ! La palette est l'objet fétiche du moment. Détournée en meuble, accessoire de décoration intérieure ou mur de séparation, elle se décline en table basse, en bibliothèque, en lit et même en bureau. La palette est partout. Du moins chez les jeunes, où je l'observe majoritairement. Mais sa force d'attraction est telle qu'elle rend poreuse les frontières entre les générations. Ecologistes militants, végétariens-bios-alternatifs en tout genre, le courant passe parfaitement entre les groupes vivant dans une défiance affichée de notre société de consommation. Cependant, une contradiction inhérente à ce symbole du « *bricoler autrement* » m'apparaît. Comment un support de produits issus la plupart du temps de processus industriels, serviteur émérite des articles aseptisés des supermarchés, esclave inanimé des articles *made in China, Taiwan ou USA,* brouette sans roue qui alimente les étals des négociants, comment donc la palette a-t-elle pu s'imposer autant comme originale et authentique ? D'accord, elle est faite en bois. D'accord, elle évoque l'assemblage rustre, donc franc, de différentes pièces. D'accord, elle renvoie aux notions d'effort et de travail manuel. Mais ces représentations ne suffisent pas à expliquer un tel engouement. Deux hypothèses me viennent à l'esprit. Si la palette est un symbole, c'est celui d'une volonté de revenir à l'origine des produits. Remonter à la source de la matière et la traiter à son état brut. Seconde hypothèse : le sens caché au fond de sa sonorité. La palette connaîtrait-elle le même succès si elle s'appelait la bâche ? Sans doute pas... Dans le mot « *palette* », il y a un artiste peintre en sommeil. Sa palette lui sert à enchanter le monde. Alors, ma foi, peut-être la palette est-elle présente chez ceux qui veulent faire de leur intérieur une œuvre d'art. Et si finalement, avoir une palette, ce n'était tout simplement pas autre chose que penser en couleurs...

« *Je peux vous poser une question à mon tour* ? », me demande Lucie à la fin de l'entretien. Comme je l'y invite, elle poursuit : « *Vous avez rencontré beaucoup de gens pour votre enquête sur le bricolage ?* » « *Plus de 500 personnes, pour l'instant* », lui dis-je. « *Bon, eh bien, d'après vous, on a quoi de particulier, nous, les jeunes, quand on bricole ?* » Je lui réponds que, selon tous les témoignages que j'ai déjà recueillis, la grande spécificité du bricolage chez les jeunes réside dans l'évolution de la question du genre. Que, signe des temps, la question du bricolage et des jeunes souligne un progrès dans l'égalité des sexes. Que les réparations au sein du jeune foyer se font sans distinction de genre. Qu'aujourd'hui les jeunes filles bricolent volontiers et que, dans le même temps, le jeune homme qui ne bricole pas n'est pas mal vu... A cet instant, Mathieu s'exclame : « *Mais alors, la question est réglée ! Lucie, tu vas te faire le robinet et moi je vais voir le concert avec Abdu !* » Et nous avons tous les trois éclaté de rire !

XIX

JE BRICOLE DONC JE SUIS

Quand on veut un mouton, c'est la preuve qu'on existe.
Le Petit Prince

Celui qui fait appel à des professionnels pour rénover ou construire sa maison a parfois le sentiment d'être Alice *au pays des merveilles*. Impuissant dans sa propre demeure, il assiste, comme dans un rêve, à un étrange ballet sous d'épais nuages de poussière : un plombier qui pose des lapins, un électricien qui soudain lève un lièvre, et le sourire d'un peintre flottant dans les airs... En revanche, en se transformant d'habitant passif à manuel actif, celui qui bricole son propre chantier passe, comme Alice dans ses aventures suivantes, *à travers le miroir*. Et comme elle, il devient roi. Il n'est plus spectateur mais acteur de l'entretien, construction ou embellissement de son lieu de vie. Cette démarche n'est pas sans conséquence sur son identité, entendue comme le regard qu'il porte sur lui-même, et celui que lui porte les autres.

Questionner le bricolage, c'est en effet questionner l'identité. Qu'est-ce que l'identité ? C'est un rapport, une relation de soi aux autres. Le *je*, parce qu'il se construit dans l'interaction avec les êtres qui l'entourent, est un jeu de miroirs. Et le bricolage, parce qu'il tisse des liens entre les individus, est une activité intrinsèquement identitaire.

Dans notre société, l'identité est une notion qui se confond aisément avec celle d'individu. Elle se construit selon des processus d'identification, de réflexion ou de démarcation, dans une trajectoire qui se doit d'être personnelle, et – illusoire ou non – absolument originale.

En toute circonstance, l'individu commence toujours par se comparer. Pour se construire lui-même, il a besoin d'imiter les autres ou bien de s'y opposer. Il découle de ce premier rapport un sentiment soit d'infériorité soit de supériorité. Je retrouve cela chez les bricoleurs que j'interroge. Certains posent sur eux-mêmes un regard quelquefois sévère. « *Je ne suis pas professionnel* », « *Je ne sais pas vraiment faire* », « *Je ne fais pas les parties techniques comme la plomberie ou l'électricité* », etc. D'autres, à l'inverse, se voient plus beaux qu'ils ne sont. « *Je suis pas un pigeon, je ne vais pas dépenser mille euros pour un truc que je peux faire !* », « *Pour passer un coup de peinture, il ne faut pas être sorti de Saint-Cyr !* », « *C'est juste du parquet à poser, je te fais ça en deux p'tites heures !* » Les premiers se décrivent par la négative, les seconds par la surestimation de soi. Tous ne savent pas encore qui ils sont.

En fournissant à l'individu l'occasion d'appréhender de nouvelles pratiques et de donner un sens à ce qu'il fait en orientant ses actions vers un idéal, le bricolage offre à chacun la possibilité de placer une nouvelle brique dans la construction de son soi.

Dans *La crise des identités* (2000), Claude DUBAR différencie « identité pour soi » et « identité pour autrui », soit l'image que je construis de moi pour la rencontrer dans mon miroir, et l'image que je construis de moi pour la renvoyer aux autres. Les deux sont liées mais il s'agit de deux constructions différentes.

À la question « *qu'est-ce qu'un bricoleur ?* », les réponses que je recueille sont variables. Elles s'articulent néanmoins autour du même axe : *le bricoleur est un magicien*. En effet, aux yeux de ceux que j'interroge, il est « *celui qui résout les problèmes* », qui est « *indispensable* » et « *indépendant* ». Mais il est aussi « *celui qui trouve du plaisir* », celui qui « *choisit* ». Il « *réfléchit* », il est « *patient* », « *méticuleux* », « *précis* » et « *plein de bon sens* ». Il sait « *garder la puissance vitale de la maison* ». Il « *invente* », et il a parfois même « *du génie* ».

Le bricoleur, c'est l'autre... L'apprenti bricoleur s'identifie à tout ou partie des qualités dont il crédite le manuel confirmé. Il va *bricoler*, c'est le mot, sa propre pratique pour correspondre à cet idéal. Une identité se construit en ayant, pour ainsi dire, toujours un œil rivé sur les autres.

Le bricolage est une activité individuelle qui se nourrit de la confrontation aux autres bricoleurs. Toute rencontre est instructive. Chacun s'observe, compare techniques et tours de main… « *Les fab lab, c'est bien pour ça. On regarde les autres et on copie les gestes. On essaie de faire comme les pros* », confie Julien, 26 ans. Ainsi, chacun se mesure et se réévalue, puis s'adapte. Tous, en changeant alors leur manière de faire, modifient l'image qu'ils renvoient aux autres. Comme dans une galerie de glaces, où tout changement de perspective ouvre un autre reflet à l'infini.

Les échanges n'ont pas uniquement lieu dans les ateliers. « *Avec mes collègues de travail, comme avec tous ceux qui viennent à la maison, je parle souvent de mes travaux. Et eux aussi me parlent de ce qu'ils ont fait chez eux. Cela crée des liens entre bricoleurs* », dit Soraya, 50 ans. Affirmer sa manière de bricoler c'est, au même titre qu'une coupe de cheveux, choisir ce qu'on donne aux autres à voir de soi.

Le bricoleur, c'est la connaissance du passé… Quand on parle des autres, on ne se réfère pas seulement à nos contemporains. Les autres, ce sont aussi les habitants du passé. Ceux dont la présence ici-bas a précédé la nôtre. Ainsi, lorsqu'une tradition du bricolage existe dans sa famille, il y aura tout lieu pour le bricoleur de la considérer comme un fil directeur. Il lui faudra se construire à partir de celle-ci. Alors trois pistes s'ouvrent devant lui : ou bien modeler sa pratique en suivant strictement le fil de cette tradition, ou bien tenter de la faire évoluer en déroulant le fil d'une autre manière, ou bien couper le fil et rompre radicalement avec les techniques d'autrefois. La première piste (*faire comme avant*) ne peut réellement être empruntée puisque les outils et les matériaux ne sont plus les mêmes. La troisième piste (*ne plus faire, ou alors ne surtout pas faire comme avant*) est praticable, mais les iconoclastes qui s'y aventurent découvrent assez tôt les limites et les risques encourus à ne pas tenir compte du savoir des Anciens. Seule la deuxième piste (*hériter d'un esprit, mais faire autrement*) nourrit réellement l'identité du bricoleur. Ce chemin est celui de la tradition, comprise en tant que principe dynamique. Comme je l'ai mentionné dans un précédent voyage, *Anthropologie des mangeurs de pain* (2011), « *...la tradition n'est pas une répétition du passé, mais un dialogue ouvert entre les acquis d'hier et les attentes du jour. D'un point de vue anthropologique, la tradition est une réinvention permanente* ».

> Ce que j'ai hérité de mon père, c'est pas des techniques. C'est la fierté de faire des choses avec ses mains, et de prendre soin de la maison de famille.
>
> *Anton, 30 ans*

> J'ai besoin de faire, de voir des choses concrètes sortir de mes mains. Ce *faire manuel*, ça a toujours été très valorisé chez moi. Mon grand-père n'avait qu'un bras et il bricolait avec. Il nous faisait des trucs avec des systèmes de courroies. C'était magique ! Aujourd'hui, je partage ça avec ma fille. Bien sûr, avec elle je ne fais pas de courroies ! (*rires*)
>
> *Valérie, 54 ans*

> Ma mère adore ça. Elle fait tout avec mon père. Mes parents sont très bricoleurs. Moi, je ne le suis pas du tout. Je ne suis pas impliquée. Je suis plus une intellectuelle. Ça ne m'a jamais donné envie !
>
> *Hania, 31 ans*

Si pour Hania et tant d'autres, le lien de la tradition est rompu, les bricoleurs comme Valérie gardent encore en mémoire l'image de leur grand-père ingénieux et des moments de partage passés avec lui autour du bricolage. Ils bricolent aujourd'hui avec leurs enfants et prennent plaisir à aménager leur maison. Construction de l'identité et transmission. La tradition en marche...

Le bricoleur, c'est soi-même... Le bricolage est un voyage identitaire. Car bricoler, ce n'est pas seulement travailler la matière, c'est aussi refondre en permanence sa manière globale de penser, donc d'être. Le bricoleur remanie tout autant les objets que l'idée qu'il se fait de lui-même et de ce qu'il devrait être. « *Prendre les outils, c'est reprendre sa vie en main* », dit Magalie, 44 ans. *Ça ouvre plein de possibilités, ça rend* indépendante, ça permet de se défouler et, surtout, d'être fière de soi. Au moins, quand je bricole, je ne vis pas dans le regard des autres ! »

Sortir du regard des autres ! Cette métaphore très expressive rend compte d'une volonté de cesser de construire son identité par la seule confrontation, afin de se créer un moi à sa seule mesure. Dans l'édification de ce rapport de soi à soi, le bricolage agit, une fois encore, efficacement.

Car le bricoleur est celui qui fait toujours à sa façon. Il expérimente le monde en cherchant son propre chemin. Et c'est bien à cela qu'on le reconnaît. « *Tu sais comment reconnaître un bricoleur ?,* me demande Frédéric, 50 ans, ingénieur du BTP. *C'est celui avec qui tu passes une heure pour lui expliquer étape par étape ce qu'il doit faire, et qui fait exactement comme il veut !* ».

Les trois principaux moteurs qui propulsent le bricoleur sont sensiblement semblables à ceux que l'individu utilise pour avancer dans la construction de son identité. En toute première instance, il y a la volonté de s'affranchir. Se libérer de la mainmise paternaliste de la société revient à s'émanciper du père. Devenir autonome est l'équivalent social au devenir un homme lorsque l'on quitte le foyer familial… Ensuite vient le choix. Le bricoleur choisit. Il ne sélectionne pas simplement des matériaux et des outils, il choisit aussi le quand et le comment faire. Même ceux qui ne bricolent pas révèlent très souvent dans leur témoignage que, s'ils délèguent, ce n'est pas parce qu'ils ne savent pas faire mais parce qu'ils n'en ont pas l'envie, et qu'ils s'offrent ainsi *« le luxe de choisir d'embaucher quelqu'un »*. S'affirmer, c'est choisir… Enfin, le troisième moteur à propulsion réside dans la quête d'une valorisation de soi. Bricoler, c'est viser et atteindre la satisfaction de se voir comme la personne capable de prendre en main la situation… « *Dans une famille,* déclare Christian DAUDIER, Administrateur Indépendant spécialisé dans le bricolage et Vice-Président d'Unibal, *le statut de bricoleur est souvent attribué à un des membres, titulaire du poste, et que l'on appelle à chaque panne, souci ou déménagement. Réputation souvent usurpée, à tout le moins exagérée. Une fois que cette réputation est attribuée, il faut faire face et ne pas décevoir. Comment faire quand le foret a ripé, que la cheville n'est pas précisément au bon endroit et que l'étagère ne sera pas de niveau ? Comment faire quand un coup de lime en trop a abimé le revêtement de surface ? Ou que la pièce de bois a été coupée trop court, etc. C'est tout à coup un statut familial qui peut basculer et le bricoleur doit mobiliser ses neurones (et son énorme stock de Sapeux : « ça peut servir un jour ») pour trouver la solution qui va rétablir la situation et sauver l'honneur grâce à un projet finalement bien réalisé. Il y a donc derrière l'acte de bricolage tout un jeu psychologique, un enjeu de résultat qui va torturer le bricoleur en le faisant passer par de vraies phases de doutes, voire de découragement. Mais c'est peut-être ce processus qui génère la réelle satisfaction du travail accompli.* »

A mesure que le bricoleur progresse dans la réalisation du projet dont il a d'abord rêvé, il augmente sa part de confiance en lui. Il se voit évoluer. Chaque action sur la matière est un geste sur lui-même. Comme s'il se sculptait en bricolant... Ce sentiment de s'accomplir lui-même en venant à bout de la tâche est à ce point grisant que, plus il approche du but, plus grandit son envie de recommencer l'expérience. « *Je suis satisfait de moi quand j'arrive à atteindre mon objectif. Alors je m'en fixe un autre. Petit à petit j'évolue. Je grandis, quoi. Et croyez-moi, quand on prend de l'âge, ça n'a pas de prix !* », déclare Aloyse, avec toute la sagesse de ses 87 ans. Ce cycle perpétuel composé d'étapes précises (*je désire, j'assouvis, je dépasse*) lève peu à peu le voile sur l'identité de chacun. En se découvrant lui-même, l'individu se félicite d'avoir réussi à vaincre sa crainte de l'échec. En progressant, il se voit grandir. Comme le dit Jean-Mathieu, 49 ans, avec pertinence et poésie : « *Bricoler, c'est retomber en enfance. Mais la petite enfance. Quand tu essayais de marcher et que tu te cassais la gueule, quand tu ne savais rien faire sans effort mais que tu essayais quand même. On n'a pas de souvenir de ça. Mais c'est bien ce chemin qu'on refait* ».

Dans *Les Sources du moi* (1989), le philosophe analytique Charles TAYLOR montre comment l'individualité moderne s'est édifiée autour de « *l'affirmation de la vie ordinaire* », c'est-à-dire la valorisation de la vie matérielle : le travail, le bien-être matériel. Il explore aussi « *l'intériorité* », ce « *moi intime* » qui se situe en marge de la société. Or, comme le souligne Jean-François DORTIER dans son dialogue avec TAYLOR, « *...l'émergence de l'identité moderne, si émancipatrice, comporte un revers. Cette conception d'un moi autonome, coupé du monde, préexistant en quelque sorte à la société, est une illusion* » (*Identité(s)*, 2016). Le *je* est bien une construction qui repose sur des interactions. Il s'inscrit dans un dialogue avec les autres. Dès lors, on ne peut fonder le sens de sa vie en dehors du lien à l'autre, car « *la liberté complète serait un vide où rien ne vaudrait la peine d'être accompli, rien ne mériterait de se voir attribuer une quelconque valeur. Le moi qui obtient sa liberté en écartant tous les obstacles et toutes les entraves extérieures est dénué de caractère, est donc privé de tout objectif défini.* » (Charles TAYLOR, *Hegel et la société moderne*, 1979).

L'essor du bricolage apparaît donc comme une réponse à la sur-individualisation des membres de notre société moderne. En se confrontant à la matière, le bricoleur s'ancre dans la réalité.

CIORAN a dit un jour à son élève le philosophe Clément ROSSET, qui fut lui-même mon professeur de philosophie à l'Université de Nice, « *Si vous déprimez, faites du bricolage. Rien de tel qu'un boulon pour vous ramener au présent. Parce qu'on ne négocie pas avec la matière ! Et elle ne nous laisse pas le temps d'être triste* ». Bricoler, c'est faire des choses concrètes, triompher des obstacles et, par-là, nourrir son moi intime. Car ce moi est une multitude d'interactions, une énergie qui nous relie aux choses et aux autres. Je bricole donc je suis.

XX

AMATEUR !

> *On ne voit bien qu'avec le cœur.*
> *L'essentiel est invisible pour les yeux.*
> Le Petit Prince

Un bricoleur amateur. L'expression, maintes fois entendue, a de quoi surprendre. Son statut de non-professionnel ne range-t-il pas de fait tout bricoleur dans le rayon des amateurs ? Pourquoi qualifier ainsi un bricoleur qui l'est forcément ? Et si cette formule n'était pas un pléonasme mais plutôt le moyen de désigner un certain type de bricoleur ? Menons l'enquête…

Les Français opposent couramment le bricoleur au professionnel. Le bricoleur, c'est celui qui se débrouille tout seul, qui répare sans faire appel à un artisan. C'est aussi celui qui aime les travaux manuels, soit pour le plaisir du maniement des outils, du contact avec les matériaux, ou bien pour inventer des choses. En aucun cas, il ne vendrait ses services, et c'est bien là que réside la différence fondamentale entre les deux catégories. Qu'est-ce qui différencie donc un amateur d'un professionnel ? L'objet de son activité, son intention et son degré d'expertise.

L'amateur se distingue en effet du professionnel tout d'abord par le champ d'application de son action. Il opère dans une sphère privée qui suppose une taille de chantier réduite. Un mot revient souvent dans la bouche des bricoleurs, le mot « *petit* ». Il fonctionne comme un rite d'apaisement, un rite qui rassure. Une de mes étudiantes, Lucie CERVONI, infirmière de profession, raconte que « *dans le milieu hospitalier, il est fréquent d'entendre les infirmiers mentionner "la petite piqûre", pour faire accepter plus facilement un soin. On entend également les médecins parler de leur "petit patient" auquel ils sont attachés. C'est une marque d'affection. Dans le bricolage, ça fonctionne un peu pareil. On dit "petit bricolage". Ça fait moins peur. Ça montre aussi le côté amateur de l'activité, et l'affection qu'on éprouve à réparer son chez-soi ».*

> Bricoler, c'est faire des petits trucs.
> *Phrase attribuable
> à un grand nombre de personnes interrogées*

> Bricoler, c'est pas construire un immeuble ou un hameau de villas. Au mieux, tu fais ta propre maison.
> *Gilles, 47 ans*

> Le bricolage, ça se passe chez soi.
> *Bernadette, 70 ans*

> Tu bricoles ce qui est à côté de toi, ce qui te touche directement. Evidemment tu peux bricoler chez un voisin ou un ami, mais là encore ça te touche. D'une manière ou d'une autre, tu dois avoir une attache émotionnelle avec les lieux que tu bricoles, parce qu'ils appartiennent à des gens que tu connais.
> *David, 35 ans*

Le bricolage revêt donc un caractère interpersonnel. On ne bricole jamais que des espaces empreints d'un certain degré d'affection (*amour, amitié, camaraderie, etc.*). Les nouvelles formes de troc confirment cette tendance du bricolage, compris comme une action sociale entre personnes qu'unissent des liens familiaux ou amicaux. Les réseaux sociaux d'échanges de travaux rassemblent ainsi des individus qui se reconnaissent comme faisant partie de la même communauté et procèdent à l'échange de leur savoir-faire.

> On a fait connaissance sur le site et chacun est venu aider l'autre. Fred m'a fait la plomberie et moi je lui ai donné un coup de main pour l'électricité. C'est un peu comme un site de rencontre (*rires*). Si tu t'inscris, c'est pour mieux connaître l'autre, devenir ami, et plus si affinité !
> *Jérémy, 38 ans*

L'amateur se distingue ensuite du professionnel par son intention. « *Le bricolage c'est l'embellissement de la maison. Repeindre les murs ou restaurer un meuble. Le reste c'est pour les pros* », estime Laetitia, 30 ans. L'amateur peut toutefois aller au-delà de la simple ornementation. Mais s'il bâtit une maison, par exemple, ce projet sera considéré comme étant du bricolage à partir du moment où il l'a construit pour lui, ou pour l'un de ses proches. C'est bien dans l'intention que se situe la différence. Faire pour autrui, vouloir rendre service, c'est bricoler. Il en découle une certaine implication émotionnelle dans le travail à accomplir. Et ce à deux niveaux : *primo*, parce que le bricolage concerne l'amélioration du cadre de vie de celui qui s'y adonne (ou de quelqu'un qui lui est lié) ; *secundo*, parce que bricoler relève d'une démarche volontaire qui fait de l'activité elle-même un véritable but en soi. Là où le professionnel ne vise la réussite du chantier qu'à des seules fins financières (voire, pour les meilleurs d'entre eux, par amour du travail bien fait), le bricoleur vit la réalisation de sa tâche comme un ensemble de frustrations, de peines et de joies. Un amateur n'effectue jamais froidement un travail, en déroulant mécaniquement une suite d'opérations techniques. Il est en empathie avec son projet. Il n'y a pas pour lui de paravent émotionnel. Pas de grille de protection affective. Il suffit d'observer le changement radical de comportement d'un professionnel lorsqu'il bricole chez lui. Les membres de sa famille en témoignent :

> Papa est maçon. Mais quand on doit travailler à la maison avec lui, il s'énerve toutes les deux minutes. Ça ne va jamais assez vite. Il manque toujours un outil. Non, vraiment, c'est désagréable. Heureusement qu'il n'est pas comme ça au boulot... Enfin, j'espère !
> *Antonio, 28 ans*

> Quand on bricole à la maison, on sait ce qui nous attend. Au début, ça part bien. Et très vite, mon père s'agace. C'est tout sauf relaxant.
> *Jean, 30 ans*

Au chapitre des intentions, l'argent est un sérieux critère de différenciation. On pourra toujours arguer qu'un professionnel effectue parfois une réparation gratuitement, et qu'il arrive qu'un amateur prenne une petite pièce pour le service rendu à un voisin ou un ami. Mais dans la quasi-totalité des cas, un professionnel se distingue d'un amateur en cela qu'il est rémunéré.

L'amateur se distingue enfin du professionnel par son savoir-faire, ou plus exactement par sa façon de faire. Le professionnel a appris les techniques d'usage et son expérience lui permet de mener le projet qu'il entreprend selon les règles du métier. C'est un expert. Ses gestes appliquent un plan précis, contrairement au mode essai-erreur qui fait la spécificité du bricoleur. Un professionnel n'essaie pas, il sait. Certes, il adapte ses techniques en fonction des particularités de chacun de ses chantiers, mais selon un processus clairement défini qui lui permet de réaliser à l'identique des travaux qu'il a l'habitude d'effectuer. L'amateur, en revanche, laisse une plus grande part à l'improvisation. C'est pour « *se bouger les neurones* », dit-il fréquemment. Il réunit ensemble des choses improbables et associe des éléments qui n'ont pas toujours vocation à être assemblés. Sans forcément disposer de bons outils ou de matériaux de qualité, il arrive à ses fins en faisant avec les moyens du bord et « *à sa façon* », sans préméditer l'ensemble du processus de réparation / construction, mais en inventant des procédés originaux. « *Moi j'ai pas appris à faire. Je me débrouille sur le tas, comme je peux* », confie Isabelle, 27 ans. Aussi le bricolage est-il souvent associé à un travail moins abouti. N'a-t-on pas coutume, en effet, de s'exclamer devant un résultat plus qu'approximatif : *C'est un travail d'amateur !*

« *Le bricolage,* déclare Erwan, 33 ans, *c'est moins bien fini que le travail professionnel. Nous, on le voit souvent sur les chantiers quand les personnes ont bricolé leur maison. Dans ces cas-là, il faut tout reprendre, sans les vexer.* » On note avec amusement que cet à-peu-près se retrouve parfois dans la propre maison du professionnel : « *C'est simple, l'électricité c'est mon métier, alors je fais ça dans les règles de l'art. Chez moi, j'ai pas toujours envie de tout refaire nickel. Je bricole et souvent ça suffit,* raconte Alain, 57 ans. *Ma femme me répète tous les jours que les cordonniers sont les plus mal chaussés »,* conclut-il dans un grand éclat de rire. On retrouve ici encore un changement d'attitude notable chez le professionnel lorsqu'il travaille chez lui. « *Quand je travaille à la maison,* dit José, 48 ans, *je fais vraiment ce que je veux, alors je bricole pour essayer des nouvelles techniques.* »

Ces lignes de démarcation clarifient certes le jeu, me direz-vous, mais ne renseignent guère sur l'identité de ce *bricoleur amateur* que nous recherchons. Observons donc ces personnages d'un peu plus près...

L'amateur n'est jamais dans la reproduction des tâches. Son rythme n'est pas continu comme celui du professionnel, mais aléatoire. Cette liberté d'action lui permet de garder une fraîcheur et une candeur qui maintient en éveil son intérêt, et le motive.

> C'est sympa parce qu'on n'est pas obligé de faire ça tous les jours. C'est une expérience rare, même si elle n'est pas unique.
>
> *Isabelle, 50 ans*

> Je repeins mes murs quand ça me prend. J'adore le faire mais ça ne doit pas m'être imposé par quoi que ce soit. Si c'est moi qui décide, alors c'est chouette.
>
> *Laurence, 47 ans*

Nous touchons là un point de différence majeure - et fondamentale - entre l'amateur et le professionnel : quelle qu'en soit la raison, l'amateur a pris la décision d'agir ; ce qu'il fait procède toujours d'un choix. On peut objecter que le professionnel a choisi son métier, mais dans son quotidien il ne choisit pour ainsi dire jamais son chantier. De même, un bricoleur ne décide pas lorsqu'il doit réparer une fuite d'eau et qu'il n'a pas assez d'argent pour appeler un artisan. Dans ce cas précis, le bricoleur agit sous la contrainte.

> Je m'y oblige, sinon la maison partirait en miettes.
>
> *Charles, 60 ans*

> Si tu fais appel à un plombier parce que ton évier fuit, t'en as tout de suite pour 200 €. Autant apprendre à le faire soi-même.
>
> *Richard, 41 ans*

> Alors là, moi je déteste bricoler. J'ai deux mains gauches, aucune force dans les bras, et j'y comprends pas grand-chose. Mais je me dis que si je n'y mets pas maintenant, je serai foutu quand j'aurai ma maison.
>
> *Brice, 19 ans*

Je bricole sous la contrainte. C'est tout. D'année en année, je fais plus de trucs. J'ai même changé les prises du salon moi-même. Mais je n'aime que le résultat. Pas le faire.

Orlando, 32 ans

Ils sont assez nombreux, au final, ceux qui bricolent mais qui s'en passeraient bien. Or, le mot « amateur » vient du latin « *amare* » qui signifie aimer. Ces bricoleurs qui n'aiment pas bricoler ne sauraient donc être qualifiés d'amateurs. En s'excluant d'eux-mêmes du champ de notre enquête, ils laissent toute la lumière se faire sur l'individu recherché. Qu'est-ce qu'un bricoleur amateur ? C'est un bricoleur qui aime ce qu'il fait. Il ne s'oppose donc pas à un artisan professionnel mais à un bricoleur contraint.

Une visite matinale chez Germain, sexagénaire, en Normandie… Derrière le portail se dresse une maison avec un beau jardin, plat et recouvert d'une pelouse parfaitement entretenue qui ferait pâlir d'envie un golfeur. Tout au fond se trouve un atelier. Les outils y sont méticuleusement rangés. Au premier coup d'œil, on comprend que le propriétaire des lieux sait de quoi il parle. Les scies sont accrochées sur un panneau de bois, par ordre de taille, tout comme les marteaux et les tournevis. Les perceuses sont placées près des ponceuses, les clous et autres écrous soigneusement alignés dans leurs tiroirs. Germain avait prévenu : « *Moi, je suis un bricoleur amateur* ». Je ne peux alors m'empêcher de repenser aux bricoleurs contraints, rencontrés quelques jours plus tôt, qui pour répondre à la question que je leur posais sur leur matériel m'ont fait voir leur boîte à outils, incomplète et désordonnée. A la fin de la visite, Germain m'invite à boire un café au salon, où son ami Olivier se joint à la conversation. Il a cette réflexion très éclairante au sujet du bricoleur amateur : « *Oh la la, mais lui c'est un "je sais tout faire de mes mains". Vous avez vu son atelier ? C'est un truc de pro ça. Il a des machines que même les artisans ne se permettraient pas d'acheter. C'est simple, s'il décidait de louer ses outils, il se ferait un salaire mensuel, tranquille. Mais lui c'est pas l'argent qui l'intéresse. C'est juste l'amour de la bricole.* »

Le bricoleur amateur est donc, fondamentalement, un amoureux du bricolage. Mais cet amour n'est pas confiné au maniement des outils. Il rayonne sur les êtres chers. Plus que tout, celui qui répare, construit ou embellit, recherche un bien-être intérieur et la satisfaction de ses proches. Bricoler, c'est faire du beau et du bien autour de soi. On ne peut mieux l'exprimer que Nicolas, 40 ans, qui s'est mis au bricolage lorsqu'il a acheté sa maison : « *Après 20 ans en appartement, la seule chose que je savais faire c'était déboucher un évier et changer un robinet. Maintenant que ma femme et moi bricolons tous nos week-ends, notre fille nous a donné notre plus belle récompense en nous disant "merci papa et maman de me construire une si belle maison". Vous comprenez pourquoi j'aime ce que je fais ?* »

XXI

LE JOUEUR

Le jour où Michel PLATINI mit un terme à sa carrière, il expliqua sa décision par le fait qu'il ne s'amusait plus. En rappelant ainsi qu'il était un joueur de football et non pas un travailleur du football, il replaçait le jeu au centre… du jeu, précisément ! Et quoi de plus naturel pour un *joueur* que d'arrêter dès lors qu'il ne *joue* plus…

Le bricolage, pour une écrasante majorité des personnes rencontrées, possède sans conteste une dimension ludique. Bricoler convoque la concentration, le sens de l'adaptation, l'espoir de résultat, et la mise en œuvre d'une qualité devenue rare dans notre société de l'urgence : la patience.

« *C'est comme un jeu. Si tu commences à trop te prendre au sérieux, t'es foutu* », affirme Lucien, 56 ans, dans son pavillon de la banlieue rouennaise. *Tu joues un match avec les outils et les matériaux. Pendant la partie, faut accepter les injustices, les coups fourrés, le risque de perdre sur une erreur bête… Il ne faut surtout pas se laisser emporter par la colère. On doit rester calme pour bien lire le jeu et gagner à la fin.* »

Dans son appartement du centre de Brest, Isabelle, 26 ans, partage le point de vue de Lucien : « *L'utilité de la démarche, d'accord ! On bricole parce qu'on a besoin de faire quelque chose, mais c'est surtout parce qu'on en a envie. Et quand on fait, on joue. Parce qu'on ne sait pas si on va y arriver, parce qu'il y a des principes à respecter, parce que c'est excitant de savoir quel sera le résultat final.* »

A Montauban, Frank et Sylvie, 39 et 36 ans, confirment qu' « *il y a comme une excitation quand tu bricoles. T'es complètement dans ton truc et tu mets ton impatience entre parenthèses. Faut être concentré et souple à la fois. C'est à la fin que tu verras si tu as réussi à te sortir de tous les pièges et que tu pourras profiter de ta victoire.* »

Ceux qui commencent à bricoler, pour raison économique et/ou pour réparer un objet qui doit l'être, affirment se « *laisser prendre au jeu* ». Au cours de mon enquête, je n'ai jamais rencontré quelqu'un déclarant n'avoir eu qu'une seule expérience de construction ou de rénovation. Le goût pour le bricolage vient en bricolant, à l'image de l'appétit dans le célèbre adage. Car une fois que le match est lancé...

Certes, le bricolage reste une activité sérieuse, et onéreuse. Pour autant, elle engage le joueur dans une partie qui accapare toute son attention, l'anime, met en branle ses émotions, lui fait oublier ses déboires et lui procure une satisfaction finale. Comme chez celui qui joue... De plus, on remarque souvent, à sa manière de raconter ses expériences avec humour, que chacun prend en bricolant de la distance par rapport à lui-même. Comme celui qui, après coup, témoigne malicieusement de ses limites dans le jeu auquel il a pris part.

> Heureusement que le ridicule ne tue pas. Sinon, je ne pourrais pas vous raconter comment j'ai réparé mon toit.
> *Christophe, 32 ans*

> Comme j'ai deux mains gauches, j'ai dû apprendre à avoir les yeux bien en face des trous, et les pieds solidement ancrés au sol.
> *Alain, 41 ans*

> Quand ma fille de 8 ans m'a supplié d'arrêter de travailler dans la maison, je me suis dit qu'il était temps que j'apprenne à faire les choses correctement. Alors j'ai repeint sa chambre en rose, et depuis je suis son héros.
> *Fabrice, 39 ans*

Le caractère ludique du bricolage transparaît dans la série de tentatives effectuées pour arriver au résultat. C'est un jeu de pistes et de fausses pistes, une véritable aventure, une chasse au trésor. Le professionnel a le geste précis, définitif, sans surprise. Il l'a répété tant et tant de fois qu'aucune place n'est laissée au hasard. L'artisan sait où il va, et il y va sans détour. Le bricoleur, lui, tâtonne, furète, essaie des choses. A chacune de ses erreurs, il apprend. Il progresse, au double sens de s'améliorer et d'avancer. Comme dans un jeu, il prend des risques, il tente des coups. Et c'est ainsi, par rebonds, qu'il chemine vers la réalisation de son projet. « *Ça me rappelle les Lego, on joue au bâtisseur !*», s'exclame Céline, 28 ans. « *Pour moi,* s'amuse Fabien, 30 ans, *c'est du mécano. Faut comprendre comment ça marche, tenter des trucs, comprendre plus, essayer encore, et encore et encore, jusqu'à ce que ça marche.* »

Les bricoleurs insistent souvent sur l'importance capitale du divertissement dans leur pratique. Notons immédiatement que les deux verbes, *se divertir* et *bricoler*, possèdent étymologiquement la même racine : si *bricoler* veut dire *faire des détours*, *se divertir* signifie *se détourner*. Par le divertissement, comme par le bricolage, on échappe à l'ennui, on oublie ce qui nous afflige. La Pensée B139 du philosophe PASCAL rappelle que « *rien n'est plus insupportable à l'homme que d'être dans un plein repos, sans passion, sans affaire, sans divertissement, sans application. Il sent alors son néant, son abandon, son insuffisance, sa dépendance, son impuissance, son vide. Incontinent, il sortira du fond de son âme l'ennui, la noirceur, la tristesse, le chagrin, le dépit, le désespoir* ».

Mieux encore, l'homme qui se divertit est comme l'enfant qui joue. Il se projette sur une scène imaginaire. Ce qu'il y fabrique tend à rendre concrète une existence ordinairement soumise à la peur du vide. Car le but réel de toute action n'est pas plus son résultat que la quête de ce résultat. Pour le dire autrement, ce n'est pas la destination qui est essentielle, mais le voyage.

> Oui, je cherche sans doute à m'évader de mon quotidien, mais c'est ça qui est bon. Quand je bricole je ne pense pas au reste.
>
> *Ali, 34 ans*

> Je ne cherche pas à devenir un professionnel de la construction. Je fais ça pour mon plaisir. Parce que quand je bricole, je décide moi-même de ce que je veux faire, je suis mon propre patron, et je m'amuse comme je veux. Enfin, si ma femme me laisse tranquille. (*rires*)
>
> *Jérôme, 46 ans*

PASCAL reprochait à ses contemporains du XVIIe siècle de ne pas comprendre que ce qui importait était « *la chasse et non la prise* ». Il ne pourrait pas en faire de même avec le bricoleur d'aujourd'hui, car celui-ci a pleinement conscience que le moment où il bricole dépasse en valeur le moment de l'objet fini. Le jeu est toujours plus fort, plus profond, plus marquant que le résultat. Son plaisir s'inscrit plus durablement dans le cœur des hommes. Le résultat, somme toute, n'est qu'une intense joie éphémère. Car c'est jouer qui est vivre. Le résultat, lui, c'est le coup de sifflet final. C'est une cérémonie, un trou dans la terre, un nom avec deux dates sur une plaque de marbre.

L'homme jouant au football ou le travailleur manuel s'attelant à sa tâche cesserait de le faire avec autant de sérieux s'il prenait conscience de la vanité de son action, s'il s'apercevait qu'il ne cherche en réalité qu'à tromper son angoisse. Or les deux s'y adonnent avec la ferme conviction qu'il leur est nécessaire de s'impliquer dans une action ludique, essentiellement ludique. Car, si le bricolage active le désir et propulse l'individu vers des fins qu'il fantasme comme source de plaisir (*je serai content lorsque ce meuble sera restauré, je serai heureuse quand ma cuisine sera finie*), s'il mobilise son attention et son énergie dans l'espoir de les atteindre, c'est cependant sa part immédiate de jeu qui le ravit pleinement. Très nombreux en effet sont ceux qui, apaisés ou avec l'œil qui brille, confient : « *Moi, je suis heureux quand je bricole* ».

Le bricolage est un jeu qui permet d'installer une distance entre la réalité subie et la réalité choisie. En bricolant, l'homme est à l'origine de ses productions imaginaires. Il joue à faire comme si. Il se dédouble, devient un faiseur. En jouant à savoir comment on fait les choses, le bricoleur joue au professionnel.

> Dès que je mets mon vieux tee-shirt et mes baskets trouées, je sais que je deviens un autre et que c'est parti pour quelques heures de surprises.
> *Frédéric, 39 ans*

> Quand j'étais petite, je jouais à la dînette. Aujourd'hui, je joue à la bricoleuse. Serre-tête, salopette, outils bien

rangés autour de moi, et c'est parti pour la transformation de la maison.

Liliane, 52 ans

Le fait de déconstruire puis reconstruire, de jouer avec les matériaux et les outils, provoque un bien-être que beaucoup décrivent comme un « *défouloir salutaire* ».

Avant, je faisais du sport. Mon physique ne me le permet plus, mais je bricole. Et je vous assure que ça vide la tête et que ça fait perdre des calories.

Christine, 53 ans

Mettre les mains dans le cambouis, ça soulage. Tu te sens exister.

Adrien, 29 ans

Le truc que je préfère, c'est casser. N'importe quoi. Du carrelage, une cloison, un vieux parquet... Ça me défoule.

Novak, 19 ans

« *Le jeu est une activité de compensation aux sacrifices imposés par la réalité,* écrit Pierre GUTTON dans *Le jeu chez l'enfant* (1972). *Dans ce travail de dépassement de l'objet détruit,* poursuit l'auteur, *l'enfant entre dans une quête incessante d'objets substitutifs, eux-mêmes consommés, puis remplacés, élargissant ainsi son espace en surmontant son angoisse.* »

Ce qui vaut pour l'enfant vaut pour le bricoleur. Le jeu offre à l'un comme à l'autre le pouvoir de transformer son angoisse en plaisir.

Quel est son trait spécifique ? L'euphorisante liberté qu'il procure au joueur d'évoluer en inventant des combinaisons à l'intérieur d'un cadre. Tout bricoleur joueur est libre d'agir comme il l'entend, d'improviser à sa guise, mais pour atteindre ses objectifs il doit découvrir, assimiler et respecter les lois édictées par la matière. « *Pas moyen de tricher avec les mélanges de peinture,* dit Jeanne, 59 ans. *Si tu veux obtenir celle que tu souhaites, tu dois tester et comprendre les dosages.* »

Il n'y a jeu que lorsque la règle préexiste à l'activité, et la rend possible. Selon le philosophe Colas DUFLO, « *il suffit pour s'en rendre compte de penser que la liberté du joueur d'échecs, qui est toujours libre de faire ceci ou cela (roquer ou non, bouger la tour ou le cavalier) dans la forme prescrite par la règle, n'a pas de sens avant la règle elle-même. D'une certaine façon, il faut dire que c'est la règle des échecs qui produit le joueur d'échecs comme tel* ». (*Approche philosophique du jeu*, 2006).

On peut alors s'interroger, à l'instar de la philosophe Simone MANON, sur l'activité imaginaire déployée au cours du jeu. Quelle est la différence entre un récit fictif (*fable, conte ou roman*) et un jeu qui fait intervenir des situations irréelles (*les enfants qui jouent aux cow-boys et aux indiens, par exemple*) ? Elle réside dans le fait que le récit fictif s'ouvre sur un « *il était une fois* » qui marque le début d'un monde et d'une histoire, tandis que la fiction du jeu énonce un ensemble de règles d'action (« *on dirait qu'on serait des Indiens* »).

Le bricolage est à la fois un jeu et un récit. Il raconte une histoire épique qui met en scène des joueurs, les difficultés qu'ils ont rencontrées, et leurs stratégies pour obtenir une victoire méritée.

> Je me suis fixé des objectifs et après j'ai tout fait pour les atteindre. Je ne vous dis pas le nombre de fois où je suis allé chez Brico Dépôt, le nombre de catalogues que j'ai consultés et tous les sites internet que j'ai visités. Bien sûr, j'ai quelques amis qui m'ont donné des conseils. Mais au final, ma femme et moi, on s'en est sorti par nous-mêmes. On a fini par comprendre comment ça marchait et, pas à pas, on a isolé notre grenier. Quelle aventure !
>
> *Jacques, 46 ans, époux de Sandrine, 40 ans*

> Je me régalais quand j'entendais mon père raconter tout ce qu'il avait bricolé. Enfin, non. Ça m'a vraiment plu lorsque j'ai grandi et que j'ai quitté la maison. Là, je me suis rendu compte du côté merveilleux qu'il y avait dans ses petits exploits du quotidien. Ses yeux qui brillaient, mélange de fierté et d'émerveillement… En fait, mon père était un gamin qui prenait autant de plaisir à faire qu'à raconter.
>
> *Michaël, 40 ans*

Le bricolage est le récit des petites victoires de l'individu sur son quotidien. C'est la rencontre, au sens social et sportif (*un match est une rencontre sportive*), entre des habitants et leur environnement. L'espace du jeu-bricolage est relationnel. L'espace n'est plus un terrain neutre. Il devient un lieu qualifié par les relations définies entre les individus. Pour être plus clair, disons que ce qui distingue un pré à vache d'un terrain de football ce n'est pas la qualité de l'herbe mais la règle qui indique à chacun son rôle dans la partie, et le temps de jeu qui lui est imparti. De la même manière, la différence entre une maison de bricoleur et une maison où personne ne bricole tient à ses règles du jeu. Chez un bricoleur, chaque habitant a un rôle à jouer, quand bien même il ne s'agirait que de se plaindre de la poussière ou du bruit occasionné par les travaux. « *Chez nous,* dit Cyril, 17 ans, *c'est notre père qui est le chef de chantier : il distribue les tâches et vérifie le travail.* » « *Ah ! chez nous,* s'écrie Manuel, 50 ans, *il y en a un qui bosse et quatre qui se plaignent* ». « *A la maison*, confie Laurence 47 ans, *y a un espace clos et des règles bien précises, comme dans le livre de Georges* PEREC, W ou le souvenir d'enfance. »

Le 17 janvier 1716, le philosophe LEIBNIZ écrivait au mathématicien Pierre REMOND DE MONTMORT que « *les hommes ne sont jamais plus ingénieux que dans l'invention des jeux ; l'esprit s'y trouve à son aise* ». Ingénieux et joueurs, comme les hommes qui vivent au pays du bricolage…

XXII

LE CRÉATEUR

Pour faire plaisir au Petit Prince qui lui demande de lui dessiner un mouton, l'aviateur s'applique à représenter l'animal aussi fidèlement qu'il le peut. Mais l'enfant est déçu. Le pilote fait alors un autre dessin, sans plus de succès, puis un autre, et un autre encore. Chaque fois, son ami estime que le mouton n'est pas assez ressemblant, ou lui trouve un air malade, ou le juge trop vieux. Lassé, l'homme finit par esquisser une boîte, et dit : « *Ça, c'est la caisse. Le mouton que tu veux est là-dedans* ». A sa grande surprise, le Petit Prince, très heureux, s'exclame : « *C'est tout à fait comme ça que je le voulais !* ».

Ce moment du livre d'Antoine de SAINT EXUPERY illustre la force créatrice des individus, tant dans leur aptitude à faire quelque chose à partir d'une idée que dans leur faculté à voir une idée se concrétiser dans un minimum de formes. En cela, les deux personnages sont de parfaits exemples de bricoleurs, et je dis bien les deux : l'aviateur, puisqu'il agit et trouve la solution la mieux adaptée ; et le Petit Prince, parce qu'il voit au-delà des apparences.

Quel que soit leur niveau technique, qu'ils agissent sous la contrainte ou par plaisir, pour réparer ou pour embellir, tous les bricoleurs que je rencontre ont – certes à des degrés divers – cette capacité à voir autre chose que la réalité. Il faut voir la fuite d'eau s'arrêter pour espérer la réparer, il faut visualiser la nouvelle salle de bains avant de se lancer dans les travaux. Cette disposition à voir ce qui n'existe pas encore, et que les autres ne voient pas, est particulièrement notable chez ceux qui construisent une pièce entière, voire leur maison.

En plusieurs occasions, j'interroge des personnes qui ne manquent pas de me faire voir des choses qu'elles s'apprêtent à réaliser. « *Tu vois, ici il y aura la cuisine avec le plan de travail comme ça et la table en U posée là. Dans cette partie du couloir qui donne sur la chambre, je vais faire un placard*, me dit Féthi, 52 ans. *Regarde, elle est pas belle, cette chambre ? Tu l'imagines avec sa salle de bains juste à côté, et la petite terrasse au bout ?* » Pour être franc, je ne la vois pas vraiment… Mais je peux la deviner car le gros œuvre de la maison de Féthi est terminé. En revanche, chez Philippe, 35 ans, j'ai le sentiment d'écouter parler au mieux un magicien, au pire un affabulateur. Pourquoi ? Parce que Philippe et moi marchons dans un champ, en Haute-Savoie, avec une vue superbe sur le Mont-Blanc, et qu'il n'y a rien d'autre autour de nous qu'une nature superbe et sauvage. Aucun mur, pas de fondations. Pourtant Philippe me décrit son chalet avec une précision chirurgicale. Matériaux, techniques de construction, mesure et arrangement des pièces, tout dans le moindre détail… Je me dis que sa profession de pilote de ligne l'aide forcément à être exact dans son approche. Mais je m'étonne qu'il puisse donner une telle réalité au fruit de son imagination. Là où mon œil ne voit qu'un champ, l'officier des airs dessine une maison.

Le bricolage entretient avec la création une relation à trois niveaux. C'est à la fois une action qui donne ou redonne vie à des objets, un geste qui change la nature même d'un meuble ou d'une pièce, et une activité artistique pour ceux qui ne conçoivent pas de modifier leur environnement autrement que pour l'embellir.

Beaucoup de bricoleurs parlent en effet de leurs travaux de rénovation comme d'une démarche artistique. Les phases de conception, d'action des mains sur la matière, et de transformation de l'environnement s'apparentent selon eux aux trois temps d'une œuvre. « *Repeindre un mur en mauve, faire qu'il soit parfaitement harmonieux, puis penser et construire un meuble qui ira bien avec cette nouvelle couleur, wow, c'est puissant !,* s'enthousiasme Danilo, 50 ans. *Pour moi, c'est de l'art.* » L'évolution du marché du bricolage vers le domaine artistique trouve son explication, d'après Sambor, 52 ans, dans le fait qu'il est porté par une nouvelle catégorie de bricoleurs, les bricoleuses : « *L'image du bricolage devient créative grâce aux femmes. J'en connais qui bricolent à mort. Et quand elles bricolent, c'est avec beaucoup de sens artistique, pour la peinture, la déco... Bricoler, aménager, ça devient artistique car elles ont un sens de l'ergonomie. Elles sont en général très douées pour l'aménagement de l'espace parce qu'elles pensent toujours les choses dans un environnement global. Ces bricoleuses, elles bricolent sympa et efficace. Beau et pratique à la fois. Moi, à la femme qui bricole, je dis bravo, respect !* ».

Cette tendance artistique du bricolage ne peut être tenue pour de la simple décoration, dans la mesure où elle implique une transformation de l'environnement. Tout se passe comme si le bricoleur ne se contentait plus d'acheter un tableau pour l'accrocher au mur, mais se procurait un chevalet, une toile, des pinceaux, de la peinture, et qu'il se mettait à créer lui-même le tableau.

Bricoler, c'est aussi donner ou redonner vie à des objets. Le processus de création ou recréation est tel qu'il permet d'insuffler une nouvelle énergie à des équipements, des meubles ou des matériaux de tout genre. Au-delà du combat contre l'obsolescence évoqué dans un chapitre précédent, l'intention est bien de faire renaître les choses, quand bien même il ne s'agirait que d'une vieille machine à laver. Qu'il me soit ici permis de citer ma mère, Najet, 68 ans : « *Bon faut que je te dise, la machine à laver qui fuyait, ton père a bien regardé mais il ne voyait pas d'où ça pouvait venir. Il a bidouillé dedans mais au final on est allé au magasin en acheter une neuve. Franchement, c'est pas très cher de nos jours. On se demande pourquoi on se casserait la tête. Eh bien, tu sais quoi, ton père n'a pas voulu en rester là. Il m'a installé la nouvelle machine à laver, et après il a mis l'ancienne sur la terrasse, il l'a bien recouverte, et il m'a dit : "dès que j'ai un peu de temps, je vais la démonter pièce par pièce. Il y a bien une raison si elle ne fonctionne plus, et je vais la trouver. Cette machine, elle n'est pas encore morte"* ».

Le bricoleur, nous l'avons vu, est un amateur et un joueur. On retrouve ce goût pour le divertissement dans l'acte de redonner vie à des objets cassés. De la recréation à la récréation, il n'y a qu'un pas. Un pas qui fait suivre au bricoleur le chemin inverse, en direction du concepteur de l'appareil, afin de découvrir comment celui-ci a agencé les diverses pièces du puzzle, et mieux comprendre ainsi la route de la création. Telle est la quête du bricoleur créateur. « *Bricoler, c'est apprendre une langue,* dit Angelo, 50 ans. *Moi, je suis chef d'entreprise dans le bâtiment et bricoleur artiste chez moi. Si je démonte cette serrure devant toi, je vais le faire petit à petit, en essayant de comprendre la grammaire utilisée par celui qui l'a montée. Et si je capte sa logique, si je comprends son langage, alors je pourrai la remonter.* »

Cette recherche se manifeste surtout chez les bricoleurs les plus experts. On l'observe également quelquefois au sein des bricoleurs du dimanche, ceux qui pratiquent peu mais veulent néanmoins affiner leurs connaissances. Parce que savoir est la moitié de savoir-faire.

En permettant à chacun d'ancrer son idée dans la matière et de concrétiser ainsi son désir et sa volonté, le bricolage constitue un acte magique semblable à celui du créateur.

> Construire une nouvelle pièce, une nouvelle table, ou mettre au point un procédé pour creuser plus intelligemment, c'est mettre au monde ce que tu as imaginé !
>
> *Aurélien, 35 ans*

> D'abord je pense à ce que j'aimerais améliorer chez moi, je fouine un peu partout pour prendre des idées, et puis je fais. Après, ça existe. Alors je peux me dire que c'est moi qui l'ai créé.
>
> *Géraldine, 42 ans*

> Mettre les mains dans la matière, c'est comme jouer avec de la pâte à modeler. Sauf que là, ça ne se casse pas après. Enfin, si tu n'as pas trop mal fait les choses. *(rires)* Tu crées de vrais objets, tu produis des choses concrètes. C'est trop bon !
>
> *Romain, 27 ans*

Redonner vie à un lieu sert aussi parfois à réanimer celui ou celle qui y vit. Bérénice, 47 ans, l'exprime avec émotion : « *Le bricolage, moi ça m'a aidé à me réapproprier ma maison et à recommencer à vivre. Quand je suis arrivé chez mon mari Jean-Louis, j'ai tout décoré, mais j'avais l'impression qu'on n'était que chez lui. Quand on a déménagé, j'ai tout installé, bricolé, décoré. Mais ça n'était pas encore assez. Jean-Louis était d'un* tempérament casanier. Moi, je sortais tout le temps. Comme si je fuyais la maison. Quand il est mort, il y a eu un arrêt sur image. Plus tard, avec Philippe, j'ai appris à me sentir bien chez moi. Sans doute parce que, quand j'ai décidé de garder la maison, il m'a dit que je devais lui redonner vie. Alors j'ai commencé à chiner, à rapporter des petits trucs de temps en temps, à bricoler une étagère et changer les poignées de porte. "Rentre un peu chez toi", m'avait dit Philippe. Depuis je bricole, et je vis. »

Bricoler, disais-je, consiste enfin à offrir une nouvelle nature à un objet. Transformer la substance est très prisé par certains bricoleurs enclins à jouer avec les matériaux.

> Mon grand truc, c'est de faire du faux marbre. J'adore ça. J'ai l'impression de construire un temple !
> *Grégory, 29 ans*

> Récemment j'ai refait notre salon en rabotant le parquet, puis en le patinant bien. Maintenant, on dirait qu'il y a des ronds de bois. Ça fait super chouette.
> *Julie, 33 ans*

Il y a par ailleurs un plaisir certain à jouer aussi avec le temps. Beaucoup s'amusent en effet à moderniser leurs meubles anciens ou à vieillir leurs créations. « *Ce que j'aime, c'est créer un meuble dont on dirait qu'il sort de chez l'antiquaire. J'ai l'impression de lui avoir donné une histoire. C'est une vraie naissance comme ça* », se réjouit Elizabeth, 44 ans. Cette propension à offrir un supplément d'âme et une histoire à l'objet construit sublime sa fonctionnalité. A l'utilité, elle ajoute un destin.

Cette dimension créative fait naître dans le cœur du bricoleur un sentiment de joie. Non pas que les bricoleurs créatifs soient moins pessimistes que la moyenne des Français, mais parce que l'activité elle-même les dynamise et les apaise à la fois. Car la créativité est stimulante. Son énergie libère une euphorie qui efface la fatigue physique que peut ressentir un bricoleur.

> Quand je bricole, il y a une forme de gaieté qui me porte.
> *Malika, 50 ans*

Quand je bricole, je suis bien, ça me repose. Mais j'ai aussi hâte de voir le résultat. Et ça, ça me booste !

Laila, 35 ans

Quand je bricole, je me nourris de ce que je fais pour repartir sur d'autres idées. J'aime les choses qui changent, qui bougent.

Arnaud, 40 ans

Quand j'arrive au bout d'un travail, même si je suis crevé, je repars aussitôt sur autre chose. C'est sans fin. Plus j'avance, plus j'ai des idées.

Thierry, 28 ans

Cette euphorie s'accompagne d'un sentiment de puissance. Agir sur son environnement et le transformer permet de se sentir exister. « *Tu peux voir ce que tu as fait, ce qui n'est pas le cas au boulot,* confie Jean, 46 ans. *Dans le bricolage, tu concrétises tes idées, tes actions ont du sens, tu existes. Dans la vie de tous les jours, tu souffles dans le vent. Parfois t'entends un mince filet de bruit, mais c'est rare.* »

Par la maîtrise des causes et des effets, le bricoleur initie et met en œuvre un processus créatif gratifiant. « *Tu imagines une amélioration chez toi, un remplacement, ou même une petite réparation. Tu te lances et tu y arrives. Laisse-moi te dire que je ne connais pas beaucoup d'activités qui te donnent ça,* dit Franck, 49 ans, avant de conclure avec pertinence : *Paradoxalement, tu essaies des trucs sans vraiment savoir si ça va marcher, et au final ça te donne un grand sentiment de maîtrise. Alors oui, je me sens créateur au sens de Maître.* »

Le bricoleur est créateur dans la mesure où il fait montre d'ingéniosité, d'inventivité et d'adaptabilité (*principe moteur de toute évolution, synonyme en anthropologie de changement, de mouvement !*). Pour se tirer d'affaire et marcher vers son but, il s'appuie sur ces deux bâtons de pèlerins que sont l'intelligence et l'instinct. L'instinct est l'aptitude innée à faire des choses ; l'intelligence suppose une conscience, un choix, la liberté. Le bricoleur réunit les deux dans une forme d'intuition sensée qui allie la sympathie divinatrice de l'instinct et la clairvoyance de l'intelligence. Il incite à la recherche perpétuelle, à la remise en cause, au doute, au risque, au tâtonnement. Bref, il s'inscrit dans cet « *élan vital* » dont parle BERGSON dans son livre *L'évolution créatrice* (1907). Il n'y a pas pour lui de plan prédéterminé à suivre mécaniquement, ni d'objectif immuable à atteindre. Il y a seulement une suite d'événements imprévisibles qu'il faut chaque fois surmonter.

> J'ai de l'admiration pour les bricoleurs car ce sont des personnes complexes, qui utilisent leur intelligence, qui utilisent leurs mains et qui sont douées pour essayer des choses.
>
> *Léona, 29 ans*
>
> Le bricoleur, pour moi, c'est un créateur. Pas ceux qui se disent créateur parce qu'ils font du marketing et qu'ils veulent te vendre ce qu'ils savent faire. Non ! C'est tout l'inverse. Lui, c'est un vrai parce qu'il sait trouver les solutions à toute situation. C'est celui qui peut survivre en cas de guerre. C'est le survivant. Si tu es naufragé et que tu es bricoleur, tu t'en sors !
>
> *Lucia, 41 ans*
>
> Quoi qu'il arrive, le bricoleur, du débutant à l'expert, il bidouille ! Et c'est ça le vrai nom du bricolage. C'est pas juste réparer ou construire. Non. C'est réfléchir avec ses doigts et tâtonner avec sa tête. Et l'inverse. La bidouille quoi ! (…). Tu sais que tu sais pas tout quand tu commences, qu'il va y avoir des surprises, mais que tu vas trouver. Comment ? En écoutant ton corps, ta tête, et ton cœur aussi. Eh oui ! Parce que si t'aimes pas ce que tu fais, ça marchera pas, ou alors pas longtemps. La bidouille, je te dis.
>
> *Cyprien, 40 ans*

Contrairement au professionnel qui répète son travail, le bricoleur ne duplique pas, ne reproduit pas. Il agit en créateur. Son œuvre se veut unique. Et elle est faite « *à sa manière* ». Quand bien même il écoute les conseils d'un vendeur, d'un artisan ou d'un ami, il sait qu'il fera au final comme il voudra. Non qu'il ne tienne pas compte des divers avis, mais il est le maître de sa quête et s'estime seul capable d'apprécier tous les éléments de son équation. Les pilotes d'avion ont coutume de dire qu'il existe trois techniques de navigation : piloter aux instruments, piloter à vue, ou « *piloter au cul* ». Les deux premières méthodes ne nécessitent guère d'éclaircissement. La dernière signifie conduire l'avion en fonction de ses sensations, en ressentant les situations, les vagues de l'air et les réactions de l'appareil. En un mot, il s'agit de faire corps avec l'environnement pour avancer au plus juste. Un bricoleur, ça pilote au cul.

Faire à sa façon, c'est se départir le plus possible des contraintes de la règle académique. Certes, les normes sont intégrées, notamment celles de sécurité et celles fixées par le cadre légal (*pas de bruit après 22 heures, pas de travaux le dimanche... Un comble pour les bricoleurs du même nom !*). Pour le reste, il n'est d'autre gouvernail que l'envie de découvrir par soi-même. Si un bricoleur multiplie les sources de renseignement, il ne laisse couler en fin de parcours que sa seule rivière. Prenons la notice d'un outil, par exemple. Généralement, il ne la parcourt – quand il le fait – que dans ses grandes lignes, pour en saisir le fonctionnement global. En revanche, il ne suit que très rarement toutes les consignes d'utilisation car il sait qu'il ne découvrira qu'à l'usage ce que la machine « *a dans le ventre* ». Carlos, 56 ans, est formel : « *Même si on te dit d'utiliser la perceuse de telle ou telle manière, y a qu'une fois que tu te cognes au mur que tu sauras l'utiliser. Et là, t'auras pas le temps de lire le manuel. Tu vas t'adapter et apprendre.* »

Il est intéressant de souligner que lorsque le bricolage impose une grande rigueur dans le respect des règles écrites (*l'application d'un enduit spécial, la pose d'un parquet particulier, etc.*), le bricoleur goûte peu d'être surpris en train d'étudier cette phase théorique du travail. « *Je déteste lorsque ma femme vient me voir quand je lie la notice ou que j'essaie de comprendre sur internet comment ça marche. Ça fait partie de ma petite popote à moi. C'est intime* », confie Richard, 62 ans. Comme si le fait d'apprendre la norme et de limiter l'imprévu était un aveu de faiblesse...

A prôner l'adaptation, en érigeant sa valeur au rang de première clef du succès, les bricoleurs apparaissent comme les dignes ambassadeurs de la théorie darwinienne. « *Les bricoleurs sont les héros modernes, parce qu'ils n'ont pas perdu le sens de l'évolution* », prend plaisir à me répéter un collègue tout au long de mon enquête. Cette assertion est loin d'être farfelue. Il est en effet légitime de parler de héros en ce sens que le bricolage, en relevant de l'œuvre et non du travail, s'ancre pleinement dans le nouveau mythe fondateur qui régit notre société. Car, oui, nous sommes passés du temps du travail à celui de l'œuvre. Notre époque connaît en effet une mutation, parce que ses fondations ont bougé. L'ère industrielle, en rationalisant les processus de production et en augmentant ainsi la productivité, a atteint son objectif qui était de nous désaliéner du travail, cette torture nécessaire (le mot « *travail* » vient du latin « *tripalium* » qui signifie « *instrument de torture* »). Aujourd'hui, à l'ère post-industrielle, nous ne sommes plus obligés de travailler. Du moins, c'est comme cela que chacun ressent son rôle dans la société. Adhérer à une fonction au sein d'une organisation figée et hiérarchisée ne parvient plus à satisfaire pleinement l'individu. Ce à quoi il aspire désormais, c'est à accomplir une mission, une mission qui a du sens. Or, c'est quoi le sens ? C'est à la fois la direction qu'on emprunte (*tu vas dans quel sens ?*), la signification d'une chose (*le sens d'un mot*), et les sensations ressenties (*les cinq sens*). Une mission qui a un sens, c'est donc une mission qui va vers quelque part et/ou vers quelqu'un, une mission qui peut se raconter, et pour laquelle on a du goût. C'est bien ce que cherchent les 750 bricoleurs rencontrés, et les histoires qu'ils racontent en témoignent. Elles illustrent l'aspiration de l'ensemble des individus de notre société. Et que désirent-ils, ces individus ? Ils désirent une chose par-dessus tout : faire l'expérience du monde. Car le temps du travail est terminé. Nous sommes entrés dans le temps de l'œuvre, au sens où les Anglais l'entendent dans leur distinction *labor* (le travail laborieux) / *work* (l'œuvre, le travail épanouissant). Le bricoleur n'occupe pas le champ professionnel. Non, il développe ses capacités manuelles et intellectuelles pour habiter une œuvre. En ce sens, il est un héros des temps modernes. Et même celui qui n'aime pas bricoler mais qui répare lui-même sa fuite d'eau se sent fier d'avoir accompli, non pas un travail, mais une mission.

L'homme a l'honneur d'être à lui-même sa propre œuvre, enseignait KANT. Et pour ce faire, il doit développer sans cesse sa capacité d'adaptation. Comment ? En sortant des sentiers battus, en brisant les chaînes de l'habitude et de la duplication des recettes apprises. Lorsqu'un ingénieur me raconte qu'il construit un radar pour se détendre, que fait-il sinon stimuler sa curiosité et maintenir de la sorte son inventivité en éveil ? Que cherche-t-il d'autre qu'à mettre à distance les automatismes inhérents à son métier ? Car, en effet, les deux plus grandes menaces de notre société sont Pavlov et son chien.

Le bricolage casse nos certitudes, nos inhibitions acquises et nos réflexes conditionnés. Finalement, bricoler c'est accepter de vivre une situation extraordinaire, littéralement hors de l'ordinaire, un moment de rupture qui extrait l'individu de la routine dans laquelle il n'utilise qu'une part infime de son potentiel. C'est se transporter dans le monde de l'imprévu, du doute, de l'improvisation et de la sensation. *« Quand je bricole, je dois chercher des solutions à des problèmes que je ne maîtrise pas. Ça m'aide dans la vie de tous jours. Depuis que je m'y suis mis, je prends plus facilement des décisions »*, affirme Etienne, 51 ans. Et la plus capitale des décisions que l'homme ait à prendre n'est-elle pas celle de se donner les moyens d'accéder à son propre bonheur ?

Mais le bonheur est un mouton enfermé dans une boîte. Et le bricoleur, qu'il répare une chasse d'eau, restaure une commode ou construise sa maison, crée un monde à plusieurs échelles dont le dernier degré est lui-même et l'invisible auquel il donne vie. Là se tient le pouvoir ultime du créateur. C'est pourquoi un bon professionnel n'aura jamais que du talent, tandis qu'on peut parler d'un bricoleur de génie…

XXIII

L'OUTIL

> *Qu'est-ce que ça signifie apprivoiser ?*
> *Ça signifie créer des liens.*
> Le Petit Prince

L'outil est le totem du bricoleur. On peut le considérer comme l'ancêtre protecteur de la tribu des *Penseurs avec leurs mains*. En lui, se concentrent toutes les valeurs, les significations, les rituels, et le rapport que cette communauté entretient avec le monde. Sans outil, point d'humanité.

« *Mais comment ça tu n'as pas de tournevis ? C'est pas possible ! Tout le monde a un tournevis ! C'est comme si tu me disais que t'avais pas de fenêtre chez toi. C'est pas humain de vivre comme ça. Allez, cherche encore, il doit bien y en voir un quelque part. J'en suis sûr !* », s'écrie Angelo, 50 ans. Ce bricoleur qui est venu m'aider à réparer ma serrure me met la puce à l'oreille. Il y aurait dans le tournevis quelque chose de si intense et de si essentiel que l'humanité se cacherait en partie dans sa poignée plastifiée prolongée d'une tige métallique. Plus qu'un simple moyen d'agir sur la matière, cet outil serait un signe d'appartenance…

La famille de cet objet mythique hiérarchise ses différents membres au sein de deux dynasties : les plats et les cruciformes, dits « à étoile ». Deux autres lignées se sont abâtardies du fait de leurs unions avec la roture professionnelle : les testeurs, munis d'une lampe témoin, et les dynamométriques… Tous, cependant, sont placés sous l'autorité d'un même roi : le tournevis universel ! « *Je ne sais pas, moi, quelqu'un qui n'a pas de tournevis, c'est comme quelqu'un qui n'a pas de couvert dans sa cuisine. J'ai rien contre les gens qui mangent avec leurs mains, hein. Mais il faut savoir vivre avec son temps et avec les siens* », lance Dominique, 62 ans. « *Avec un tournevis universel dans l'appartement, je me sens rassurée,* confie Adeline, 26 ans. *Je saurai toujours parer aux petits pépins.* » Le tournevis est une icône de notre société de consommation. Paradoxalement, alors qu'il devrait être associé à la débrouillardise des pays dits en voie de développement, il incarne en fait à lui seul le savoir-faire technologique d'une civilisation qui contrôle la matière. Est-il bien le seul ?

Citez sans réfléchir un outil et une couleur ! Si vous êtes comme la majorité de ceux qui répondent à ce célèbre exercice d'évocation spontanée, vous venez de penser « *marteau rouge* ». Quelles que soient les raisons psychosociologiques qui expliquent cette réponse (*le renvoi inconscient, peut-être, à la propagande soviétique autour de leur drapeau*), force est de constater que le marteau symbolise lui aussi la catégorie tout entière des outils. Toutefois, l'enquête sur les bricoleurs montre qu'il est moins valorisé que le tournevis. Ce dernier est perçu comme plus malin. Il sert à monter et à démonter, mais on peut également l'utiliser comme levier, et même comme marteau si on le retourne et que l'on tape sur un clou avec son manche. C'est l'outil couteau suisse qui correspond le mieux à l'ancêtre mythique du bricoleur : Ulysse le rusé. Le marteau, lui, est certes essentiel, connu de tous et respecté, mais il représente la force, qui n'est pas le meilleur allié du bricoleur dans tous les combats qu'il a à mener. Aussi son utilisation est-elle plus limitée, son champ d'action s'associant autant à la construction qu'à la démolition. Au moment du travail, le marteau n'a en effet pour fonction que d'accomplir les tâches les plus basiques du bricolage (*planter un clou est considéré comme le degré zéro de toute activité manuelle*).

> Le marteau c'est la force. Avec ça tu casses ce que tu veux chez toi.
>
> *Domingo, 55 ans*

> J'ai changé toutes mes vitres et pour éviter de me blesser, j'ai cassé les anciennes. Comme ça, j'ai pu les jeter plus facilement.
>
> *Edouard, 42 ans*

Le marteau conserve toutefois une certaine noblesse, probablement du fait qu'il reste l'instrument de la puissance. Il forme avec le tournevis le couple mythique de l'Olympe bricoleur.

Pour leur trouver un équivalent dans le monde animalier, je dirais que le marteau c'est le lion, et le tournevis le tigre.

Le rapport affectif que les Français entretiennent avec les outils est patent. Si son intensité s'accroît avec le degré d'implication du bricoleur, on note qu'il existe aussi une forme de tendresse chez ceux qui ne bricolent pas du tout, mais à qui les outils inspirent quand même le respect.

> Toute petite, c'est moi qui étais chargée de ranger l'établi de mon père et de nettoyer le garage. Je mettais les clés avec les clés, les scies avec les scies. Je faisais ça pour lui faire plaisir, pour qu'il soit content de moi. Et depuis, j'aime bien voir les outils. Il m'arrive même d'aller dans les magasins de bricolage juste pour me rappeler cette époque.
> *Claudia, 48 ans*

> Mes premiers souvenirs, c'était l'établi de papa avec les marteaux, les ciseaux, les tournevis. Il y avait quelque chose de merveilleux. Aujourd'hui, grâce à eux, il y aura quelque chose d'utile. Je vais pouvoir faire tout ce que je veux ! Le bricolage, c'est un vrai moment de bonheur et de partage.
> *Suzanne, 32 ans*

Bouffée d'enfance, pouvoir excitant sur les choses, mais également une intense émotion sensuelle…

> Les outils, j'aime ! J'aime les beaux outils ! J'ai une boîte à outils, j'ai une perceuse complète, des tournevis, des clés, une clé à molette, des embouts de tournevis, des marteaux… J'adore faire mes courses au magasin de bricolage d'à côté.
> *André, 45 ans*

> Un outil qui tient bien en main, c'est le pied ! Comme quand t'es gamin et que tu tiens ton arme pour jouer avec tes potes.
> *Killian, 27 ans*

L'outil symbolise un monde en mouvement, dans lequel les apprentis visent à acquérir la maîtrise. Au plaisir de tenir et à la joie de faire s'ajoute ainsi l'envie de progresser. « *Oui, je bricole.*

J'utilise la perceuse, la visseuse, la scie électrique pour faire des étagères. J'adore ! J'essaie de faire le plus possible. Il y a deux ans, j'ai demandé une perceuse pour mon anniversaire. Je l'ai eue ! Je voudrais une perceuse à tambour, je vais la demander pour Noël ! Mon père m'offre toujours tout un tas de petits outils astucieux. J'aimerais avoir un bon niveau…, déclare Giulia, 41 ans, qui conclut sur le ton de la confidence : *Je vais te dire un truc qui va t'amuser : j'adore le sous-sol du BHV* [4] *! J'y emmène les enfants. On va voir toutes les roulettes, tous les types de vis. J'adore !* »

Il y a dans la plupart des foyers un coffre qui contient mille et un mystères : la caisse à outils. C'est une chose en soi, un trésor familial, un peu comme un animal domestique que l'on garde précautionneusement et dont on recherche la compagnie quand la pression de la réalité se fait trop forte. Certains propriétaires s'en occupent peu, le nourrissent mal, son poil est hirsute et son caractère lunatique. « *Oh, ma boîte à outils…,* soupire Christian, 34 ans, *les outils sont tous en vrac à l'intérieur. Il manque toujours quelque chose. A chaque fois, je sors tout pour trouver ce dont j'ai besoin. Et puis après je remets tout pêle-mêle. Mais au moins j'en ai une.* » Chez d'autres bricoleurs, comme Gaëtan, 48 ans, l'animal est en pleine santé, discret mais prêt à bondir au premier ordre de son maître. « *Ma caisse à outils, je ne pourrai pas m'en séparer. J'ai tout ce qu'il me faut dedans. Tous les outils qui s'y trouvent, je les ai choisis. C'est te dire si je les aime bien !* »

Priver un bricoleur de ses outils, c'est retirer certains organes vitaux d'un organisme vivant. Maxim, 48 ans, en a fait la triste expérience. « *Récemment, j'ai enlevé des outils de ma boîte pour les mettre dans mon sac de voyage. J'allais rendre service sur un chantier. Quand je suis passé à l'aéroport, ils les ont gardés ! J'étais pas content ! C'est peut-être idiot à dire, mais je me suis senti mal. J'ai une relation très affective avec mes outils. J'en ai*

---

[4] Bazar de l'Hôtel de Ville, grand magasin généraliste parisien, appartenant au groupe Galeries Lafayette.

rapidement racheté pour combler le vide. J'avais peur de me trouver encore dans une situation où je ne les aurais pas. »

Quand les proches du bricoleur évoquent le merveilleux qui entoure ce coffre à trésors, il est fascinant d'observer à quel point, parfois, ils s'y projettent eux-mêmes. Christine, 54 ans, médecin, murmure que son époux « *a toujours sa trousse de bricolage avec lui* ». Pour Violette, coquette parisienne de 18 ans, « *la boîte à outils de papy, c'est comme une maquilleuse avec sa collection de vernis, de pinceaux, de fards, de couleurs. C'est sa mallette d'artiste peintre, sa boîte à magie !* ».

Un bricoleur s'approprie très vite ses outils, comme les musiciens leur instrument. Un matin, j'ai le loisir de mesurer cette implication émotionnelle dans un magasin de bricolage, où un client vient de choisir une boîte à outils. Après l'avoir longuement comparé à toutes les autres du rayon, le voici sûr de sa sélection, et il se dirige vers la caisse. A ce moment précis, le vendeur le rattrape et tente de la lui reprendre, au prétexte de lui en donner une neuve car celle qu'il a prise est le modèle d'exposition. L'angoisse qui étreint le client est si palpable que le vendeur prend soin de le rassurer. Mais il reçoit, incrédule, cette réponse définitive : « *Non, moi c'est celle-ci que j'ai choisie !* ».

Deux tendances parcourent le monde de l'outillage : la personnalisation et l'autonomisation des ustensiles à moteur. Les personnes que j'interroge expriment majoritairement la volonté d'avoir la possibilité d'adapter leur outil à leur propre projet. L'exemple de la perceuse est caractéristique. Les plus vendues sont celles qui proposent un grand nombre de mèches et d'accessoires, alors même que les résultats de l'enquête révèlent qu'elle est presque toujours utilisée dans la même configuration. « *J'ai acheté une perceuse avec énormément d'accessoires. Je veux être sûr d'avoir avec moi la plus grande palette de possibilités pour ne pas me tromper* », dit Gilles, 46 ans. « *Comment savoir si les basiques vont nous suffire ? Quitte à acheter un nouvel outil, autant prendre la panoplie avec* », confirme Borislav, 38 ans.

Le bricolage est le paradigme de l'adaptabilité. Tout y est toujours sujet à l'ajustement en fonction des circonstances. C'est pourquoi l'outil adaptable est le plus prisé. On le préfère d'abord parce qu'il rassure. Pour parer à toute éventualité… On le préfère aussi, et là se trouve une autre clef de compréhension, car il permet d'exprimer sa personnalité, d'ajouter sa petite touche de créativité et d'inventivité. Un bricoleur veut toujours faire les choses « *à sa façon* ». Il a donc besoin d'un outil aux possibilités étendues. Un outil qu'il fera « *à sa main* ».

Les avancées technologiques dotent aujourd'hui les outils d'une autonomie plus longue et d'une plus grande pérennité, notamment grâce à la disparition de l'effet mémoire qui réduisait le temps d'efficacité de la batterie après chaque remise en charge. Cette évolution fait le bonheur de tous. De manière générale, les bricoleurs et les bricoleuses sont assez friands d'innovation. « *40 % de notre chiffre d'affaires est réalisé avec des produits développés et mis sur le marché depuis moins de deux ans* », déclare Alexandre JAOUEN, Directeur commercial grand public chez Bosch France. Dans cette dynamique, beaucoup attendent encore des fabricants qu'ils allègent les outils plus basiques. C'est le cas de Marcelle, 59 ans. « *Davantage de femmes bricoleraient s'il y avait des outils adaptés. Avant, c'était le monopole des hommes. Mais de plus en plus de femmes s'y mettent. Un manche de pelle ? Il pèse une tonne. C'est affreusement lourd. Ils font tout trop lourd !* »

Les critères d'appréciation d'un outil chez les hommes demeurent conservateurs : la prise en main, la puissance supposée (*très peu évoquent la puissance réelle*), l'idée de densité, associée à la solidité et à la pérennité de l'ensemble. Un outil qui n'est pas d'un seul tenant, qui ne fait pas bloc, est jugé fragile. « *Pour te donner envie de bricoler,* dit Tom, 32 ans, *tu as besoin de bons outils. Ils doivent être beaux, efficaces, et surtout solides.* »

L'outil agit comme une baguette magique. Il rassemble les choses séparées, répare les éléments cassés, remet le monde en ordre. L'attachement que lui portent les bricoleurs en témoigne pour partie. Il transparaît ainsi dans le pronom possessif qu'ils lui apposent presque toujours (« *ma* » scie, « *ma* » clé de 12). Mais la magie survient aussi à l'usage. Ce sont leurs outils parce qu'ils ont mené avec eux plusieurs campagnes. « *Avec cette scie sauteuse, j'ai construit les lits pour toute la famille* », confie Lilian, 37 ans. « *Avec ce tournevis, je te démonte et te remonte un moteur sans problème,* raconte Guillermo, 56 ans. *On en a tellement fait !* » Le bricoleur et l'outil se connaissent par cœur, des liens se sont créés entre eux, ils sont de connivence... A force de chantiers, à force de victoires, tout se passe comme si l'outil comprenait l'intention du bricoleur, et qu'ensemble, avec le temps, ils avaient acquis une mémoire du succès.

On retrouve un peu de cette magie dans certaines grandes surfaces de bricolage. Les produits y sont mis en avant dans leur singularité, exposés tels des personnages. Rien ne laisse penser qu'ils sont, en réalité, des objets de séries produits à plusieurs millions d'exemplaires...

J'assiste un soir à cette scène étonnante : un client chine dans un magasin, puis se dirige vers le rayon des perceuses et aperçoit, en tête de gondole, un modèle placé sur un promontoire. Eclairé par les lumières qui tombent du plafond et l'entourent d'un halo, l'objet semble divin. Ce n'est plus une perceuse, on dirait une épée magique ! Le client s'arrête un instant, fasciné. Un vendeur l'accoste aussitôt, et lui lance sur le ton de la confidence :

- Elle est belle, hein ?
- Oui, c'est sûr, lui répond le client.
- C'est ce que vous étiez venu chercher ?

S'ensuit une discussion sur les besoins et les attentes du client, échange au cours duquel le vendeur lui détaille les qualités techniques du produit présenté. Puis le vendeur finit par dire au client que ce produit est *« fait pour lui »*.

- Vous voulez la prendre en main ?
- Pourquoi pas...
- Voilà... Alors, elle tient bien, non ?
- Ah oui, on l'a bien en main. Ça fait solide en plus. Mais... elle doit être chère...
- Teuteuteu... Elle est justement en promotion... Quand je vous disais qu'elle était faite pour vous !

Et l'homme, entré dans le magasin à la recherche d'un outil, ressort de Leroy Merlin en tenant dans ses mains Excalibur !

Oui, il y a de la magie dans les outils. Tout bricoleur averti sait que certains sont là, quelque part, à l'attendre, et qu'il lui faut les trouver. Les chercher fait partie du chemin. Se mettre en quête du bon outil, c'est déjà bricoler.

> Il n'y a pas longtemps, j'ai fait le tour de trois magasins de bricolage pour acheter une tronçonneuse. J'ai pas trouvé ce que je veux. Je cherche la même que celle que j'avais avant, parce que j'ai des chaînes d'avance. Et surtout parce que celle-là, je l'ai bien en main.
>
> *Emile, 71 ans*

> Pour trouver de bons outils, faut du temps. Quand on a les siens, on s'y habitue. Ils font partie de toi. Une perceuse ou un marteau-piqueur, ça fait partie de toi. Tu y es attaché, comme à une voiture. Il y a des outils, ça fait vingt ans que je les ai.
>
> *Georges, 58 ans*

L'outil est une notion clé de l'étude anthropologique. Qu'il me soit ici permis de faire une halte dans mon voyage, et de prendre le temps d'un regard approfondi.

Depuis Henri BERGSON et Hannah ARENDT, nous définissons l'intelligence humaine par l'aptitude à fabriquer des outils. L'Homo sapiens (*l'homme qui sait*) serait donc avant tout un Homo faber (*l'homme ingénieux*). En 1964, le premier représentant daté du genre humain est un Homo habilis (*l'homme habile*), probable inventeur du premier outil.

En quoi l'outil est-il propre à l'homme ? L'animal ne s'en sert-il pas lui aussi ? (*Scientifiquement, il serait plus correct de parler des humains par rapport aux autres animaux ; mais, pour des raisons de clarté, nous opposerons humain et animal*).

Certains animaux utilisent parfois des objets comme des extensions de leur corps, leur permettant d'améliorer leurs performances. Cela correspond à la définition la plus générale qu'on puisse donner d'un outil. Un chimpanzé, par exemple, est capable d'élaguer une branche pour en faire un bâton, qu'il enfoncera dans une termitière afin de récolter les termites dont il se régale. Il ne range pas, semble-t-il, ce bâton après usage, mais il est capable de le retrouver plus tard pour le réutiliser. Ce comportement n'est pas inné mais acquis, car les jeunes singes l'apprennent auprès des adultes. En va-t-il de même pour le bricoleur ? Qu'est-ce qui distingue l'outil humain d'un outil animal de ce type ?

Empiriquement, on relève les trois différences suivantes :

Primo, le savoir technologique humain est cumulatif, alors que celui de l'animal semble purement répétitif. Le bricoleur ne veut jamais répéter la même tâche, il apprend à chaque étape et capitalise sur son savoir acquis. Le chimpanzé a peut-être inventé le « bâton » il y a un million d'années (*nous n'en saurons jamais rien*), mais il ne l'a jamais perfectionné. Au contraire, la technologie humaine n'a cessé de progresser – certes à des vitesses diverses – depuis l'invention du feu, il y a au moins 400 000 ans.

Secundo, la « technologie » animale n'est utilisée et transmise qu'à l'intérieur d'un groupe restreint (*généralement de caractère familial*), où toutes les relations présentent un caractère informel. La technologie humaine est, à l'inverse, une activité sociale qu'il est impossible d'analyser indépendamment du mode de production et de la répartition des tâches entre les catégories sociales (*sexes, classes d'âge, lignées, etc.*).

Tertio, la technologie humaine est inséparable du langage. Cela explique les deux premiers points, soit à la fois sa dimension sociale et ses propriétés cumulatives. A la différence du langage animal, qui a une fonction essentiellement expressive, le langage humain rend en effet possible la transmission des idées et la conceptualisation. Le langage articulé permet la construction d'une « mégamémoire » extérieure au cerveau individuel qui est la tradition collective : l'inventeur ne part jamais de zéro ; il a toujours à sa disposition des idées qui ont été trouvées par d'autres humains, morts bien avant sa naissance. En réalité, l'outil humain n'est pas une chose, c'est un concept. La chose détruite, la transmission du concept reste possible. L'homme peut en effet toujours partager un savoir qui porte à la fois sur l'utilisation de l'outil et sur sa fabrication. Il faut noter à ce propos que seul l'homme fabrique des outils dont l'unique fonction est de permettre la fabrication d'autres outils.

Ce regard anthropologique éclaire l'importance que l'outil revêt pour l'homme. L'intérêt que lui porte le bricoleur n'est pas anodin. Son développement continu par les fabricants est signe de progrès. Objet, concept, il représente la spécificité des sociétés et des cultures humaines : sa dimension symbolique.

Fruit de l'imagination d'un changement dans son environnement, le bricolage peut se définir comme la transposition des rêves. Mais pour transformer une idée en réalisation concrète, la main a besoin d'un intercesseur qui prolonge son geste. L'outil est ce passeur. C'est pourquoi, comme dit le philosophe Patrick BURENSTEINAS, spécialiste des symboles, *« une caisse à outils, c'est une boîte à rêves »*.

XXIV

LES RITUELS

> *Il faut des rites.*
> *C'est ce qui fait qu'un jour*
> *est différent des autres jours,*
> *une heure, des autres heures.*
> Le Petit Prince

Claude entre dans la pièce avec ses outils. Il les dispose lentement sur une table, devant lui, selon un ordre précis. Puis il s'approche du mur, gratte furtivement une fissure, et regarde quelques planches posées sur le sol. Il se dirige vers elle, en soulève une, l'observe de biais, de face, la frotte et la replace avec les autres. Il sort ensuite sur le balcon, s'accoude à la rampe et ses yeux se perdent dans le paysage... Il ne rêvasse pas, il réfléchit. Il imagine... « *Le plaisir du bricoleur, c'est la préparation. Le moment juste avant celui de faire ce qu'on a en tête.* » De retour dans la pièce, il en ressort presque aussitôt pour se rendre dans son atelier, à la recherche d'une pièce qui va lui servir. Car Claude ne jette rien. Il récupère régulièrement ici ou là des bouts de bois, de métaux ou de verre, dont il pense qu'ils pourront lui être utiles un jour. Il revient quelques minutes plus tard, et pose une forme indistincte sur la table, près des outils. Claude ne prépare pas son chantier. Il organise une cérémonie.

Un rituel désigne communément un ensemble de pratiques habituelles et codifiées. Une sorte de coutume. Par cet acte formel répondant à des conventions, l'individu manifeste son respect et sa considération envers un objet de valeur absolue. Il en témoigne à cet objet (*en l'occurrence, le bricolage*) ou à son représentant (*le bricoleur*).

Ces actions répétitives et structurées ont des fonctions de reconnaissance, d'identification, et de communication. Si, dans les sociétés traditionnelles, les rituels sont liés aux mythes et au sacré, ceux de nos bricoleurs se réfèrent à des histoires personnelles, familiales ou communautaires, qui se racontent et se transmettent.

Bien sûr, toutes les catégories de bricoleurs n'établissent pas les mêmes rituels. Ceux-ci s'apprécient donc à des degrés divers. Pour autant, quand ils se mettent à l'ouvrage, tous – y compris ceux qui déclarent le faire de manière aléatoire – se drapent d'habitudes.

En tout premier lieu, on observe que le rituel formalise le passage d'un rôle social à un autre, en notifiant un changement de temporalité.

> Maintenant que vous me posez la question, je dirais que le bricolage commence quand je mets mon vieux jean et mon tee-shirt troué. C'est un peu comme mon uniforme.
> *Serge, 46 ans*

> Si j'ai quelque chose à faire, sauf urgence comme une fuite d'eau bien sûr, je le fais le samedi après-midi et le dimanche matin.
> *Patrice, 32 ans*

> D'abord, je m'arrange pour que les enfants soient occupés. Après, je m'y mets par tranche de deux heures, histoire de passer un peu de temps avec eux et de pouvoir être tranquille quand je suis avec mes outils.
> *Estelle, 34 ans*

Les rites constituent des points de repère. Ce sont des cadres sociaux, un système relationnel discernable, des bornes précises. La répétition aide à consolider ces structures. L'effet est primordial pour l'individu qui ainsi se rassure en identifiant les actions qu'il a accomplies et en se remémorant des souvenirs comme autant de sentinelles témoins d'un lien social qui perdure à travers le temps. « *Mon établi, c'est mon grand-père. Quand j'y suis, je suis avec lui. C'est pas juste des souvenirs, c'est une présence. Je vais bricoler tous les dimanches après-midis comme j'allais lui rendre visite quand j'étais petit* », confie Abelardo, 46 ans.

En deuxième lieu, le rituel s'accompagne d'un changement d'habit. Cette opération signifiante donne au bricoleur l'occasion à la fois d'entrer dans la peau du *personnage*, et de se distinguer des non-bricoleurs, tout autant que des autres bricoleurs. En effet, se vêtir pour une activité particulière permet de différencier les moments de la journée et les rôles que l'on doit y tenir. Le sportif commence sa séance quand il a mis son short et ses baskets, le cuisinier lorsqu'il a enfilé son tablier, le bricoleur quand il s'est glissé dans son pantalon gris et noir aux larges poches sur le côté. Dès cet instant, il n'est plus le salarié ou le chef d'entreprise, il n'est même plus le mari ou le père, il est celui qui bricole.

Au-delà, la tenue vestimentaire classifie les bricoleurs. Il y a ceux qui se contentent de mettre de vieux habits et ceux qui portent une tenue « *complète* ». Les premiers, souvent perçus comme des occasionnels, ne parlent pas spontanément de plaisir mais leur comportement témoigne d'une forme de jubilation. Ils s'autorisent à se tacher, à abîmer ou déchirer leur pantalon et leur tee-shirt. On peut y déceler une dimension régressive vécue comme libératoire. Tout se passe comme si les accrocs et les salissures, hantises du vêtement quotidien, devenaient les marques de reconnaissance du travailleur manuel, des sujets de fierté, voire, comme le dit Youri, 41 ans, des diplômes, des médailles, en signe de victoires sur la matière : « *Depuis qu'on est petit, on nous apprend à faire attention à nos habits. Quand tu te fais un trou ou une tache, tu as les boules. Mais quand tu bricoles, c'est le contraire. Les trous et les taches, c'est tes galons. Ça raconte l'histoire de tes exploits* ». Les seconds, ceux qui arborent une combinaison de compétition, sont particulièrement moqués par les plus experts. A trop vouloir coller au personnage type vanté par les magazines et les émissions de télévision, le bricoleur perd en crédibilité. Pour Vincent, 67 ans, « *ils me font penser à certains cyclistes que je croise le dimanche, équipés comme au Tour de France... Hier, en pédalant sur la petite colline derrière chez moi, j'ai cru que je grimpais le Tourmalet* ». Jean-Charles, 52 ans, évoque les golfeurs : « *Quand tu les vois avec tout l'attirail alors qu'ils n'utilisent que deux clubs, ça me fait marrer* ». Mais c'est la ceinture porte-outil, symbole ultime de l'amateur jouant à l'expert, qui remporte la palme : «*... faudra qu'on m'explique comment tu peux être libre de tes mouvements avec ce machin-là* », s'interroge Aubin, 44 ans ; « *Porter des outils sur toi alors qu'il faut être le plus souple et léger possible, je ne comprends pas* », s'étonne Bernard, 65 ans. Et je laisse à Dominique, dit Dumè, 37 ans, l'explication finale : « *...ils veulent imiter les ouvriers américains qu'on voit dans les films. C'est même pas des bricoleurs du dimanche. C'est des bricoleurs de barbecue !* ».

Sébastien, 40 ans, Marseillais, a transformé un petit cabanon qu'il possède sur la Côte Bleue en une belle et spacieuse demeure. Il se définit comme un passionné de bricolage. Pour lui, ce n'est pas un second travail, mais ce n'est pas un loisir non plus. C'est le pendant de sa vie professionnelle. La deuxième jambe de son corps. Son gage d'équilibre. Chez lui, les rituels sont identifiés et se répètent inlassablement. Tous les jours. Quelle que soit la saison. Parmi eux, il en est un très particulier. A mon sens, il porte en lui la force qui pousse Sébastien à bricoler.

> - Je commence tôt à l'agence. En général, j'ouvre vers 7h. Ça me permet de ne pas finir trop tard. Vers 17h, j'arrive chez moi. Je discute un bon quart d'heure avec ma femme pour savoir comment s'est passée sa journée. Elle est malade. Et sa maladie l'oblige à rester vingt-quatre heures sur vingt-quatre à la maison. Après ça, je mets mon NPP, et je me...
> - Hènpépé ?
> - Donc, à peu près vers 17h30, je m'habille et je me mets à l'œuvre. J'ai fini il n'y a pas longtemps un mur en pierre, et là je refais toute ma terrasse. Avec des petites dalles que je suis allé chercher moi-même chez le fabricant. J'ai fait cinq voyages avec la remorque. Une tonne cinq à charger et décharger tout seul.
> - Tu bricoles souvent ?
> - Tous les jours. Tu te doutes que, l'été, y a pas de problème. Mais l'hiver... Peu importe, je mets le NPP et la lampe frontale, et j'y vais. Tous les jours. Pendant deux heures et demie.
> - Mais dis-moi, Sébastien, c'est quoi le Hènpépé ?

- Le NPP, Abdu, c'est mon habit de bricoleur. C'est ma femme et moi qui l'appelons comme ça. La tenue *Notre Petit Paradis*.

En troisième lieu, intervient le rituel sacré de l'outil. Le rapport aux outils est propre à chacun. Certains n'y attachent spontanément que peu d'importance tandis que d'autres les tiennent pour de véritables instruments sacerdotaux. Tous, néanmoins, partagent le souhait de les avoir à portée de main. Au même titre que la trousse de secours, la boîte à outils fait partie des équipements de base d'un foyer.

Pour le bricoleur régulier, le rangement, l'utilisation et l'achat d'un outil sont ritualisés. C'est jusqu'à la vie même de l'outil qui est scandée par une succession de rituels !

Sa naissance... Ce moment de quête, où le bricoleur le cherche dans le magasin, l'aperçoit, s'en saisit, le soupèse, le compare à ceux posés près de lui, le tâte comme on choisit un melon sur un marché... C'est le rituel de l'appropriation.

Ses premiers pas à la maison... Quand le bricoleur effectue quelques tests, pour faire connaissance... C'est le rituel de l'apprivoisement.

Son baptême... On glisse religieusement la mèche dans la perceuse. Une petite gâchette sur la pression pour entendre le bruit, puis l'entrée en contact avec la matière. La poussière. L'odeur. Le premier trou est fait.

Son adolescence... C'est le temps des secrets. Quelles sont ses fonctionnalités ? Quelles sont ses différentes vitesses eu égard à l'épaisseur du mur à percer ? Quelles sont les astuces pour tirer le meilleur de cet outil qui parfois n'en fait qu'à sa tête ?

A l'âge adulte... Il y a des frictions, des moments de franche engueulade. Les premiers reproches, la mauvaise foi. Les rituels de la dispute... Face aux difficultés, face à la résistance de la matière, ou bien quand le projet tourne mal, l'outil devient le bouc émissaire. Le bricoleur lui impute tous les torts, car c'est toujours la faute du matériel utilisé. « *J'ai pas la bonne pince* », « *J'ai pas le bon enduit* »...

Sa maturité… L'époque de la maîtrise. « *Rien qu'à son bruit, je sais comment elle tourne.* » Les heures bénies de la complicité. On se connaît par cœur. Le bricoleur et son outil ne sont plus seulement faits l'un pour l'autre, désormais ils ne font plus qu'un. « *Je prends celui-là parce que je l'ai bien en main* », disait le bricoleur dans le magasin, avec le sentiment que cet outil tiré à deux millions d'exemplaires était *fait pour lui*. Quelques années plus tard, à l'image de ceux qui n'aiment écrire qu'avec *« leur »* stylo, il pense avec conviction que *sa* clé à molette, c'est lui.

Sa vieillesse… Chantier après chantier, l'outil est devenu le prolongement de sa main. Aujourd'hui, il a une âme. Mais il ne fonctionne presque plus. Il va falloir en changer. Alors le bricoleur se résigne à en acheter un autre. Mais il ne cherchera pas son équivalent. Non, il se mettra en quête du même ! Il veut son outil, celui qu'il connaît, qui fait corps avec son esprit. Et son vieux compagnon, il le garde quand même, parce qu'il est difficile de jeter un bout de soi. L'outil est alors décroché du tableau pour être placé, comme un bijou précieux, dans un tiroir secret de l'atelier.

L'atelier est un haut lieu du rituel. Il se présente comme un espace sacralisé. Tout y est rangé selon un ordre connu du seul bricoleur. L'argument avancé (« *C'est pour que je m'y retrouve* ») montre la projection de l'individu sur son espace. « *Si l'objet n'est pas au bon endroit, il ne va pas marcher pareil* », pense René, 61 ans. Ses outils sont parfaitement rangés sur le mur. Derrière chaque clé, un contour tracé au crayon, pour être sûr de la remettre parfaitement à sa place. Car c'est bien de cela dont il s'agit : mettre les choses à leur place, pour pouvoir y trouver la sienne. Le bricoleur agence un lieu à partir duquel il va réordonner le monde, réparer et rectifier les choses. C'est pourquoi l'organisation du plan de travail est un rituel mis en place pour interagir avec la matière.

En quatrième lieu, les rituels investissent le territoire de la parole, où ils participent à distinguer les initiés des autres. Il suffit d'entendre discuter deux bricoleurs pour être définitivement convaincu par l'idée que leur langage est signe d'appartenance. Comprenne qui saura :

- Je vais installer une gâche qui sera pilotée par une alim +12.
- Tu peux alimenter ta gâche électrique à partir de deux sources 12V différentes, mais tu dois éviter d'envoyer la tension d'une alimentation sur l'autre. Utiliser une diode en série dans le positif de chaque alimentation suffit. Tu peux prendre une 1N4004, diode de 1 ampère, mais qui peut le plus peut le moins.

Les bricoleurs se reconnaissent entre eux à leur niveau d'expertise. Ainsi la transmission de « *secrets* » s'effectue de façon rituelle. Sur le ton de la confidence, le maître délivre à son disciple une astuce qui lui permettra d'accéder à un niveau supérieur, à la condition préalable qu'il l'en ait jugé apte, ce qui signifie suffisamment persévérant. Car le bricolage ne souffre pas le dilettantisme. Il m'est donné d'assister, sur un chantier de rénovation que je visite régulièrement, à cette scène : Christian, 39 ans, sait crépir un mur comme personne. Admiratif de son savoir-faire, son ami Valéry lui a déjà demandé, à plusieurs reprises, le secret de sa technique. Il n'a jamais reçu que cette réponse : « *Tu n'as qu'à me regarder faire* ». Alors Valéry l'a observé, longuement ; Valéry a essayé, souvent ; jusqu'à ce jour où Christian lui confie : « *Pour avoir le geste parfait, tu mets une canette sous ton bras. Et tu la serres bien. Ensuite tu fais ton geste, mais sans laisser tomber la canette. Si tu fais ça, ton crépi sera parfait* ». Ainsi soit-il.

Dans *La mise en scène de la vie quotidienne* (1956), le sociologue Erving GOFFMAN remarque que les rituels adressés aux représentants d'entités naturelles sont partout en déclin, de même que les grandes cérémonies, avec leurs longs chapelets de rites obligatoires. « *Il ne reste que de courts rituels qu'un individu accomplit pour et envers un autre et qui attestent de la civilité et du bon vouloir de l'exécutant, ainsi que la possession d'un petit patrimoine de sanctitude de la part du bénéficiaire* ».

Les seuls rituels qui perdurent sont les rituels interpersonnels. Sur le modèle défini par Émile DURKHEIM dans sa remarquable analyse de la religion, *Les formes élémentaires de la vie religieuse* (1912), ils peuvent être distingués en *rituels positifs* et *rituels négatifs*.

Le rituel négatif marque l'interdiction, l'évitement, l'écart. Il célèbre *« les réserves du moi et le droit à la tranquillité »*, selon l'expression de GOFFMAN. C'est ce qui se passe quand le bricoleur, dans son atelier, ritualise ses actions pour défendre cette tranquillité et vivre intensément ce rendez-vous avec lui-même. Manquer à un rite négatif est une violation. Gare à celle ou celui qui entrera dans le sanctuaire…

Le rituel positif consiste à rendre hommage de différentes façons (*en maintenant le cadre familial en bon état, en l'améliorant, ou en le construisant*). Il implique que l'offrant se trouve à proximité du récipiendaire : un père et ses enfants, par exemple. Manquer à un rite positif est un affront. *« J'avais changé tout le plan de travail de la cuisine et, quand ils sont rentrés de vacances, les enfants n'ont rien remarqué. Pire, quand je le leur ai fait remarquer, ils n'ont pas manifesté d'intérêt… Alors, de la gratitude, tu penses ! »*, s'indigne Django, 37 ans. Quand une offrande rituelle se fait, autrement dit *« quand un individu signale son implication et sa connexion avec un autre »* écrit GOFFMAN, il incombe au bénéficiaire de montrer que le don a bien été reçu. Par ce rituel de réception, il confirme à la fois la dignité de l'offrant et sa nature d'individu sensible et reconnaissant. Ce que l'on observe dans le bricolage, c'est son inscription dans une cérémonie ou chaque énoncé généreux est suivi, dans l'idéal, d'une marque de gratitude.

Négatifs ou positifs, ces rituels sont autant de dialogues qui structurent et enrichissent les relations entre les individus. Mesuré à l'aune de ces pratiques, on peut dire du bricolage qu'il est une activité éminemment sociale. Au DIY anglais, il conviendrait d'ajouter un FYO. *« Do It Yourself For You and the Others »*[5].

Pendant ce pendant-là, négociant avec les forces de l'univers, les yeux de Claude sont si intensément fixés sur ce qu'il fait qu'on a le sentiment qu'il épuise ce qu'il regarde et qu'il s'échappe du temps…

---

[5] Faites-le vous-même, pour vous et pour les autres.

XXV

SYMBOLE(S) DU BRICOLAGE

J'aurai l'air d'être mort et ce ne sera pas vrai.
Le Petit Prince

Il y a des mots qui ont un destin tragique. *Symbole* en fait partie.

Pour atténuer le traumatisme causé par la mort imminente d'un être cher, on a coutume d'user de métaphores liées au thème du départ. On dit qu'il va *partir*, qu'il va *s'en aller,* qu'il va nous *quitter* bientôt. Ces images nous rendent la menace de sa disparition moins brutale. On fait de même quand un mot agonise. Mais on emprunte cette fois au monde culinaire une expression savoureuse : on dit délicatement qu'il est *mis à toutes les sauces*, selon la formule consacrée. Ne nous voilons pas la face : le mot « *symbole* » n'est pas plongé dans une marmite mais dans un coma profond. Il se vide de son sens quand on affirme à l'emporte-pièce que tout est symbole, symbole de ceci ou de cela… Pauvre *symbole*…

Le mot « *mythe* » et le mot « *star* », entre autres, connaissent un sort identique. A force d'être employés à tort et à travers, leur signification s'est perdue en chemin… *Star,* en effet, avait un sens précis et sensé : il désignait une célébrité dont la gloire rayonnerait encore longtemps après sa mort, précisément comme une étoile dont la lumière demeure encore longtemps visible après qu'elle s'est éteinte. Elvis PRESLEY, Marylin MONROE… *Star* ne peut donc servir à qualifier celle ou celui qui sera oublié quelques années après sa mort, voire – dans la majorité des cas – quelques années avant…

Les fossoyeurs du langage (*et donc de la pensée*) réduisent le symbole à un simple signe d'équivalence. Ils ne voient souvent en lui qu'un panneau de signalisation. Et ils s'arrêtent à l'objet panneau. Or un symbole est toujours un indicateur de mouvement. Il ne sert pas à fixer la chose, et encore moins l'esprit de celui qui la regarde. Non, un symbole donne un sens, une direction à suivre. Il dit vers où aller.

Parce qu'il modifie son environnement, le bricoleur est porteur de sens. Il y aurait beaucoup à dire sur les représentations d'un rapport au monde à travers l'étude de l'aménagement d'un lieu de vie, car le choix des matériaux et des couleurs y est toujours symbolique. Tout autant symbolique est la manière d'apprivoiser l'espace. Comme je ne cesse de le constater au cours de ce voyage, les « penseurs manuels » se projettent dans leur intérieur. Ils créent une ambiance, une atmosphère, à l'aune de ce qui leur ressemble. Ils agissent sur la matière pour y mettre un bout d'eux-mêmes, et construisent leur identité dans ce rapport permanent avec l'objet façonné.

Il y aurait aussi beaucoup à dire sur la symbolique sensorielle. En bricolant, l'homme ou la femme commencent par tisser des sensations. Ils touchent des matières, jouent avec les teintes, diffusent très souvent de la musique dans leur atelier par le biais de petits haut-parleurs. Certains vont jusqu'à y faire brûler de l'encens… Il y aurait beaucoup à dire sur le fait qu'ensuite ils chargent l'objet (*au sens où l'on parle d'une particule chargée d'énergie*) d'une valeur qui excède celle d'un objet fabriqué en série, ou retouché par un professionnel, ou par n'importe quelle autre personne tiers. Construit ou modifié, formé ou transformé, cet objet possède désormais un esprit, leur esprit. Il y aurait beaucoup à dire sur le fait que les « penseurs manuels » transmettent, en fin de compte, des représentations. Comme le langage verbal auquel nous avons constamment recours pour communiquer et rendre compréhensibles des « représentations », le bricoleur matérialise son état d'esprit et sa volonté. Qu'il s'agisse de maintenir en ordre sa maison, de la rendre plus belle ou de créer des meubles, il cherche à dire, à montrer, à communiquer.

Il y aurait également beaucoup à dire sur l'ordonnancement du monde et la sacralisation de l'espace ; sur l'incorporation des outils en tant qu'intercesseurs entre la pensée, le geste et l'objet ; sur la symbolique des mains, lieu de transit des forces, et canalisatrices des énergies… Il y aurait enfin beaucoup à dire sur la dimension initiatique du bricolage, ce long chemin au cours duquel le bricoleur apprend, à chaque étape franchie, le discernement, la détermination d'agir, la patience, et le silence ; ce long chemin qui lui révèle qu'en transformant la matière il ne fait en réalité que se former lui-même...

Il n'est guère possible, en quelques pages, d'explorer en profondeur toutes ces pistes. Je me focaliserai donc sur celle qui me paraît être la plus représentative de la dimension symbolique du bricolage.

Le bricolage met en scène des rituels de résurrection. Ils constituent la base même de cette activité. Des objets qui ne fonctionnent plus, on dit qu'ils sont *morts*. Et l'individu capable de les remettre en état de marche, donc de les faire renaître au monde, s'appelle le bricoleur. « *Ce qui est mort, je le fais revivre. Ce qui est en morceaux, je le rassemble et lui donne une autre existence.* », affirme William, 43 ans. Très nombreux sont les bricoleurs qui me confient avoir cette même pensée.

Il est courant de dire des bons bricoleurs, ceux-là qui précisément redonnent vie aux choses mortes, qu'ils ont de l'or dans les mains. Cela n'est pas anodin. On le comprend d'autant mieux lorsque l'on sait que le mot « *or* » vient du latin « *aureus* », lui-même dérivé de l'hébreu « *owr* », qui signifie « *lumière* ». Un homme qui a de l'or dans les mains est donc un homme qui possède cette énergie, la lumière, et la laisse passer pour transmettre un souffle de vie.

On penserait à tort que ce pouvoir de résurrection rapprocherait le bricoleur du Christ. Dans l'épisode de la résurrection de Lazare, comme dans celle de Jésus lui-même, le retour à la vie est le seul fait d'une intervention divine. Immédiate et nimbée de mystère, elle ne découle pas d'une suite d'opérations patiemment mises en œuvre. En revanche, il n'est pas abusif de renvoyer le bricoleur à un personnage mythique égyptien fort connu...

Dans ses *Œuvres morales*, au IIe siècle de notre ère, le biographe grec PLUTARQUE raconte que la Reine Isis retrouva la dépouille de son époux Osiris dans une caisse jetée au fond d'un fleuve, et la ramena au palais. Ivre de rage, son assassin subtilisa le corps et le découpa en une quinzaine de morceaux qu'il dissémina dans plusieurs villes du pays. Isis, avec patience, récupéra les membres disjoints qu'elle rassembla en les momifiant, puis ressuscita son époux en lui insufflant un souffle de vie.

Que fait d'autre le bricoleur, sinon rassembler ce qui est épars ? Au reste, si l'on tend l'oreille, on entend bien que bricoler, c'est « *bris - coller* », coller les morceaux de ce qui est brisé. A l'aide de ses outils, le bricoleur ré-agence des éléments séparés, et donne ou redonne vie à un monde ordonné dans une forme harmonieuse.

Toutefois, la matière de sa création n'est pas l'unique chose que le bricoleur rassemble et dont il prolonge la vie. Lorsqu'il parvient au bout de son projet, il réunit également les membres de sa tribu autour d'un objet personnalisé (*et donc unique*), dont ils se souviendront longtemps. Un simple lustre posé dans la chambre de Charline lui évoque encore, des années plus tard, « *l'attention que mon père me portait et son souci de me savoir bien dans mon nouveau chez-moi* ».

Rassembler et articuler les choses du monde, à son profit et pour ceux qui l'habitent, tel est le principe directeur du bricoleur. Car celui-ci ne bricole pas seulement pour rendre à un objet sa fonctionnalité perdue. Il bricole aussi pour trouver un nouvel équilibre, une nouvelle harmonie, et magnifier la vie des êtres chers qui sont auprès de lui.

Cette force réunificatrice ne constitue pas un symbole du bricolage, elle est considérablement plus que cela. En réalité, elle est l'essence même du symbole, puisque le mot « *symbole* » signifie littéralement « *mettre ensemble* ».

Bris - coller et *mettre ensemble*... A la source du sens, le bricolage est un symbole...

Pour un anthropologue chasseur d'us et coutumes, de rituels et d'interactions, le pays des bricoleurs génère une multitude de représentations et de symboles. Au-delà des pratiques et des usages, je confesse mon goût pour les imaginaires, pour le sens qui relient les individus entre eux, pour leurs motivations conscientes et inconscientes, pour les mythes sur lesquels ils évoluent, bref, pour tout ce qui se manifeste mais ne se voit pas au premier regard.

Ce qui est caché dans le bricolage, c'est l'idée qu'il renvoie finalement à notre incapacité à cerner le monde dans sa globalité. Notre rapport à lui est parcellaire. Nous vivons par morceaux, par assemblage, par expériences plus ou moins avortées. Mais nous pouvons cependant essayer sans relâche de joindre les segments épars. Notre vie même est un bricolage.

XXVI

UN ART DE VIVRE

Quand tu voudras te reposer, tu marcheras...
Le Petit Prince

Ce voyage m'aura appris au moins une chose : un bricoleur est un penseur manuel. Cela, en apparence, n'a l'air de rien. Pourtant cet équilibre primordial entre faire et penser, entre agir et mettre à distance, entre savoir et s'adapter, n'est peut-être rien de moins qu'une clef d'existence, un art de vivre.

Dans le conflit intime, social et civilisationnel qui oppose les troupes du cerveau aux armées de la main, l'homme occidental a choisi son camp : il privilégie le développement de ses compétences cérébrales, valorise à outrance son intelligence, et tient pour inférieurs les savoir-faire manuels. Or la pensée le coupe du moment présent. Ses mécanismes le transportent ailleurs, dans l'espace et dans le temps. Elle lui rappelle le passé, nourrit son imaginaire vagabond, lui suggère des projets pour demain, et le présent passe sans qu'il ne le touche... Comme le souligne l'explorateur et psychiatre suisse Bertrand PICCARD, nous sommes enfermés dans le « *je pense donc je suis* », au détriment du « *je ressens donc je suis* ». Ressentir, c'est habiter l'instant. A l'inverse, ne pas être à l'écoute et au contact des sensations consolide en nous les automatismes de pensée et de comportement. Peu à peu, mais de manière implacable, nous nous laissons piéger dans les glaces de l'habitude et du réflexe. Nous devenons objectifs et froids. Nous nous réifions. Pire, nous avons si bien intégré les contraintes de notre civilisation que nous finissons par nous voir nous-mêmes comme des machines. A leur image, nous ne sommes plus que fonctionnels, et nous mesurons nos qualités par des indices de performance. Il suffit de nous entendre parler : « *je suis cassé* », « *je suis hors service* », « *j'ai performé* », ou encore cette locution qui a le charme ancien des locomotives à vapeur, « *je pète le feu* ». Nous nous appuyons en permanence sur des schémas connus, que nous répétons, pour éviter d'entrer en zone inconnue. L'homme moderne est si protégé qu'il lui faut une assurance pour tout, de sa maison à son billet d'avion et à ses bagages, et jusqu'à la vitre de son smartphone. On ne sait jamais ce qui peut arriver... On pourrait, qui sait, tomber sur ce dragon terrible : l'imprévu. A vivre comme nous le faisons, la seule menace réelle contre laquelle, en fin de compte, nous ne cessons de nous protéger, c'est la vie elle-même.

Dans cet univers hypernormatif, le bricoleur fait figure d'homme courageux. Il affronte le dragon. Il s'engage sans tout maîtriser à l'avance, il accepte de se tromper mais cherche le chemin, guidé par son bon sens et son intuition. Sans doute agit-il ainsi parce qu'il se fait confiance (*en dépit de ses doutes et de ses inquiétudes*) et parce qu'il a confiance, confiance dans le changement, dans le mouvement, dans l'évolution nécessaire des choses. Il avance au milieu des embûches. Il est relativement serein car il sait qu'il a déjà passé l'obstacle majeur, celui de se lancer. Dans toute aventure, faire le premier pas représente certainement le cap le plus difficile à franchir. Cela réclame une certaine audace, beaucoup de désir et davantage encore de volonté. Il faut initier le mouvement, et advienne que pourra. Comme son origine latine l'indique, « *initiare* » signifie « *se mettre en chemin* ». On retrouve cette racine dans l'expression « parcours *initia*tique », parce qu'un parcours *initia*tique est un chemin qui ne se termine jamais. Initier c'est commencer, se mettre indéfiniment en route, puisque nous ne cessons jamais d'apprendre. On initie, on s'initie, et pour le reste on improvise...

Quand il s'agit d'improviser, de faire avec les moyens du bord, le bricolage s'entrelace avec la cuisine, comme le suggère LEVI-STRAUSS dans sa distinction entre le bricoleur et l'ingénieur. La multiplication des livres de recettes de cuisine est au moins aussi conséquente que les tutoriels et autres blogs sur le bricolage. Ces deux activités s'imposent aujourd'hui parmi les loisirs préférés des Français. Leurs points communs sont multiples : l'intérêt de faire avec ses mains (*dans la joie du toucher et de la transformation de la matière, il y a de la poussière d'enfance*) ; le goût du partage (*on cuisine pour faire plaisir à l'autre, comme on entretient ou embellit une maison pour enchanter ses habitants*) ; une volonté d'autonomie et de contrôle de la matière première (*choisir ses tomates ou acheter ses ampoules, c'est se placer en amont de la chaîne de production, et prendre sa part dans le processus de fabrication*)... Dans les deux cas, outre l'intérêt économique que l'on peut y trouver, il s'agit de « reprendre sa vie en main », au propre comme au figuré. Une incitation à prendre soin de soi, et des autres... Ainsi, par tout ce qui les rapproche, cuisiner et bricoler sont une réaction au monde aseptisé dans lequel on vit, pauvre en émotion, et pauvre en responsabilité individuelle.

Une expérience personnelle m'a permis de mieux comprendre la connexion qui relie le bricoleur et le cuisinier (*amateur, s'entend, puisque les professionnels ne sont pas le sujet de cette étude*). Quand j'étais étudiant, nous étions un groupe de camarades qui avions l'habitude, le vendredi soir, d'aller dîner chez le seul d'entre nous qui savait cuisiner. Manger chez Franck, c'était l'assurance de goûter à un plat exotique aux mille saveurs. Pour nous qui peinions à préparer des pâtes à la carbonara, notre plaisir n'avait d'égale que l'admiration que nous lui portions. Franck réussissait tous les vendredis à nous combler et à nous surprendre. Sauf en deux occasions, où il nous reçut avec des pizzas commandées, la première fois parce qu'il n'avait pas retrouvé la recette du plat qu'il avait prévu, la suivante parce qu'il lui manquait un ingrédient... Quelques années plus tard, un ami très proche s'installa avec sa compagne. Il m'arriva souvent, après une journée passée ensemble, de rester chez eux pour le dîner. Chaque fois, j'assistai au même prodige : en quelques minutes, et presque à partir de rien, Agnès associait ce qu'elle avait sous la main pour concocter un repas délicieux. Si un ingrédient lui manquait, elle le remplaçait par deux autres dont la combinaison rééquilibrait l'ensemble. Elle faisait tout à l'œil, et en goûtant souvent. Je me souviens qu'un jour je lui dis que je remangerai volontiers de son plat de la fois précédente. A sa manière de me répondre qu'elle ne se rappelait plus très bien, je compris que refaire ne l'intéressait pas. Franck cuisinait sur partition, Agnès improvisait...

Sur ce sujet, la musique rejoint la cuisine et le bricolage. Si les musiciens classiques actuels ont pour la plupart oublié que leurs maîtres, de BACH à BEETHOVEN, pratiquaient assidûment l'improvisation, cet esprit ne s'est pas perdu pour autant. Il a seulement changé d'héritiers... Chaque fois que je vois quelqu'un bricoler, je me dis que le bricolage a dans son rythme tout autant que dans sa philosophie une part de jazz. Comme le jazz, le bricolage est une vibration, une corde tendue entre la pression exercée par la règle à suivre et la liberté que l'on s'accorde pour s'en éloigner. Le bricoleur, lui aussi, improvise dans une grille harmonique définie. Il « *connaît la musique* », mais les techniques qu'il possède n'entrent en jeu que pour offrir un champ d'expression à l'instrumentiste outilleur. Les deux, le jazzman et le bricoleur, ont une puissance de variation et d'invention qui génère des productions singulières. Chacun a ses contraintes aussi. Un cadre harmonique et rythmique existe, dans la musique comme dans la matière. Mais les deux artistes s'en sortent toujours parce qu'ils sont à l'écoute : le bricoleur l'est de son chantier, dont il doit comprendre à chaque moment quelle est la mécanique en œuvre (*Est-ce que ça passe ? Dois-je démonter cette partie avant de remonter telle autre ?, etc.*) ; le jazzman l'est de ses partenaires, dont il ressent les inflexions et le moindre des changements d'intensité, y percevant le signe que c'est à lui de jouer.

L'improvisation s'appuie en partie sur l'imitation. Elle nécessite un savoir acquis, répété, incorporé. La qualité de chaque interprète se mesure indubitablement à l'aune de ces heures d'exercice. Ici et là, on refait ce que l'on a vu faire, et ce que l'on a déjà soi-même déjà tenté et réussi. Pour un joueur de jazz, l'improvisation naît parfois d'un motif esquissé par un autre musicien, ou par la reprise d'un air connu. Pour un bricoleur, tout part de gestes observés chez d'autres bricoleurs, pour construire avec le temps sa propre gestuelle. Le bricolage et le jazz constituent ainsi ce que l'on appelle des variations imitatives. Le sociologue Gabriel TARDE montre, dans *Les lois de l'imitation* (1890), que l'originalité n'est pas « originelle », mais simplement le résultat d'une démultiplication d'imitations croisées. L'originalité d'un style ne se forge qu'à partir de ces successions de formes imitées. Elles ne deviennent personnelles que dans leur entrecroisement. De même, un bricoleur à l'œuvre, même s'il est seul, est toujours inscrit dans un réseau de relations. Il est en connexion avec les autres : ceux dont il s'est inspiré, ceux qui lui ont appris, et ceux à qui il veut faire plaisir et dont il connaît les goûts.

Le bricolage, la cuisine et la musique offrent à l'individu le choix de reproduire ou d'interpréter la règle-partition-recette. Cette alternative est le fondement même de notre condition humaine : être Œdipe ou bien être Ulysse.

Que fait Œdipe ? Il accomplit mécaniquement sa destinée. Sa vie a été tracée par l'Oracle qui lui a prédit qu'il tuerait son père puis épouserait sa mère. Il en demeure prisonnier. Dès lors, il répète inlassablement les mêmes erreurs, fait toujours les mêmes choix. A aucun moment il ne quitte cette route. Il ne fait aucun détour. Il est non-bricoleur (*si tant est que l'individu qui ne bricole pas n'ait pas d'autres activités qui le guident vers l'imprévu et donc vers l'adaptation*).

Que fait Ulysse ? Il s'adapte constamment aux circonstances. Il est malin, c'est « *l'homme aux mille tours* », chante HOMERE. En cela, il est l'archétype de l'*Homme habile* qui prend acte de son environnement et fait de chaque contrainte une hypothèse de succès. La ruse est son arme, l'humilité sa défense. Il emprunte tous les chemins de traverse pour atteindre son objectif. Il est bricoleur ! Il est, pour ainsi dire, leur Père symbolique (et Isis est leur Mère).

Le bricoleur qui répare, aménage ou construit, a conscience que chaque travail est singulier. Pour le réussir, il sait qu'il ne pourra se contenter de répéter les gestes d'un précédent chantier, mais qu'il lui faudra faire preuve d'astuces. Selon le mot célèbre de Francis BACON, « *on ne commande à la nature qu'en lui obéissant* ». Agir contre la nature avec les forces de la nature, agir contre la matière avec les forces de la matière, telle est la philosophie du bricoleur.

Comme Ulysse, il vit une aventure. Pas un voyage. Car le voyageur est dans l'attente d'un moment agréable, vécu dans un espace de plaisir, sans grandes contraintes et surtout sans danger. L'aventurier, lui, traverse l'adversité et doit la surmonter. Le voyageur court certes des risques (*celui de se faire voler ses bagages ou se tordre la cheville*), mais l'aventurier, lui, en prend. Le premier effectue un trajet, l'autre une trajectoire. Suivre une route n'est pas exactement la même chose que partir à la recherche de son propre chemin. En vivant ainsi dans un risque permanent, l'aventurier connaît l'incandescence, la fulgurance de rares moments de plénitude. Chaque fois qu'il déjoue les pièges des forces hostiles de la mer, des hommes et des dieux, Ulysse remporte une telle victoire, éphémère mais exaltante. On ne peut certes pas aller jusqu'à parler de plénitude pour le bricoleur, mais la satisfaction qu'il éprouve après chaque chantier s'apparente à cet accomplissement. La différence essentielle d'avec le voyageur se situe à ce niveau : un aventurier est en quête. Il veut être quelque chose de plus que lui-même. Il veut, comme dit le philosophe Lucien GUIRLINGER, « *échapper à la résignation des hommes ordinaires* ». Il veut trouver sa voie, et donner son nom à ce chemin. Comme l'a fait Ulysse avec son odyssée... Car souvenons-nous qu'Ulysse ne s'appelle ainsi que chez les Latins. Son vrai nom est Odysseus.

La plupart des grandes aventures se lisent implicitement ou explicitement comme rapportant l'itinéraire de quelqu'un qui cherche désespérément à revenir au point qu'il a quitté. Ulysse rentre chez lui. Comme lui, chacun de nous regagne le lieu d'où il est parti. On y retourne fort des découvertes accomplies, des rencontres effectuées, du sens de la ruse qu'on a su développer. Mais surtout, on y revient en ayant trouvé, face à chaque situation, des potentiels d'action et de réflexion que nous ne soupçonnions pas. Le caractère aventurier du bricolage tient sans aucun doute à cette faculté de rechercher ces solutions pour redevenir l'homme habile que la société de consommation ne nous incite pas à être. Finalement, l'aventure est un parcours initiatique qui part d'un chez-soi que l'on quitte sans vraiment le connaître, qui se poursuit dans la quête de soi-même, et qui ramène l'homme accompli chez lui pour lui faire découvrir d'où il est.

Mais d'où est-on vraiment, si ce n'est de notre enfance ?

« *Je suis de mon enfance comme d'un pays* », dit SAINT-EXUPERY. Le Petit Prince, comme Ulysse, finit par rentrer chez lui. Mais quel est ce « *chez lui* » ? Y retrouvera-t-il sa rose, comme Ulysse sa Pénélope ? Nous ne le saurons jamais... Mais ce que nous savons, c'est que son aventure lui a permis de rencontrer, en la personne de l'aviateur, sa part d'adulte. Tout comme en retour il a réveillé, en l'aviateur, la part d'enfance endormie. Les deux personnages, en réalité, ne font qu'un. Ils sont un *symbole*, deux moitiés *mises ensemble*. Ils sont l'*homme rassemblé*. En lui, cohabitent un manuel qui peut réparer un avion pour sortir de l'aridité du désert, et un spirituel qui sait qu'« *on ne voit bien qu'avec le cœur. L'essentiel est invisible pour les yeux.* »

Parce qu'il est un penseur manuel, le bricoleur est un individu *rassemblé*. Il rassemble la matière en morceaux, il rassemble les membres de sa famille dans l'espace qu'il reforme, et il se rassemble lui-même en équilibrant les sens et le bon sens. Il travaille à être ici et maintenant, ce qui est peut-être le plus bel art de vivre.

XXVII

SIX PROFILS DE BRICOLEURS

De l'ensemble des personnes que j'ai observées et interrogées au cours de mon voyage émergent six profils représentatifs du bricoleur contemporain. Je les baptise ainsi : **le Secouriste, l'Horloger, l'Artiste, le Militant, le Méditatif** et **le 3.0**. Chacun d'eux entretient une relation particulière avec le bricolage.

Attention ! Il s'agit de profils, donc de tendances avec des pôles dominants. Un profil n'est jamais une photo d'identité. Il convient de garder à l'esprit que ces types ne sont pas figés mais évolutifs, et qu'ils se recoupent ou interfèrent. Evolutifs car, par exemple, un bricoleur *Artiste* peut – avec le temps – devenir un *Méditatif* ; et combinatoires, parce qu'on peut être *Horloger* ascendant *Secouriste* (*extrêmement exigeant chez les autres et simplement efficace dans sa propre maison*) ; ou encore être un *Militant* et partager avec un *3.0* un intérêt pour les énergies renouvelables (*même si leurs motivations diffèrent : une économie d'argent pour le premier, un attrait pour la nouveauté aux yeux de l'autre*).

LE SECOURISTE

Je panse donc je suis

Spécialiste des cas d'urgence, pur réparateur, le Secouriste est le bricoleur élémentaire : terre à terre, il reste serein dans les flammes et ne se donne pas d'air ; idéal pour les fuites d'eau.

Il soigne sa maison et celle de ses proches, mais n'en fait guère davantage. Pour lui, pas de bricolage sans nécessité d'intervention. Le Secouriste n'agit jamais à titre préventif. Lui, il est sauveteur.

Il a aménagé un plan de travail dans son garage. Ses outils sont robustes. Aucun gadget à l'horizon. L'esthétique, à ses yeux, est une vue de l'esprit. Il n'est pas artiste, il est utile.

Sa femme est heureuse. Ses voisins tout autant. Il a beaucoup d'amis. Il répare les jouets de ses enfants ainsi que ceux de leurs copains. Son beau-frère rêve de lui ressembler.

Autonomiste de fait, il n'est pas militant. Il a entre 40 et 60 ans, il est dans la pleine force de l'âge. C'est plutôt un homme, même s'il a souvent les traits d'une femme aujourd'hui.

Il n'excelle pas dans la finition. C'est le bricoleur du pansement. Seule lui importe la guérison des objets.

Il est efficace, direct, et n'a pas le temps d'être patient. Il ne prend guère de plaisir à ce qu'il fait au moment où il le fait. Il joue peu. Et s'il est créateur, c'est uniquement de solutions.

L'HORLOGER

Si je fais, je fais bien

L'Horloger anticipe. Tout. Toujours. Partout. Quand il bricole, il remet en ordre le monde.

Dans son garage aménagé où sont stockées des dizaines de pièces de rechange au cas où, son atelier est toujours prêt à accueillir un nouveau projet. Il est rangé et dispose d'un mobilier adapté. On y trouve un grand plan de travail dégagé, des outils en bon état et accessibles. Un coup d'aspirateur de chantier a parfois même été passé. L'Horloger travaille sur mesure, et proprement.

Il aime assez bricoler, il joue comme un joueur d'échecs, et n'est pas systématiquement inventif. Pour lui, en matière de création, de respect des règles ou d'improvisation, c'est l'objet qui dicte la loi.

Méticuleux et sérieux, il est très astucieux et sait prendre des chemins de campagne quand l'autoroute est fermée. Il ne craint pas d'emprunter ces détours, car il les a déjà plus ou moins cartographiés dans sa tête.

Il bricole à la fois par besoin et par plaisir, selon le sujet.

Sa durée d'action est variable. Elle aussi est indexée au projet. Construire une terrasse, rénover une chambre et réparer une chaudière ont chacun leur tempo. Il les accepte, et sait parfaitement se caler sur leur rythme. L'Horloger bricole au fond du temps...

Il a 50 ans et plus. C'est presque toujours un homme.

Sa femme, connaissant ses talents, le sollicite sans cesse. Il accepte en fonction de l'intérêt qu'il porte lui-même aux travaux demandés, ou de la reconnaissance familiale que cela lui vaudra. Son beau-frère réclame souvent son aide. Son beau-frère est son assistant. Ses amis et ses voisins ont un profond respect pour la rigueur de son travail et parce qu'il invente des jouets pour les enfants.

Perfectionniste, en phase avec ses objectifs contraints ou ludiques, l'Horloger maîtrise toutes les étapes qui mènent au résultat parfait. L'esthétique, à ses yeux, en découle : c'est beau si c'est bien fait.

L'ARTISTE

Le bricolage, c'est moi

L'Artiste bricole pour embellir le monde et le faire à son image. Peu lui importe que ses réalisations soient pratiques. Elles doivent, en priorité, être originales.

Il n'est guère réparateur, et lorsqu'il restaure ce n'est jamais à l'identique. Il achète très peu d'objets finis, ce en quoi il se distingue du décorateur. Le bricoleur Artiste, lui, s'implique dans la sublimation de sa maison. Il construit et remodèle. Il cherche à laisser son empreinte en toute chose. Chaque point de son espace lui sert à marquer sa différence, sans ostentation, comme une ponctuation discrète de « *son* » univers. Chez lui, même l'interrupteur est celui que personne n'a !

Il n'agit pas par nécessité. Il trouve toujours une justification pragmatique au fait de vouloir transformer son environnement (*remplacer avant que ça casse*). Sa seule contrainte est intérieure : un besoin irrésistible de changement.

Parce qu'il est un être de désir, il agit vite. Bricoler à temps perdu retarderait son plaisir.

Il fréquente assidûment les ateliers communautaires et ceux organisés par les grandes surfaces de bricolage.

Il a un goût prononcé pour le détour, mais surtout par les magasins. Il y flâne et glane des idées. Très influencé par les modes, il achetait des tuyaux de cuivre l'année dernière, et cette année du bois blanc.

L'esthétique est sa valeur suprême. Aimer, jouer, créer représentent, à ses yeux, des synonymes de bricoler.

L'Artiste n'a pas d'âge. Il est majoritairement féminin.

Son homme s'étonne, s'émerveille, et subit. Sa belle-sœur la trouve superficielle et inconstante. Pour ses amis et ses voisins admiratifs, elle est une source d'inspiration.

L'Artiste habite en Harmonie. Sa maison, c'est son œuvre. Elle raconte une histoire. La sienne. La faire à son image est essentiel parce qu'elle donne à voir aux autres un portrait de soi-même.

LE MILITANT

Faire mieux avec moins

Anticapitaliste, révolutionnaire, adepte de la récup et de la non-consommation, le Militant bricole pour résister. Il est touche-à-tout, spécialiste-en-rien, et il le revendique !

Comparée à son atelier, la caverne d'Ali Baba semble en rupture de stock. Envahi de matériaux de récupération, de boîtes de vis, de cartons en tas, d'une poutre sur l'établi, de vieux pots de crème vides contenant des écrous, ce lieu sert à tout sauf à bricoler. A tel point que le Militant travaille souvent dehors sur des tréteaux. En attendant, il a toujours la pièce qu'il faut ou qu'il suffit de modifier un peu pour qu'elle fasse l'affaire...

Sa pratique du bricolage s'inscrit dans un temps très long. Le temps de l'anticonsommation.

Agé de 25 à 35 ans ou bien soixante-huitard, le Militant est – en proportion plus ou moins égale – un homme ou une femme.

La personne qui partage sa vie partage aussi sa cause et ses combats. Son beau-frère vient régulièrement lui prêter main-forte, mais il ne prête pas plus, et sûrement pas cas à ses discours engagés qu'il connaît par cœur et qui l'épuisent. Il apprécie en revanche ces moments pour leur côté convivial et collaboratif. Très souvent, on y mange les poissons pêchés ensemble, la veille... Son voisin le prend pour un original, un Don Quichotte des temps modernes.

Le Militant bricole parce qu'il y est contraint, mais surtout par devoir. Bricoler est un acte de résistance. De ce fait, la beauté des travaux qu'il réalise se mesure exclusivement à l'aune de critères éthiques, et certainement pas esthétiques. C'est beau quand c'est bien (*c'est-à-dire conforme à ses valeurs*).

Il considère que la passion du bricolage, tout autant que le jeu avec la matière ou la création d'une ambiance, sont réservés à ceux qui en ont les moyens.

Le Militant est un bricoleur éminemment politique. Ses positions sont autonomistes, en attendant l'indépendance totale. Vis-à-vis des artisans, des magasins, de la famille, et des bricoleurs eux-mêmes !

D'un point de vue strictement philosophique, il est bricoleur dans tous les aspects de sa vie, puisque le détour est son principe moteur : contourner toutes les normes et toutes les règles pour défendre et affirmer ses choix de vie.

LE MÉDITATIF

La bricoolitude

Le Méditatif bricole pour se relaxer. Et surtout pour se ressourcer.

Son atelier est séparé de la maison. Il y oublie le monde, le temps et les autres. Il y vit des moments à part, des moments à lui. Le bricolage permet à son esprit de se focaliser sur ce qu'il fait. Poncer un meuble, par exemple…

Le Méditatif a davantage le goût du départ que celui du détour. Il veut seulement quitter le monde profane dans lequel il évolue. Son intérêt ne se porte pas sur la destination (*le résultat*), mais sur le chemin lui-même (*l'acte de faire*). Sa raison de bricoler : vivre pleinement l'instant. Il est dans la résonance. Il écoute le bruit des outils. Bricoler, à ses yeux, est une forme de prière. Il comprend le jardinier qui parle à ses plantes. Même s'il ne le verbalise pas, chez lui le bricolage s'apparente à une quête spirituelle.

Indifféremment homme ou femme, le bri*cool*eur a dépassé la quarantaine. Maîtriser ses passions et canaliser ses énergies sont des expériences de la maturité.

Il ne bricole pas dans l'urgence. Il cherche à abolir le temps. Il le fait purement par plaisir. Sa contrainte n'est pas l'objet en panne mais le monde extérieur qui, selon lui, n'est pas en harmonie.

Bien qu'il accorde une grande attention aux détails, comme s'il bricolait de la dentelle, l'esthétique n'est pas son objectif.

Ce n'est pas tant ce qu'il fait qui lui plaît, car seul le voyage l'intéresse, et non le moyen de transport (*bricolage, musique, yoga, promenade dans la nature, tout lui vaut*). Il n'est pas davantage joueur. Mais il est créateur dans la mesure où il pense qu'il est nécessaire de se réinventer chaque jour.

S'il considère qu'une semaine sans bricolage est une semaine perdue, ce n'est pas pour le retard qu'il aurait pris sur un projet. Non, pour lui, l'objet n'est qu'un intermédiaire. Le Méditatif n'est bricoleur que de lui-même.

LE 3.0

J'ai ramené ça de demain

Le bricoleur 3.0 peut construire un radar pour se détendre. C'est l'inventeur permanent. Solitaire, patient, casanier, il est fin connaisseur des savoir-faire ancestraux et expert en nouvelles technologies. Il ne répare pas les objets, il les fabrique. Ingénieux sans être ingénieur, ordonné mais pas ordinateur, il marie son esprit à l'esprit du temps.

Collectionneur et primo-adoptant[6], le bricoleur 3.0 aime avoir à sa disposition les outils les mieux adaptés et les plus modernes, parce qu'ils sont pour lui des gages de précision et qu'ils étendent son champ d'action.

Son atelier est un laboratoire. Il n'est pas rare d'y trouver également des diodes, une imprimante 3D, voire une bobine Tesla... Son bureau est tout autant important pour lui. Il y accumule des classeurs où il archive les différents visuels des kits produits et innovations en tout genre. Il est hyperconnecté (*il fréquente assidûment les sites des magasins et ceux des fabricants, et suit les discussions sur les forums internet*).

Sa femme ne l'écoute plus. Ses amis viennent le voir quand ils sont confrontés à un problème insoluble. Ses enfants sont doués en sciences mais aiment en cachette les arts et les autres (*ils rêvent de devenir vétérinaires ou éducateurs*). Son beau-frère lui répète qu'il a tort de se fatiguer car tout existe déjà.

Il n'est pas dans la contrainte, mais dans le plaisir (*plaisir de la recherche, de la découverte et de la réalisation*). Il pratique l'art du détour car il sait que les sentiers sinueux sont les seuls qui mènent aux solutions nouvelles. Comme il est organisé, il n'a pas peur de se perdre. Il est passé depuis longtemps à la domotique.

N'est esthétique à ses yeux que ce qui est intégré. Exit la technique et les outils. Pour qu'une chose soit belle, elle doit paraître fonctionner comme par magie.

---

[6] Désigne une personne qui achète systématiquement un nouveau produit ou sa dernière version.

Sans âge particulier. Plutôt masculin. Quand le 3.0 est une femme, l'intérêt pour l'équipement moderne prime sur l'invention.

C'est un amateur expert, au point d'en remontrer aux professionnels qui vont acheter les nouveaux produits dont il leur parle. Il est joueur par principe, et fondamentalement créateur car défricheur de territoires inconnus.

ÉPILOGUE

Il n'est pas encore tout à fait 8h, ce matin-là, quand mon téléphone sonne. Je reconnais la voix enjouée d'un ami sémiologue. Passé les salutations d'usage, il dit à mon grand étonnement : « *Vois-tu, Abdu, le carré est une surface. En mathématique, son signe est la puissance 2. Le cube, lui, c'est un volume. Il se mesure à la puissance 3* ». Bien qu'il sache que je ne suis jamais totalement à mon aise avec les chiffres, de surcroît à une heure aussi matinale où je ne dispose pas d'une dose suffisante de caféine dans le sang, mon ami poursuit : « *Donc, si 3 définit un cube, tu comprends bien que 27, c'est-à-dire 3 mis à la puissance 3, représente un cube parfait* ». Je l'écoute sans avoir la moindre idée de là où il veut en venir. Pourquoi m'inflige-t-il cela ? Je ne crois pas lui devoir quelque chose, et suis quasiment certain de n'avoir jamais fait de mal à Roger, son chat… Il continue : « *Un cube, après tout, c'est une boîte. Comme celle qui contient le mouton du Petit Prince* ». Je l'entends sourire… Puis il conclut : « *Mon ami, la vraie boîte du livre de SAINT-EXUPERY, celle qui représente le cube parfait, c'est le livre lui-même, avec ses 27 chapitres ! Dans la boîte se trouve le mouton, mais dans le livre habite le Petit Prince ! Il faut toujours regarder au-delà des choses, et encore au-delà…* »

Toujours voir au-delà des apparences… Je connais bien la portée symbolique de cette clef. Et les bricoleurs la connaissent tout autant, eux qui savent que leurs outils sont dans une caisse qui elle-même se trouve dans une plus grande boîte : leur imagination… Les bricoleurs rêvent et réalisent, parce qu'ils voient avec le cœur. Et l'objet qu'ils créent au final, c'est eux-mêmes.

***

Je viens de classer dans des pochettes tous les dossiers relatifs à mon voyage au pays des bricoleurs. Demain, je descendrai dans ma cave et les placerai dans l'une de mes boîtes en bois. Dans six semaines, je recevrai de mon éditeur un carton contenant quelques exemplaires du livre dont j'écris ici les derniers mots. Je l'offrirai à mes nièces qui ont bien grandi, et dirai à l'aînée : « *Le mouton que tu voulais est à l'intérieur* ».

POSTFACE

Le voyage auquel nous convie Abdu GNABA dans *Bricole-moi un mouton* se présente à première vue comme un pur voyage d'agrément. Le pays du bricolage s'y trouve décrit avec humour et, loin d'être intimidants, ses habitants ont des têtes connues. Ce sont une épouse ou un beau-frère, des parents ou un voisin, des inconnus croisés dans une grande surface ou ceux qui viennent emprunter un outil, bref ce sont de « vraies gens » par opposition aux *people* qui ne sont que des images, et nous les trouvons tout à fait sympathiques parce que, bien sûr, nous sommes leurs semblables. Pourtant, quel que soit le plaisir de la lecture, la traversée du pays du bricolage constitue également une expérience instructive, presqu'un voyage d'études. Avec le regard de l'anthropologue, prompt à déceler des spécificités dans ce qui paraît le plus banal, et à retrouver l'universel dans ce qui semble le plus singulier, Abdu GNABA nous donne à voir ce qu'il y a de paradoxal dans la place qu'occupe le bricolage dans notre société : bien qu'il y ait une diversification inédite des populations qui s'y adonnent, le volume *global* des activités de bricolage est en régression. Alors qu'il y a un siècle, les bricoleurs étaient majoritairement des hommes adultes exerçant un métier manuel, ils se répartissent aujourd'hui presqu'égalitairement entre les deux sexes, entre toutes les catégories d'âge et entre tous les groupes sociaux. Il faut certainement en déduire que le bricolage a, dans notre société, une nouvelle signification. Il ne s'agit plus, principalement ou du moins exclusivement, d'une activité économique d'appoint qui permettait jadis à des personnes de revenu modeste, mais habiles de leurs mains, d'acquérir ou de réparer des biens trop coûteux pour qu'ils les achètent ou les remplacent. Dorénavant, il s'agit plutôt d'une activité dont les motivations sont variables, et dont les acteurs sont eux-mêmes d'une telle diversité que l'auteur a pu définir six profils distincts de bricoleurs. On peut en effet bricoler par nécessité ou par plaisir (pour « jouer ») ; parfois on possède d'emblée les compétences nécessaires, parfois on est presqu'ignorant, mais on n'hésite pas à se lancer dans l'apprentissage du savoir requis ; parfois on est perfectionniste et un peu maniaque, parfois on se contente de faire le minimum ; parfois on est motivé par une recherche esthétique, parfois on n'accorde d'importance qu'à ce qui est fonctionnel ; parfois on a des convictions d'ordre politique (la défense de l'environnement, la critique du capitalisme…), parfois on n'en a aucune, etc.

Qu'est-ce qui permet dès lors de comprendre que des personnes dont les goûts ou les motivations sont parfois opposés soient susceptibles de partager la même activité ?... Il est remarquable que, pour répondre à cette question, il soit nécessaire de remonter aux origines mêmes de l'humanité. Comme le rappelle Abdu GNABA, le premier hominidé qui mérite pleinement le nom d'« homme » est *homo habilis*, « l'homme habile » qui fabrique des outils, ce qui suggère que l'homme a d'abord pensé avec ses mains. Nous savons, du reste, que la première activité du cerveau est de cartographier le corps, et que, dans la copie de celui-ci qu'il recrée continuellement, les mains ont une taille disproportionnée par rapport aux autres organes, ce qui reflète clairement l'importance qu'elles ont dans les conduites proprement humaines et dans la définition même de l'humanité.

Or, aujourd'hui, la plupart des objets que nous utilisons sont fabriqués par des machines, et ceux qui ne l'ont pas été sont l'œuvre d'autres mains que les nôtres. Une telle situation ne crée-t-elle pas un manque dans notre rapport au monde et aux choses ? Et accepter ce manque ne revient-il pas à sacrifier une part de nous-mêmes, à renoncer à la part, sinon la plus précieuse, du moins la plus ancienne ou la plus fondatrice, de notre humanité ?... C'est peut-être ce manque que le bricoleur cherche inconsciemment à combler lorsqu'il prend en main ses outils pour imprimer sur la matière une marque personnelle, et c'est sans doute ce qui explique que les activités de bricolage tendent aujourd'hui à se généraliser dans toutes les couches de la société, alors même que leur utilité économique ne cesse de diminuer.

Richard POTTIER
Professeur émérite d'Anthropologie
Université Paris Descartes – Sorbonne Paris Cité

BIBLIOGRAPHIE SÉLECTIVE

BERGSON (Henri) : *L'évolution créatrice*. PUF, coll. Quadrige, 1998.
BOURDIEU (Pierre) : *"Les rites comme actes d'institution"*, Actes de la recherche en sciences sociales, 1982, n° 43
BOURDIEU (Pierre) : *Les règles de l'art. Genèse et structure du champ littéraire*. Seuil, 1992.
BURENSTEINAS (Patrick) : *De la matière à la lumière*. Mercure Dauphinois, 2009.
CASTRA (Michel) : *Identité, in Les 100 mots de la sociologie*, sous la direction de S. PAUGAM, PUF, coll. Que Sais-Je ?, 2010, pp. 72-73.
CORNEILLE (Pierre) : *La suite du menteur, in* Théâtre complet, Editions RVG, 1986.
DAGONET (François) : *Des détritus, des déchets, de l'abject. Une philosophie écologique*. Le Plessis-Robinson, institut Synthélabo, 1997, p.98.
DESCARTES (René) : *Discours de la méthode*. Librairie Philosophique J. Vrin, 1979.
DORGELES (Roland) : *Les Croix de bois*. Albin Michel, 2013.
DROZ (Eugénie) : *Le recueil Trepperel. Les sotties*. Slatkin Reprint, 1974.
DUBAR (Claude) : *La crise des identités*. L'interprétation d'une mutation. *In* Revue française de pédagogie, volume 139, 2002, pp. 158-162.
DORTIER (Jean-François) : *Individu et modernité* (Entretien avec *Charles Taylor*), in *Identité(s) : l'individu, le groupe, la société*, sous la direction de C. HALPERN. Editions Sciences Humaines, coll. Ouvrages de synthèse, 2016.

DUFLO (Colas) : *Approche philosophique du jeu*, in *La performance humaine : art de jouer, art de vivre*, sous la direction de F. BIGREL. Editions du CREPS Aquitaine, 2006, pp. 61-76.

DURKHEIM (Émile) : *Les formes élémentaires de la vie religieuse.* PUF, 1968.

EHRENBERG (Alain) : *La santé mentale : transformation de la société, transformation de la psychiatrie.* Dialogues de Descartes, n°3, mars 2009.

FILIOD (Jean-Paul) : *Le désordre domestique.* L'Harmattan, coll. Logiques sociales, 2003.

FOCILLON (Henri) : *"Eloge de la main"*, in *Vie des Formes,* PUF, 1943, pp.114-128.

FONDET (Claire) : *"A l'origine du bricolage"*, in Le Monde, 12 avril 2013.

GNABA (Abdu) : *Anthropologie des mangeurs de pain.* L'Harmattan, coll. Horizons anthropologiques, 2011.

GOFFMAN (Erving) : *La mise en scène de la vie quotidienne.* Les Éditions de Minuit, 1973.

GOFFMAN (Erving) : *Les rites d'interaction.* Les Éditions de Minuit, 1974.

GUTTON (Pierre) : *Le jeu chez l'enfant. Essai psychanalytique.* Larousse, 1972, pp. 19-77.

HOMERE : *L'Odyssée.* Gallimard, Bibliothèque de la Pléiade, nrf, 1990.

JACQUES JOUVENOT (Dominique) et VIEILLE MARCHISET (Gilles) : *Socio-anthropologie de la transmission.* L'Harmattan, 2012.

KANT (Emmanuel) : *Fondements de la métaphysique des mœurs.* Delagrave, 2000.

LE COADIC (Ronan) : *L'autonomie, illusion ou projet de société ?*, in Cahiers internationaux de sociologie 2/2006 (n°121), pp. 317-340.

LE VERRIER DE LA CONTERIE (Jean-Baptiste-Jacques), *L'école de La Chasse Aux Chiens Courants.* Ulan Press, 2012.

LEVI-STRAUSS (Claude) : *La pensée sauvage.* PLON, 1962.

MAUSS (Marcel) : *Essai sur le don.* Forme et raison de l'échange dans les sociétés archaïques. In *Sociologie Anthropologique,* PUF, coll. Quadrige, 1973, pp. 149-279.

MOLENAT (Xavier) : *Autonomie : de l'idéal à la norme, in* Science Humaine, 12 octobre 2010.

NICOLAS-LE STRAT (Pascal) : *"En quête, en conquête d'une autonomie – entre Do It Yourself et Do It Together",* in *Le travail du commun,* Editions du commun, 2016.

ODIN (Françoise) et THUDEROZ (Christian) : *Des mondes bricolés ?* Arts et sciences à l'épreuve de la notion de bricolage. Presses polytechniques et universitaires romandes, 2010, pp. 11-24.

PASCAL (Blaise) : *Pensées.* Edition Lutetia, Nelson, 1938.

SAINT-EXUPERY (Antoine de) : *Le Petit Prince,* Gallimard, coll. Folio junior, 1987.

TARDE (Gabriel) : *Les lois de l'imitation.* Etude sociologique. BookSurge Publishing, 2003.

TAYLOR (Charles) : *Les Sources du moi.* La formation de l'identité. Seuil, 1998.

TAYLOR (Charles) : *Hegel et la société moderne.* Cerf, 1998.

THERIAULT (Joseph-Yvon) : *L'identité culturelle comme révélateur des malaises de la modernité, in* Recherches sociographiques, Volume 38, numéro 3, 1997, pp. 541-546.

TISSERON (Serge) : *Le mystère de la chambre claire.* Photographie et Inconscient. Flammarion, 1996.

VALERY (Paul) : *Discours aux chirurgiens, in* Œuvres, La Pléiade, t.1, 1957, pp. 916-919.

VAN GENNEP (Arnold) : *Les rites de passage,* Editions A&J Picard, 2011.

L'ANTHROPOLOGIE

AUX ÉDITIONS L'HARMATTAN

Dernières parutions

ALPHAgENRE
Garnier Marie-Dominique
ALPHAgENRE : ou comment lire avec les doigts. Les mots recueillis dans ce dictionnaire tactile de la langue contemporaine ont en commun de relayer le pouvoir de sexuation graphique, les effets de gangue et de gang d'une lettre phallique, micro-organe érectile de pouvoir : G ou g. De «genre» à «gouvernance», de «jungle» à «migrant» ou «hégémonie», cet essai analyse le régime graphique d'une lettre-corps, courroie de transmission d'une machine à binariser, à normer, à pré-former, à soumettre.
(Coll. Anthropologie Critique, 26.00 euros, 260 p.)
ISBN : 978-2-343-09442-7, ISBN EBOOK : 978-2-14-001434-5

JOIE ET BONHEUR
Croyances, mythes, idéologies – Europeana 7
Collectif
Dans ce numéro, les contributeurs reviennent sur le thème universel de l'aspiration au bonheur et à la joie à travers différentes époques et civilisations. À ce titre, le contexte linguistique et philologique est essentiel pour comprendre les formes, que les civilisations, éloignées dans le temps et dans l'espace, donnent à ce concept, qui ne peut qu'être relatif et abstrait. De fait, dans de nombreuses cultures, le mot « bonheur » n'existe pas, seules les conditions du bonheur sont définies.
(Coll. Kubaba, 20.00 euros, 178 p.)
ISBN : 978-2-343-09565-3, ISBN EBOOK : 978-2-14-001389-8

STRATÉGIES IDENTITAIRES CHEZ LES MIGRANTS TURCS EN FRANCE
Sourou Benoît
Cet ouvrage se propose, à travers l'analyse du discours sur l'infortune de migrants turcs, recueilli dans le cadre d'une consultation interculturelle, d'étudier comment s'effectuent leurs constructions identitaires.
(Coll. Logiques sociales, 21.50 euros, 210 p.)
ISBN : 978-2-343-08989-8, ISBN EBOOK : 978-2-14-001340-9

APPROCHES CRITIQUES DU PLAISIR (1450-1750)
Sous la direction de Jean-Claude Colbus et Brigitte Hébert
La quête du plaisir entreprise dans ces deux ouvrages concerne essentiellement le XVIe et le XVIIe siècle. Les plaisirs sont-ils les mêmes et sont-ils ressentis

partout de la même façon et avec la même intensité et la même innocence ? Les plaisirs de l'esprit et du cœur sont-ils fondamentalement d'une autre nature que les plaisirs des sens ? Ce volume porte sur la France, l'Angleterre et l'Allemagne, analysant le moment où le besoin est transformé en art et en divertissement et où la vertu trouve sa récompense. Il est accompagné de *De la satisfaction des besoins vitaux aux plaisirs des sens, aux délices de l'esprit et aux égarements de l'âme.*
(Coll. Historiques, 25.00 euros, 254 p.)
ISBN : 978-2-343-05266-3, ISBN EBOOK : 978-2-336-38349-1

DE LA SATISFACTION DES BESOINS VITAUX AUX PLAISIRS DES SENS, AUX DÉLICES DE L'ESPRIT ET AUX ÉGAREMENTS DE L'ÂME (1450-1750)
Sous la direction de Jean-Claude Colbus et Brigitte Hébert
Plaisirs et bonheur sont souvent synonymes au XVIIe siècle et font l'objet d'un débat philosophique approfondi. Les études de ce volume portent sur les plaisirs des sens, tout particulièrement dans les arts : peinture, gravure, musique, danse, faisant place également aux appétits de Pierre l'Arétin et aux nuances de Pierre Bayle sur le caractère spirituel de tous nos plaisirs. Il accompagne un autre volume paru sous le titre : *Approches critiques du plaisir.*
(Coll. Historiques, 27.00 euros, 278 p.)
ISBN : 978-2-343-05265-6, ISBN EBOOK : 978-2-336-38344-6

DES FROMAGES ET DES HOMMES
Ethnographie pratique, culturelle et sociale du fromage
Stengel Kilien, Danard Galina, Pottier Karen, Lavialle Annick, Takahashi Laure
Alors que nous vivons dans une société qui définit le bon fromage comme celui provenant essentiellement de l'artisanat et comme celui pour lequel il faut mettre le prix, ne faudrait-il pas mieux faire découvrir toutes les variétés exhaustives, tous les rites, coutumes, manières de préparer, déguster et manger, issus des nombreuses origines qui dessinent nos sociétés. Les principaux pays étudiés ici sont la France, la Suède, la Russie, les États-Unis.
(Coll. Questions alimentaires et gastronomiques, 20.00 euros, 204 p.)
ISBN : 978-2-343-04925-0, ISBN EBOOK : 978-2-336-37436-9

AU DÉTOUR DES ROUTES
Chroniques d'Asie et d'Amérique
Michel Franck
Dans ce recueil, l'auteur nous invite à revisiter douze destinations connues ou méconnues, plus authentiques qu'exotiques, toutes emblématiques à plusieurs titres. L'auteur propose ici douze regards personnels, instructifs ou subversifs, toujours subjectifs, parfois peut-être les trois à la fois, qui sont avant tout des notes de voyage, complétées d'observations historiques, socio-anthropologiques et géoculturelles, et d'analyses pour déchiffrer l'actualité du monde toujours plus complexe.
(Coll. Tourismes et sociétés, 26.00 euros, 262 p.)
ISBN : 978-2-343-05781-1, ISBN EBOOK : 978-2-336-37455-0

CONFESSIONS D'UN ANTHROPOLOGUE
Singleton Michaël
Remettant en question des constantes transculturelles, ces «confessions d'un anthropologue» critiquent ce que l'Occident entend par écologie et économie, politique et religion, sous la double tutelle des cultures gréco-latine et judéo-chrétienne. L'anthropologie académique semble aujourd'hui n'avoir abouti qu'à réduire les pays dits en développement à une Mêmeté qui, en définitive, n'est qu'une récupération réductrice délétère.
(Coll. Cultures et Médecines, 32.00 euros, 312 p.)
ISBN : 978-2-343-05972-3, ISBN EBOOK : 978-2-336-37468-0

QUAND L'HOMME VOYAGE
Les passeurs d'empreintes
Sous la direction de Dominique Soulancé et Jean Louis Duhourcau
Comme les membres d'une expédition au retour de leur longue marche à travers la jungle humaine, les auteurs de ce livre, solitaires ou «en cordée», nous révèlent les marques et empreintes qu'ils ont découvertes ou qu'ils souhaient partager avec vous. Se «placer ailleurs» pour regarder le monde, c'est ce que les auteurs expriment tour à tour, à leur façon, sous l'éclairage de leurs compétences spécifiques et de leurs émotions personnelles. La lecture de ce livre est une invitation à voyager «autrement».
(48.00 euros, 462 p.)
ISBN : 978-2-343-04227-5, ISBN EBOOK : 978-2-336-36550-3

QUI SUIS-JE POUR MES INTERLOCUTEURS ?
L'anthropologue, le terrain et les liens émergents
Fava Ferdinando
Avant-propos de Monique Selim ; Préface de Marc Augé
L'enjeu du livre pivote autour de la question posée dans son titre : les interlocuteurs confèrent aux gestes de recherche de l'anthropologue un sens qui échappe à son contrôle. Gérard Althabe nommait cet événement «implication». L'auteur en approfondit la dynamique en puisant dans ses propres recherches et en comparant Althabe à ses contemporains (de Gold aux Adler, de Lourau à Sartre). Par la notion de «lien émergent», il en fait apparaître une dimension qui, de manière inédite, contribue à repenser aujourd'hui la recherche de terrain.
(Coll. Anthropologie Critique, 15.50 euros, 150 p.)
ISBN : 978-2-343-05308-0, ISBN EBOOK : 978-2-336-36751-4

HISTOIRES DE FANTÔMES ET DE REVENANTS
Textes réunis et présentés par Dupaigne Bernard
Les fantômes n'ont pas disparu de notre imaginaire. On va rencontrer ici beaucoup des fantômes du monde, de la Chine à l'Inde, de l'Irlande à l'Espagne, même si certains ont refusé de répondre. En Europe, ils sont peut-être déjà devenus un peu folkloriques. En Asie, c'est autre chose, ils vous poursuivent, ils vous persécutent. Écoutez les fantômes qui vous parlent ici, d'une quinzaine de pays du monde, des Nippons aux Lapons.
(Coll. Eurasie, 26.50 euros 266 p.)
ISBN : 978-2-296-99812-4, ISBN EBOOK : 978-2-296-51296-2

SOCIO-ANTHROPOLOGIE DE LA TRANSMISSION
Sous la direction de Jacques-Jouvenot Dominique, Vieille Marchiset Gilles
Ces recherches analysent le processus de transmission comme une économie du don. Transmettre articule toujours les générations les unes aux autres, créant ainsi du don et de la dette. Des relations intergénérationnelles génèrent, par le biais de cet échange, des solidarités et des conflits qu'il importe d'étudier.
(Coll. Logiques sociales, 23.00 euros, 232 p.)
ISBN : 978-2-296-99504-8, ISBN EBOOK : 978-2-296-50894-1

LION (LE) RÉINCARNÉ
Un conte contemporain : ce que dit le marronnage
Roy Joël
La Surinamaise Yvelien Harderwijk, demeurant aux Pays-Bas, serait la réincarnation d'un esprit africain, celui du Roi-Lion des Mandingues d'Afrique occidentale, autrefois emmené en esclavage et dont on perd la trace après qu'il eût marronné, quelque part en pays Demarara, dans l'actuel Guyana, ancienne colonie britannique située sur la côte nord-Atlantique de l'Amérique du sud. Le lecteur pourra considérer ce récit soit comme un témoignage, soit comme une fiction.
(19.00 euros, 204 p.)
ISBN : 978-2-343-05153-6, ISBN EBOOK : 978-2-336-36581-7

QUESTIONS ETHNIQUES DANS L'AIRE ANGLOPHONE
Sous la direction de Michel Prum
Groupe de recherche sur l'eugénisme et le racisme
Qu'est-ce que l'ethnicité ? En quoi diffère-t-elle de la « race » ? C'est à la lumière d'une définition non naturaliste de l'ethnicité comme « sentiment d'appartenance » que cet ouvrage s'intéresse à l'aire anglophone dans toute son étendue et toute sa complexité. Onze contributions couvrent les cinq continents pour illustrer l'approche anglo-saxonne de l'ethnicité, si différente de la nôtre.
(Coll. Racisme et eugénisme, 25.00 euros, 254 p.)
ISBN : 978-2-343-04954-0, ISBN EBOOK : 978-2-336-36371-4

CORPS ET REPRÉSENTATIONS : UNE LIAISON DANGEREUSE ?
Coordonnée par Stéphanie Chapuis-Després, Cécile Godet, Mathieu Gonod
Proposant un large panorama de l'état de la recherche sur les rapports complexes entre le corps et ses représentations artistiques, mentales, individuelles ou collectives, ce volume regroupe des articles issus de la recherche actuelle en histoire, en littérature et dans le domaine des arts en général. Cet ouvrage permet d'examiner les fondements des études du corps, en analysant dans le détail les articulations possibles entre des corps et des représentations, sources primordiales des investigations en sciences humaines.
(Coll. Mouvements des Savoirs, 35.00 euros, 340 p.)
ISBN : 978-2-343-04524-5, ISBN EBOOK : 978-2-336-36336-3

L'HARMATTAN ITALIA
Via Degli Artisti 15; 10124 Torino
harmattan.italia@gmail.com

L'HARMATTAN HONGRIE
Könyvesbolt ; Kossuth L. u. 14-16
1053 Budapest

L'HARMATTAN KINSHASA
185, avenue Nyangwe
Commune de Lingwala
Kinshasa, R.D. Congo
(00243) 998697603 ou (00243) 999229662

L'HARMATTAN CONGO
67, av. E. P. Lumumba
Bât. – Congo Pharmacie (Bib. Nat.)
BP2874 Brazzaville
harmattan.congo@yahoo.fr

L'HARMATTAN GUINÉE
Almamya Rue KA 028, en face
du restaurant Le Cèdre
OKB agency BP 3470 Conakry
(00224) 657 20 85 08 / 664 28 91 96
harmattanguinee@yahoo.fr

L'HARMATTAN MALI
Rue 73, Porte 536, Niamakoro,
Cité Unicef, Bamako
Tél. 00 (223) 20205724 / +(223) 76378082
poudiougopaul@yahoo.fr
pp.harmattan@gmail.com

L'HARMATTAN CAMEROUN
BP 11486
Face à la SNI, immeuble Don Bosco
Yaoundé
(00237) 99 76 61 66
harmattancam@yahoo.fr

L'HARMATTAN CÔTE D'IVOIRE
Résidence Karl / cité des arts
Abidjan-Cocody 03 BP 1588 Abidjan 03
(00225) 05 77 87 31
etien_nda@yahoo.fr

L'HARMATTAN BURKINA
Penou Achille Some
Ouagadougou
(+226) 70 26 88 27

L'HARMATTAN SÉNÉGAL
10 VDN en face Mermoz, après le pont de Fann
BP 45034 Dakar Fann
33 825 98 58 / 33 860 9858
senharmattan@gmail.com / senlibraire@gmail.com
www.harmattansenegal.com

L'HARMATTAN BÉNIN
ISOR-BENIN
01 BP 359 COTONOU-RP
Quartier Gbèdjromèdé,
Rue Agbélenco, Lot 1247 I
Tél : 00 229 21 32 53 79
christian_dablaka123@yahoo.fr

Achevé d'imprimer par Corlet Numérique - 14110 Condé-sur-Noireau
N° d'Imprimeur : 134310 - Dépôt légal : décembre 2016 - *Imprimé en France*